国家社会科学基金项目
17BYY082

西藏自治区
手语使用状况

郑 璇 著

復旦大學 出版社

目　录

引言 001

第一章　西藏自治区聋人生存状况及语言状况综述 001

　　第一节　西藏自治区概况 001
　　第二节　西藏自治区残疾人事业概况 007
　　第三节　西藏自治区聋人社群概况 017

第二章　国家通用手语与作为方言变体的西藏手语 021

　　第一节　国家通用手语的发展历程 022
　　第二节　国家通用手语在西藏自治区的推广 027
　　第三节　国家通用手语与西藏手语的关系 034
　　第四节　西藏手语的采集、整理与研究 045

第三章　西藏手语的田野调查 061

　　第一节　调查方案的设计 062
　　第二节　调查方案的执行 095
　　第三节　研究伦理的考量 104

第四章　西藏特殊教育学校的手语使用 111

第一节　课堂教学语言与师生互动 112
第二节　教师的手语能力与手语使用 124
第三节　聋生的手语习得与手语使用 140

第五章　西藏自治区聋人社群的手语使用 151

第一节　成长经历与语言态度 152
第二节　语言需求与语言服务 163
第三节　离群聋人的沟通状况 171

第六章　西藏手语与内地手语的比较 178

第一节　语音比较 178
第二节　语汇比较 183
第三节　语法比较 219

第七章　语言接触视域下的西藏手语保护 233

第一节　语言接触及其结果 233
第二节　语言濒危与语言保护 236

第八章　研究结论及建议 255

第一节　结论与反思 255
第二节　建议与对策 260

致谢 267

附录 269

 附录一 《中国手语的汉语转写方案》........................ 270

 附录二 调查工具汇总 274

 附录三 课堂观察记录汇总 291

 附录四 访谈逐字稿（节选部分）................................ 312

 附录五 藏文手指字母和汉语拼音手指字母对比 332

 附录六 藏族文化特色词的手势变体 333

 附录七 西藏与内地手语的词序对比 353

 附录八 西藏与内地的手语类标记对比 363

 附录九 语言活力与语言濒危评估工具
      （手语适用）.. 375

引 言

第二次全国残疾人抽样调查显示，2010 年末我国残疾人总人数达 8 502 万人，其中听力残疾人数达 2 054 万人①，约占残疾人总数的四分之一，可见听力残疾人群的数目之庞大。由于听力受损，视觉成为相当一部分听力障碍者②接收和感知信息的主要通道。作为视觉-空间语言，手语符合听障者的身心特点，易于被他们习得和掌握。它不仅是聋人社群内部的重要沟通工具，也是聋人学校（以下简称"聋校"）的主要教学手段之一。2015 年由中国残疾人联合会（以下"残疾人联合会"简称为"残联"）、教育部、国家语言文字工作委员会、国家新闻出版广播电视总局联合制定和发布的《国家手语和盲文规范化行动计划（2015—2020 年）》提出手语和盲文是聋人和盲人群体使用的特殊的语言文字，是国家语言文字的"重要组成部分"。这是首次就手语、盲文与国家通用语言文字的关系进行阐释，明确界定手语和盲文的语言文字地位。

和有声语言一样，手语内部也存在地域变体，即各种语种差异和方言差异。而国家通用手语是我国手语规范化运动的成果，是聋校教学、电视新闻翻译、重大活动赛事等场合使用的主要语言。党的十八大以来，党和国家高度重视手语和盲文规范化工作，

---

① 中国残疾人联合会：《2010 年末全国残疾人总数及各类、不同残疾等级人数》，发布日期：2021 年 2 月 20 日，https://www.cdpf.org.cn/zwgk/zccx/cjrgk/15e9ac67d7124f3fb4a23b7e2ac739aa.htm，访问日期：2023 年 8 月 19 日。
② 在本研究中，用"听力障碍者"或"听障者"泛指所有听力有损伤的人。并非所有的听障者都会手语。我们用"聋人"指代主要使用手语的听障者。

将其作为落实"坚持以人民为中心"的宗旨理念的具体举措。"这十年，中共中央、国务院和国家主管部门颁发的涉及手语和盲文规范化工作的文件、规章达17件之多。"③ 就语言的工具认同和文化认同意义而言，我国国家通用语言和少数民族语言没有本质冲突，国家通用语言承担较多社会交际功能，而少数民族语言则偏向承担文化认同功能，二者互为补充④。因此，尽管长期以来国家通用手语通过行政手段在各地广泛推行，但各种手语方言（或称地方手语）仍活跃于民间，与通用手语并行不悖。推广通用手语，并不意味着要消灭手语方言，通用手语和手语方言两者使用范围和使用场景不同，后者在很大程度上是对前者的有益补充。

2010年国家民族事务委员会发布的《国家民委关于做好少数民族语言文字管理工作的意见》指出，"少数民族语言文字工作是我国民族工作和语言文字工作的重要组成部分。做好少数民族语言文字管理工作，对于保障少数民族的平等权利，继承和弘扬少数民族传统文化，提升国家软实力，维护国家文化安全，促进民族团结和民族地区经济社会发展具有重要的意义"⑤。相较有声语言而言，少数民族地区的聋人手语使用情况更加具有独特性，秉持严谨的学术态度对各民族手语语言进行调查研究，继而采取相应的发掘和保护措施，对我国的民族工作和语言文字工作都有着至关重要的意义。

---

③ 顾定倩:《〈通用语言文字法〉修法中应增加手语和盲文的条款》,《语言战略研究》2022年第6期（总第42期）,第6页。
④ 黄行:《论国家语言认同与民族语言认同》,《云南师范大学学报（哲学社会科学版）》2012年5月第44卷第3期,第36—40页。
⑤ 国家民族事务委员会:《国家民委关于做好少数民族语言文字管理工作的意见》,发布日期: 2010年5月14日, https://www.neac.gov.cn/seac/c103601/201006/1079331.shtml, 访问日期: 2023年8月19日。

2013年至2014年,国家手语和盲文研究中心对我国部分少数民族的手语和盲文使用状况进行抽样调查[6],这也是对我国民族地区手语使用状况的首次正式调查。结果显示,蒙古族、藏族、维吾尔族、哈萨克族、壮族、彝族和朝鲜族等7个民族中只有藏族和维吾尔族有本民族手语,但"手语方案不完善"且"使用范围局限"。考虑到所谓"维吾尔族手语"只有手指字母系统而没有形成独立完整的手势语体系,因此,"藏族手语"在各少数民族聋人群体所使用的手语中是最独特、最值得探究的。

西藏自治区位于青藏高原西南部,平均海拔4000米以上。2000年起,西藏自治区相继成立6所特殊教育学校,改变之前残障群体无书可读的状况,也给之前分散在各自家中的聋人提供集中学习的机会,从而成为手语诞生的摇篮。这些特殊教育学校招收盲、聋和培智3类学生,其中聋生人数较多,为主要教学对象。由于绝大多数聋生的父母是听力健全人(以下简称"健听人"),家中没有手语环境,因此,这些聋生基本在进入小学之后才有机会直接接触到手语。接受学校教育的过程中,聋生接触到的语码包括汉语口语、藏语口语、汉语书面语、藏语书面语、国家通用手语、内地手语方言、西藏手语方言、手势汉语、手势藏语等,语言环境和语言使用状况极为复杂。

聋人喜聚居,惯于向大城市集中,寻找同类人社交和婚配,这是聋人文化中的典型现象。西藏自治区的聋人普遍倾向于朝首府拉萨集中,参加当地聋人协会主办的活动。他们往往不愿待在老家,而是选择不远百里、千里来到拉萨读书、打工,结识其他

---

[6] 刘艳虹、顾定倩、程黎、魏丹、程霞、霍文瑶:《我国七个少数民族使用手语状况的调查研究》,《教育学报》2016年6月第12卷第3期,第96—103页。

聋人并从中寻找人生伴侣。社会聋人由于脱离了校园环境，缺乏接触到国家通用手语的渠道。但随着交通的不断便利，他们同内地聋人也有了越来越多的交流，或有机会到内地去短暂游历或工作，由此产生大量复杂的语言接触现象，带来不同的语言学后果。

目前，关于西藏自治区聋人群体的手语使用呈现何种态势，手语使用者如何在多种语码间进行转换，聋人群体对手语的语言态度如何等问题，缺少系统而深入的研究成果，仅在零星文献中有提及，且缺乏全面深入的语料调查作为支撑。基于此，本研究将梳理和厘清前人关于手语使用状况和西藏手语的研究成果，在实地调查的基础上提出自己的结论。

一、研究问题

本研究以我国西藏自治区聋人群体所使用的手语方言（简称"西藏手语"）为主要研究对象，兼及类型学视角下的汉藏手语在语音（语形）、语汇、语法等方面的比较分析。此外，还将汉藏手语比较纳入语言接触的大背景，针对聋校师生和社会聋人两大群体的手语使用状况和语言接触状况进行调查，考察语言借用、语言混合、语言竞争等社会语言现象。

本书主要包括："引言""西藏自治区聋人生存状况及语言状况综述""国家通用手语与作为方言变体的西藏手语""西藏手语的田野调查""西藏特殊教育学校的手语使用""西藏自治区聋人社群的手语使用""西藏手语与内地手语的比较""语言接触视域下的西藏手语保护""研究结论及建议""附录"，共十部分。其中，第四、五、六、七、八部分是本研究的主要内容：第四部分详述对西藏手语的田野调查思路、方法及过程；第五、六部分基于所获语料，分别分析学校内和社会上的手语使用状况；第七部分从语言本体入手,对西藏手语语料从语音、语汇、语法三个层面上与内地手语进行横向的类型学对比;第八部分则从语言接触角度切入,对不同的语码的动态关系进行深入考察,对语言濒危、语言保护等话题进行探索。

二、研究目的

其一,较为全面系统地调查、采集和描写西藏手语方言,描述其总体面貌和分项特征。

其二,对西藏手语和内地手语进行类型学框架下的语言比较,明确描述其共性和差异。

其三,对西藏自治区手语内部的语言接触和手语与有声语言之间的语言接触进行梳理,清晰界定其接触动因、接触过程和机制,详细描述接触所引发的社会语言现象。

其四,在全面展示和深入分析西藏自治区手语使用状况的基础上,为西藏自治区今后的语言政策与规划、特殊教育教学、残疾人工作等领域的实践提出参考建议。

三、研究意义

(一)学术意义

首先,目前为止,尚缺乏对西藏自治区手语使用状况进行的较为全面、系统和深入的大规模田野调查。本研究的开展有利于揭开西藏自治区聋人手语的神秘面纱,唤起学界对西藏自治区聋人语言状况和生存状态的关注,加深对西藏自治区聋人群体的了解,有效推动后续相关研究的开展。

其次,语言接触一贯是社会语言学中的热点问题,研究横跨不同民族、多种载体的语言接触具有更加独特的意义。西藏自治区聋人群体的多语并用现象无疑提供了一个天然的研究平台，让我们得以在更大的空间里对借词、语码转换等复杂的语言现象进行研究，窥见语言接触的本质和规律。

最后，任何语言的特征都是相对而言的，必须通过与其他语言的比较才能显示出来，对手语的认知也是如此。在类型学视角和语言接触视角下对藏、汉两族手语进行比较，不仅能让我们克服孤立看待西藏自治区聋人手语的局限，更好地揭示其本质特征和内在演变机制，也能让我们更清晰地认识不同民族所使用的手语的独特性，此外，还能让我们站在更高的高度俯瞰不同手语地域变体作为视觉空间语言的共性。

（二）应用价值

首先，我国宪法规定各民族都有使用和发展本民族语言文字的权利和自由。科学保护各民族语言文字，开展语言调查，推进少数民族语言文字的规范化、标准化和信息处理，是我国语言政策的重要组成部分。对西藏自治区手语的调查、采集和研究符合这一政策导向，体现了党和政府对少数民族地区残障群体的亲切关怀。

其次，西藏自治区聋人群体语言使用状况较健听人群体更为复杂，语言规划工作也面临更艰巨的挑战。本研究的最终成果有利于国家通用手语体系的继续发展和完善，能为后续民族地区手语规划、手语规范、手语能力测评、手语译员评估等工作提供决策依据。

再次，语言沟通问题是长期以来制约聋教育质量提升的瓶颈，从手语语言学的角度分析西藏自治区聋人群体内部使用的各种语码，进行横向比较，厘清彼此间关系，可望为西藏自治区聋教育教学改革实践提供理论指导，提升课堂教学有效性，让聋生真正学有所获，学有所成。

最后，本研究有助于发掘、保护和传承独特的藏族聋人语言和文化，改变社会大众对聋人的刻板印象，有利于提升西藏自治区聋人的社会地位和生活质量，推动聋听融合，建构平等、和谐、共享的人文无障碍环境。

四、研究方法

（一）语料采集法

以采集语料为目标的田野调查是语言研究的重要手段，在语言学中具有悠久的历史传承，也是民族语言研究、方言研究、手语研究等小众语言研究极为依赖的方法。然而，由于人力、物力、财力的限制，全面获取大规模语料进行类型学研究是极为困难的。解决这个问题的方法是进行语言抽样，以确保所研究的对象是规律而不是巧合[7]。本研究建立在对西藏自治区手语实地调查的基础之上，翔实的语料是本研究立论的基础，也是一大特色。研究者及研究团队四上高原，克服高原反应的困扰，在当地聋人协会的支持下寻找合适的发音合作人并与之一起工作，在长期的相处中，同西藏的聋人朋友、特殊教育工作者和残疾人工作者建立了深厚的感情，在实践中获得了大量珍贵的、立体多维度的一手资料。

最终的发音合作人以西藏本地能够熟练使用手语进行日常沟通的藏族聋人和学校师生为主，尽量做到年龄、学历和职业的全

---

[7] 李韧之：《类型学及其理论框架下的语言比较》，《解放军外国语学院学报》2008年1月第31卷第1期，第1—6、14页。

面覆盖和合理分布。在采集方法上，我们通过自然观察和实验诱导，力图获取包括会议发言、手语演讲、手语故事、双人或多人自然交谈、自由讨论、自我介绍、给定主题独白、手语翻译等在内的多种语料，形式和内容均丰富多元。

（二）语料库分析法

语料采集的目标之一是建立语料库。作为有声语言研究的常用方法，语料库具有可操作性强和实验可信度高的特征，在手语研究中也具有很强的可操作性。本研究意图以采集到的语料为基础，初步建立一个小型西藏手语语料库，然后对语料进行整理、存储和标注，其结果以电子表格形式呈现，为后续的语言学分析奠定牢固的基础。

本研究借鉴民族语言学、语言类型学和手语语言学相关研究范式，基于所获语料对我国西藏自治区手语使用状况进行系统而全面的概貌描写和语言学分析，力求在吸收前人研究成果的基础上，对西藏手语的本体特征、西藏手语同内地手语的异同、西藏自治区语言接触状况、有声语言对西藏手语的影响等热点问题进行探讨，从而拓展手语语言学和民族语言学的视野和深度，深化对西藏自治区聋人语言使用状况及西藏手语面貌的认知。

（三）文本转写法

文本转写法是对语料库方法的必要补充。手语是一种没有书面形式的视觉空间语言，因此，研究者不仅要依赖摄像设备记录语料，而且还要采用一定的转写体系将其转换为文本，以便以书面形式呈现研究成果。世界上目前有 Stokoe 体系等四种被普遍接受的转写系统，但彼此之间符号差别较大，难以转换和沟通，且不利于电脑输入。因此,本研究采用龚群虎和杨军辉于2003年提出的《中国手语的汉语转写方案》并作若干细节优化调整(见附录),遵循此体例对所采集语料进行转写。

(四)社会调查法

对特定地区语言使用状况和双语能力、语言态度、语言政策等问题的考察属于社会语言学的研究范畴,必然牵涉到大量第一手材料和数据的收集。社会调查法的资料搜集手段较为多样,在手语语言学研究中,尤其适合用来考察某一特定时期或某一特定场域的手语使用状况,以及了解某些特定主题,如西藏自治区听障教育历史、藏地文化风俗对手语的影响,等等。本研究中,我们运用半结构化访谈、非正式访谈、课堂观察、社区观察、个案研究等多种方式,对西藏自治区特殊教育学校和聋人社群中的手语使用状况进行较为系统的了解,并对调查搜集到的大量一手资料进行分析、综合、比较、归纳,以总结现状、发现问题、探索规律。

(五)文献研究法

文献研究法是根据一定的研究目的,通过调查文献来汇集、整理、研究资料,从而全面、正确地了解和掌握所要研究问题的一种方法。尽管前人关于西藏手语的研究成果相对罕见,但在田野调查方法、语料库建构手段、语言比较范式等具体问题上,我们仍需充分阅读前人文献,才能更好地配合实地调查所获的丰富翔实的语料,提炼和形成自己的观点。

在以上独立应用于科研的方法之外,本研究还将用到一些辅助性的具体方法,如统计法、测量法、图示法、列表法等,以更好地为以上几种方法服务。

五、一些概念的界定与澄清

手语是聋人在社会生活中形成和使用的视觉语言,它是一种自然语言,只要有一定数量的聋人稳定聚集,就会慢慢发展出这种约定俗成的语言符号系统。聋人学校、福利工厂等传统的聋人聚集地是手语产生的温床,为手语提供发芽生长的土壤。中国手语(Chinese Sign Language,简称CSL)是中国聋人群体使用的形义结合的手势–视觉沟通符号体系[⑧]。由于我国地域广阔、人口众多、民族文化多样,中国手语存在多种地域变体,这是一种客观的语言现象。

在本研究中,有必要对几个涉及手语和聋人的概念进行界定和澄清。

(一)"《中国手语》"和"国家通用手语"

中华人民共和国成立以来,我国手语规范化工作历经起步与探索、持续发展推进和深化改革的一系列过程。《中国手语》工具书和国家通用手语方案都是我国手语规范化运动的产物,彼此是先后接续的关系。

20世纪90年代,华夏出版社相继出版《中国手语》首集和续集,后又于2003年进行修订,上下册成套出版,收录5 586个词目。我国手语语言学奠基人龚群虎曾这样论述该书的地位:"《中国手语》这部手势集,尽管不包含语法信息,不可视为中国

---

⑧ 龚群虎:《聋教育中手语和汉语问题的语言学分析》,《中国特殊教育》2009年第3期(总第105期),第63—67、37页。

手语本身,但它是聋人协会为方便沟通而编写的不可替代的通用手势。"⑨值得指出的是,需要特别注意区分《中国手语》"和"中国手语"这一组概念。前者是工具书的名称,该书列出多个词语的规范手势打法,作为手语学习者和使用者的参考。而后者则是指中国聋人所使用的手语共同语,和其他国家的手语如美国手语、英国手语、日本手语等并举。《中国手语》工具书作为手语规范化运动的成果,以中国手语作为其直接来源,但就数量而言仅仅是其中的一小部分,无法代表中国手语的整体全貌。不少聋校教师常混淆这一组概念,例如认为"我们上课使用的是'中国手语',不是地方手语",这里所说的"中国手语"实质上是指《中国手语》中的词汇(本书中相关表述据此以《中国手语》指代)。

为适应新时代的形势发展需要,满足聋人群众日益增长的沟通需求和生活需求,2010年底,国家语言文字工作委员会与中国残疾人联合会共同设立重大科研项目,开展国家通用手语规范标准的研制,2015年顺利结项,形成《国家通用手语方案》,并于2016年至2017年在全国26个省份选择55家单位进行了为期一年半的试点,再次修订完善后形成《国家通用手语常用词表》这一重大成果⑩。《国家通用手语常用词表》于2018年6月由中宣部、中国残疾人联合会、教育部、国家语言文字工作委员会、国家广播电视总局正式发布,这也是改革开放40年来教育部、国家语言文字工作委员会发布的首个有关手语的国家语言文字规范,

---

⑨ 龚群虎:《聋教育中手语和汉语问题的语言学分析》,《中国特殊教育》2009年第3期(总第105期),第63—67、37页。
⑩ 龚亮、谢文:《手语有了"通用语" 盲文有了"规范字"》,《光明日报》2018年6月24日,https://qspfw.moe.gov.cn/html/hotnews/20180625/13199.html,访问日期:2023年8月19日。

其中将"国家通用手语"界定为"在听力残疾人语言生活和有关听力残疾人的公务活动、各级各类教育、电视和网络媒体、图书出版、公共服务、信息处理和手语水平等级考核中通行的手语"。之后，配套的词典和 APP 相继出版发行。当前，有声人参加的活动、国家考试、招收聋生的特殊教育学校、电视手语栏目、社会公共服务领域，等等，都应按照规定提供国家通用手语的服务[11]。

（二）"内地手语"和"西藏手语"

内地手语和西藏手语都是中国手语的地域变体，共同构成我国聋人语言的丰富画卷。

内地手语在本研究中指我国广大非边疆地区的聋人群体内部沟通交流所使用的手势符号系统。前文已经提到，国家手语和盲文研究中心对我国民族地区的手语使用状况的调查显示，除藏族外，其他主要少数民族基本没有形成较为完善、系统的手语方言变体。因此，可以大致认为，内地手语主要指汉族聋人使用的手语，其词汇既包括被收入国家通用手语方案的词语，也包括没有收入，但通行于民间的手语词语。虽然南北手语有一定差异，但总体来看，差别多局限于词汇层面，且互相可懂度大大超过有声语言的不同方言，并不会对不同地区的聋人彼此沟通造成实质性影响。

西藏手语（Xizang Sign Language）指我国西藏自治区聋人社群成员之间交流所使用的手势符号系统。从现今可查的文献可以看出，我国研究者及残疾人工作者在其命名上尚存争议。一些研究者采用"藏族手语"这一说法，将西藏自治区聋人使用的手语

---

[11] 同注释③。

称为"藏族手语",如赵晓驰(2014)⑫和史玉凤(2016)⑬等;有人将其称为"藏语手语",如索琼(2008)⑭和刘艳虹(2016)⑮等;也有人将其称为"西藏手语",如李恒(2013)⑯。在本研究中,我们的研究对象是西藏自治区范围内由藏族聋人自发创造和使用的、和内地汉族聋人手语存在一定的差异的手语地域变体,至于青海、四川等地的藏族聋人所使用的手语,则不在本研究的考察范围内。因此,本研究认同并采用"西藏手语"这一命名,认为西藏手语和内地手语或国家通用手语构成对举关系。具言之,我们认为西藏手语指的是我国西藏自治区的聋人群体所使用的手语共同语,是中国手语的特殊方言,它既包括拉萨地区聋人社群使用的较为统一的手语,也包括其他地区变体,如昌都手语、那曲手语、日喀则手语等。严格来说,"藏族手语"的说法是不合理的,因为我们在这里仅调查西藏自治区聋人的手语而不涉及青海、四川等地的藏族聋人。但在访谈中,许多受访者使用"藏族手语"这一提法,故我们在逐字稿中也予以保留。

此外,在西藏的广大农牧区,还存在大量散居在各自家中的聋人,他们中许多人并未接受过学校教育,也没有机会认识其他聋人、习得正式的西藏手语,而是用简单的家庭手势进行交流。法籍华裔语言学家游顺钊(Yau Shun-chiu)把这样的聋人称为

---

⑫ 赵晓驰:《藏族手语初探二三题——兼谈我国少数民族手语工作》,《西藏研究》2014年4月第2期,第100—107页。
⑬ 史玉凤:《藏族手语象似性研究》,《现代特殊教育(高教)》2016年第4期,第67—71页。
⑭ 索琼、孙文振:《藏语手语开发让更多的藏族聋哑人"无障碍"交流》,《人权》2008年第3期,第57—58页。
⑮ 同注释⑥。
⑯ 李恒、吴玲:《世界少数民族手语保护:现状与启示》,《世界民族》2014年第3期,第96—102页。

"离群聋人",他曾在加拿大和中国的若干地区对这些聋人的家庭手势使用状况进行调查、描写与分析,其中不少结论对本研究也颇具启发意义。

(三)"手势汉语"和"手势藏语"

手势汉语和手势藏语都是聋人手语和有声语言发生接触的产物,其性质属于混合语,一般用于聋校教学或精通手语的人同手语水平不佳的人之间的交往。聋人彼此之间交往时,有时候也会由于谈及术语、行业用语、抽象概念、新词热词等而临时使用手势汉语或手势藏语。

手势汉语(Signed Chinese)是指按照汉语的语序和语法打出的、仅将汉语词一一对译成相应手势动作的手语,是对汉语的手势符号化[17]。它不是真正地道的聋人手语,不反映自然手语的语法。曾有研究者将手势汉语的特点概括为"语序对应、节律趋同、口形伴随、表情中性、字形优先、虚词省略"[18]。

对于手势藏语(Signed Tibetan),目前学术界暂无对该概念的界定,由于研究需要,我们借鉴前人关于手势汉语的概念,将其定义为"按照藏语的语序和语法打出的、仅将藏语词对译成相应手势动作的手语,是对藏语的手势符号化"。在西藏自治区特殊教育学校的藏文课上,手势藏语是重要的教学工具。

(四)"聋"与"听障"

《特殊教育辞典》中对聋的定义为:聋,即耳聋,医学上称

---

[17] 史俐、崔吉平:《聋人百科词典》,合肥:安徽人民出版社,2012年,第79页。
[18] 龚群虎:《手势汉语的结构及其特点》,第二届手语论坛暨首届聋人手语提高和翻译知识培训班(发言),浙江杭州,2006年。

为听力障碍,"听力残疾"与"听力障碍"通用,主要指由于各种原因导致双耳听力丧失或听觉障碍,听不到或者听不清周围环境的声音,从而难以同一般人进行正常的语言交往活动[19]。从字面意义上说,所有听力障碍者都可以称为聋人。但事实上,听障者并非都使用手语沟通。听力障碍是一个渐变连续体,每个听障者的失聪时间和听力损失程度不等,家庭背景和教育背景不同,语言习得状况和语言态度也各有差异。相当多的口语听障者并不认同手语,也更倾向于用"听障"而不是"聋"来指称自己,认为"听障"听起来更加委婉。国际上"聋"(deaf)和"重听"(hard of hearing)是两个不同的术语,从社会文化视角进行区分,认同手语和聋人文化、倾向于融入聋人社群的为聋,认同口语、倾向于接触健听人、不了解手语和聋人文化的为重听。世界聋人联合会(WFD, World Federation of the Deaf)和国际重听人协会(IFHOH, International Federation of Hard of Hearing People)也是彼此独立的两个不同的组织。

  本研究以主要使用手语的听障者作为研究对象,也即"聋"和"重听"中的"聋"。因此,行文时采用"聋人""聋人文化""聋人社群""聋教育"等术语。

---

[19] 朴永馨:《特殊教育辞典》,北京:华夏出版社,2006年,第207页。

第一章
西藏自治区聋人生存状况及语言状况综述

语言是人类的沟通工具和思维工具,也是社会的产物,任何一种语言都不能脱离社会而独立存在。语言体现了使用者的价值观、文化背景、经验和思维方式等,而社会文化也在无形中形塑着人们所使用的语言。要对西藏自治区聋人所使用的语言进行探究,就必须首先了解西藏自治区的地理、人文、经济和文化教育概况,这些信息构建了西藏自治区聋人群体生活的大背景,与他们的生存状况和语言使用状况息息相关。

本章对西藏自治区的区情、语情以及特殊教育事业的发展、聋人社群的总体情况进行概述,从宏观层面绘制西藏自治区聋人手语赖以生存的社会与文化图景。

第一节　西藏自治区概况

西藏自治区区情可从地理、历史、经济、教育、人文等诸多维度进行阐述。其中与本研究密切相关的是教育和人文概况。同时,地理、历史、经济等因素也以种种形式对西藏自治区聋人群体的语言状况产生影响。只有在宏观层面对西藏自治区区情进行了解和分析,将西藏自治区聋人手语工作放在我国民族事业的大背景下考察，才能更好地把握西藏自治区聋人群体所生活的社会与文化背景，从而更深入地理解其语言态度和语言使用。

一、自然地理和行政区划

西藏自治区简称"藏"，位于我国西南边陲、青藏高原西南部，地处北纬26°50′至36°53′，东经78°25′至99°06′之间，平均海拔4 000米以上。全区面积120.28万平方公里，约占国土总面积的1/8，在全国各省、自治区、直辖市中仅次于新疆。从地理位置看，西藏自治区北邻新疆，东接四川，东北紧靠青海，东南连接云南；周边与缅甸、印度、不丹、尼泊尔等国家及克什米尔地区接壤，国境线长达4 000多公里，是中国西南边陲的重要门户，也是重要的国家安全屏障和生态安全屏障，拥有极其重要的战略地位[①]。

西藏自治区有6个地级市（拉萨、日喀则、山南、林芝、昌都、那曲）和1个地区（阿里）。表1-1展示西藏自治区的行政区划状况[②]。

西藏拥有丰富的自然资源，包括林牧资源、矿产资源、风电资源、粮食资源和动物资源。自治区成立以来，在中国共产党的领导下，顺利完成脱贫攻坚任务，社会总产值和国民收入稳定增长，社会资金、财政收入、城乡居民储蓄存款均有较大增长，民族手工业和旅游业发展迅速。

---

① 西藏自治区人民政府：《西藏自治区简要情况》，https://www.xizang.gov.cn/rsxz/qqjj/201812/t20181221_34484.html，访问日期：2023年8月19日。
② 西藏自治区民政厅：《西藏自治区行政区划表（2023年6月）》，https://www.xizang.gov.cn/rsxz/xzqh/202306/t20230608_359843.html，访问日期：2023年8月19日。

第一章 西藏自治区聋人生存状况及语言状况综述

表1-1 西藏自治区行政区划表（2023年6月）

序号	市（地区）	县级 合计	县	区	市	合计	镇	乡	民族乡	街道办事处
1	拉萨市	8	林周县、当雄县、尼木县、曲水县、堆龙德庆区、城关区 墨竹工卡县	达孜区、	/	65	12	37		16
2	日喀则市	18	江孜县、白朗县、拉孜县、萨迦县、岗巴县、定结县、定日县、仲巴县、亚东县、聂拉木县、康马县、吉隆县、仁布县、南木林县、谢通门县、昂仁县	桑珠孜区	/	206	27	175		4
3	昌都市	11	江达县、贡觉县、类乌齐县、丁青县、边坝县、察雅县、八宿县、左贡县、芒康县、洛隆县	卡若区	/	138	28	110	1	
4	林芝市	7	工布江达县、墨脱县、波密县、察隅县、朗县	巴宜区	米林市	56	20	34	3	2
5	山南市	12	扎囊县、贡嘎县、桑日县、琼结县、曲松县、洛扎县、加查县、措美县、浪卡子县	乃东区	错那市	83	23	59	5	1
6	那曲市	11	安多县、申扎县、聂荣县、比如县、嘉黎县、索县、巴青县、班戈县、尼玛县、双湖县	色尼区	/	114	25	89		
7	阿里地区	7	噶尔县、普兰县、措勤县、革吉县、改则县、札达县、日土县	/	/	37	7	30		
合计		74				699	142	534	9	23

二、人口、民族和语言

西藏自治区是中国人口总数最少、密度最小的省区，人口密度2人/平方公里，只有全国平均数的六十分之一。全区人口分布很不平衡，居民主要集中在南部和东部。建区以来，西藏自治区人口保持持续增长态势。截至2021年年底，西藏全区常住人口共计366万人。

西藏自治区的民族构成以藏族为主体，此外还有汉、回、门巴、珞巴、纳西、怒、独龙等30多个民族。从人口数量上看，藏族占90%左右，汉族占8%左右，其他少数民族占2%左右。

尽管民族众多，但由于藏族人口占据绝对多数，因此，藏语是西藏自治区民间交流沟通的主要语言。藏语在语言谱系上属于汉藏语系藏缅语族之下的藏语支，主要分布于我国西藏自治区和青海、四川、甘肃、云南的部分地区，使用人数达460多万人[3]。此外，在印度、尼泊尔、不丹等国也有部分藏语使用者。我国藏语口语属于声调语言，可分为卫藏、康区、安多三大方言，各种方言之间差别较大，至今尚未形成全民族公认的口头标准语。中国和国外的藏语也有区别。

相比口语，藏语的书面形式藏文较为统一。在过去的1 300多年中，藏文经历四次改革，先后整理规范藏文字和语法，统一用词用语，确立藏文字的书写法[4]。藏文属于字母文字，由30个辅音字母和4个元音符号构成，如图1-1所示[5]。

1951年，西藏和平解放后，党和政府经过20多年的研究，

---

[3] https://cn.zyw.xizang.gov.cn/xzwh/xzwh_895/202006/t20200628_159692.html.
[4] https://cn.zyw.xizang.gov.cn/xzwh/xzwh_895/202006/t20200628_159680.html.
[5] https://cn.zyw.xizang.gov.cn/xzwh/xzwh_895/202006/t20200628_159702.html.

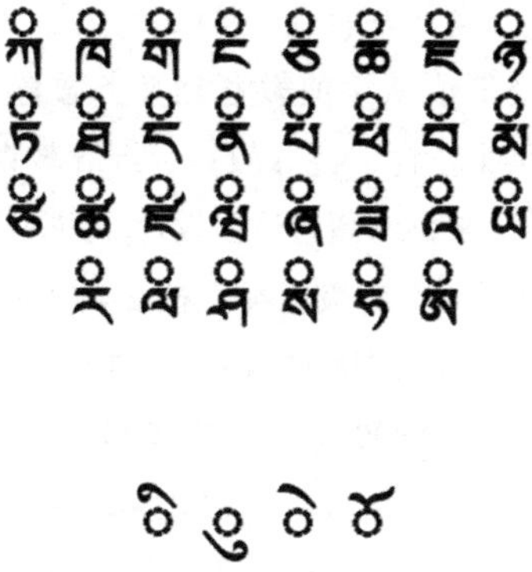

图1-1 藏文字母文字

于1987年制订《西藏自治区学习、使用和发展藏语文的若干规定（试行）》。1988年，西藏自治区藏语文工作指导委员会正式成立，各地市也相继成立藏语文工作指导委员会。1997年，藏文编码国际标准获得通过，藏文成为中国少数民族文字中第一个具有国际标准的文字，也便利藏文的计算机信息化[⑥]。

推广国家通用语言文字、科学保护民族语言和方言是我国的基本语言政策。长期以来，西藏自治区不断完善以国家通用语言文字为主的大中小幼一体化教育教学体系，科学保护各民族语言文字，根据实际开设藏语文课程，加强少数民族语言文字教材和课程资源库建设，尊重和保障少数民族语言文字的学习和使用。

三、文化和教育

和平解放之前的西藏没有现代意义上的学校，1951年以来，在党的领导下，西藏教育现代化经历了奠定基础、曲折探索、调

---

⑥ https://cn.zyw.xizang.gov.cn/xzwh/xzwh_895/202006/t20200628_159680.html.

整规范、改革协调、全面发展五个阶段[7]，逐步创建起各级各类现代学校，至今已经形成从学前教育到义务教育、高中阶段教育、高等教育，包括职业教育、特殊教育、继续教育等较为完备的现代公共教育体系[8]。来自西藏自治区教育厅的数据显示，截至2018年10月31日，全区共有各级各类学校2 442所，小学教学点164个，普通高等学校7所（其中专科学校3所），中等职业学校11所，中学133所，小学809所，特殊学校5所，幼儿园1 477所（不含附设幼儿班134个）。区内各级各类在校学生共计702 336人，此外还有80 134名西藏籍学生通过西藏班、西藏中职班、研究生教育等渠道在区外就读[9]。

西藏和平解放后，乡村文化、社区文化、企业文化、校园文化、军营文化、少儿文化和老年文化都得到较快发展，文化市场初步形成多门类、多体系、多层次的格局。基层文艺队伍实现历史性壮大，文化产业对西藏经济增长的贡献率不断提高。民族优秀传统文化实现"活态"发展，非遗传承发展卓有成效[10]。

四、宗教和风俗

宗教在西藏自治区有着深刻而久远的影响，境内居民除汉族外，大部分都信仰宗教，以藏传佛教在西藏自治区影响最大。因此，无论是人们的思想意识，还是生产生活习俗，都带有浓厚的

---

[7] 吴明海、王晓宇：《中国共产党领导西藏教育现代化的历史性成就、经验与意义》，《河北师范大学学报（教育科学版）》2023年1月第25卷第1期，第61—70页。
[8] 央宗. 蕈英声、腾茂实——记西藏教育的成就与发展. 蕈英声. http://www.tibet.cn/cn/news/zx/202303/t20230331_7389339.html，2023-03-31/2023-08-19.
[9] https://edu.xizang.gov.cn/6/28/561.html.
[10] 王淑、贾华加：《西藏：在守正创新中奏响新时代文化主旋律》，http://www.tibet.cn/cn/news/yc/202210/t20221009_7286710.html，访问日期：2023年8月19日。

宗教色彩，宗教活动内化为大多数居民生活方式的组成部分。

藏族有许多独特的文化风俗。

- 饮食：藏民的主食主要是糌粑、肉食、奶制品、酥油茶和青稞酒。糌粑的制作方式是将青稞炒熟后磨成细粉，食用时拌和酥油茶，用手捏成团吃，也可调以盐茶、酸奶或青稞酒。国家通用手语中"西藏""藏族"两个词的理据即模仿制作糌粑的动作。
- 服饰：藏族传统服装较为肥大，基本特点是长袖、宽腰、大襟。藏民一般在外衣里面穿一件衬衫，外面再穿藏袍。夏天或劳动时只穿左袖，右袖从后面拉到胸前搭在右肩上；也可左右袖均不穿，两袖束在腰间。冬天一般两袖均穿上。
- 礼俗：献哈达是藏族最普遍的礼节，婚丧、节庆、乔迁、拜会尊长，朝拜佛像，送别远行等时刻都有献哈达的习惯。磕头也是藏民用来表达敬重的常用方式，一般是朝拜佛像、佛塔和见大活佛时磕头，也有对长者磕头的。藏民重视馈赠，凡有喜庆必然送礼致贺。
- 节庆：藏族的节日种类繁多、宗教色彩强烈。藏历年是藏族人民一年中最重要、最隆重的节日，相当于汉族的春节。此外还有酥油花灯节、雪顿节、格桑花节、朝山节、燃灯节、祈祷节、望果节等。

第二节　西藏自治区残疾人事业概况

一、残疾人联合会工作

来自西藏自治区残疾人联合会的统计数据显示，根据我国残疾人抽样调查的统计标准，按残疾发生率为7%计算，西藏自治区残疾人口约为24.1万人，此项数据为开展残疾人工作的基础数据。根据持证残疾人的数据动态更新情况进行统计，截至2022年初，西藏自治区共有持证残疾人11.29万人，这部分残疾人属于地方残疾人联合会工作的直接对象。持证残疾人中，农牧区残疾人逾九成，城镇残疾人不到一成。肢体残疾人56 826人，占50.3%；视力残疾人17 870人，占15.8%；听力残疾人13 630人，占12.1%；精神残疾人6 459人，占5.7%；言语残疾人5 103人，占4.5%；智力残疾人3 003人，占2.7%；多重残疾人10 012人，占8.9%[11]。

西藏自治区残疾人联合会成立于1986年2月，这也是西藏自治区残疾人事业起步的标志性事件。自治区残疾人联合会是经自治区人民政府批准和确认的将残疾人自身代表组织、社会福利团体和事业管理机构融为一体的残疾人事业团体，承担政府委托的部分行政职能，发展和管理残疾人事业。在中国残疾人联合会的指导下，自治区残疾人联合会履行"代表、服务、管理"职能：代表残疾人共同利益；维护残疾人合法权益；开展各项业务和活动，直接为残疾人服务。

近年来，西藏自治区相继颁布《西藏自治区人民政府关于建立残疾儿童康复救助制度的实施意见》《西藏自治区实施〈中华人民共和国残疾人保障法〉办法》《西藏自治区实施〈残疾人就业条例〉办法》《西藏自治区残疾人就业保障金征收、使用管理办法》《西藏自治区盲人保健按摩行业管理办法》《拉萨市残疾人保障办法》等一系列政策文件，结合西藏自治区的实际情况，有力地贯

---

[11] 本数据为西藏自治区残疾人联合会相关负责同志于2022年2月提供。

彻落实了与残疾人相关的国家法律法规。

二、残疾人专门协会工作

残疾人专门协会是残疾人联合会内设的群众性组织,在残疾人联合会的统一领导下开展工作,归口组联部门管理。残疾人专门协会的角色是联系残疾人联合会和基层残疾群众的纽带,其工作职责是:代表、联系、团结、服务本类别残疾人,反映特殊愿望及需求,维护合法权益,争取社会帮助,开展适宜活动。[12] 目前,西藏自治区已经成立3个省级残疾人专门协会,分别为盲人协会、肢体残疾人协会、聋人协会。2022年6月,拉萨市聋人协会、拉萨市盲人协会、拉萨市肢残人协会也正式注册成立。

西藏自治区聋人协会是由全区聋人及与聋人工作有关的社会团体、企事业单位和个人自愿组成的非营利性社会团体,是全区聋人群众的代表组织,也是西藏自治区聋人手语工作的骨干力量。该协会于2013年9月经西藏自治区民政厅批准正式成为社团法人单位,注册地位于拉萨市扎基中路10号,法定代表人为吾根卓嘎。协会以弘扬人道主义,宣传和倡导扶聋助聋的良好社会风尚,动员社会,理解、尊重、关心、帮助聋人为己任;以推进残疾人事业发展,代表聋人的共同利益,反映聋人的特殊需求,维护聋人的合法权益,促进聋人平等充分参与社会生活为职责;以加强民族团结、维护祖国统一,反对分裂,共享社会物质文明和精神文明的成果为己任。协会由委员会和秘书处组成,下设5个委员

---

[12] 中国残疾人联合会.中国残联专门协会.https://www.cdpf.org.cn/zzjg/jggk/zgclzmxh/index.htm./2023-08-19.

会：聋人环境无障碍/权益委员会、教育就业委员会、文化体育委员会、聋人手语研究委员会、女性聋人委员会。目前共有186名会员和15名志愿者。在西藏自治区政府、西藏自治区残疾人联合会领导的关心、关爱下，协会成立以来多次举办全区范围的聋人技能培训、语言教学、政策宣讲、组织观看文艺演出等活动，极大地丰富聋人群众的文化生活，为实现聋人充分参与社会生活，更好地融入社会创造有利条件[13]。

三、特殊教育工作

（一）中小学教育

1. 办校历史

西藏自治区地广人稀，特殊教育学校数量较少。从2000年起，拉萨、日喀则、那曲、山南、昌都、林芝地区相继建立特殊教育学校，截至2021年，西藏自治区共有特殊教育学校7所（除阿里地区外，市级行政区至少拥有1所小学阶段特殊教育学校），特殊教育学校在校残疾学生总计1 051人，但并未对各种障碍类别的学生进行单独的人数统计[14]。到2020年，西藏自治区义务教育阶段残疾儿童少年入学率已达到96.73%，达到全国平均义务教育入学水准。此外，听力残疾儿童听力和言语早期干预工作也有所突破，2019年和2020年，西藏自治区接受人工耳蜗植入手术的听障儿童分别为7人和21人[15]。但总体来说，由于整个西藏自

---

[13] 关于西藏自治区聋人协会的有关情况为该协会负责同志于2023年提供。
[14] 本数据为西藏自治区残疾人联合会相关负责同志于2022年2月提供。
[15] 凌亢：《中国残疾人事业研究报告（2022）》，北京：社会科学文献出版社，2022年，第187—201页。

治区仅有1所专门的听力言语残疾康复服务机构，聋生缺少充分接受学前教育的机会。

7所特殊教育学校中招收聋生的有6所，均是招收盲、聋、培智三类学生的寄宿制学校，以义务教育和职业教育为主，尚未全面开设学前教育和普通高中教育。详情见表1-2。

表1-2　六所招收聋生的特殊教育学校概况（截至2023年）

学校名称	拉萨特殊教育学校	日喀则特殊教育学校	山南特殊教育学校	那曲特殊教育学校	昌都特殊教育学校	林芝特殊教育学校
成立时间	2000	2010	2013	2013	2014	2019
学段	学前班到职高	小学和初中	小学	小学	小学和初中	小学和初中

由上表可见，6所特殊教育学校的成立时间均较晚，都在2000年之后。从办学结构上看，只有拉萨特殊教育学校形成了从学前班到职高的相对完整框架，其余几所学校因生源人数有限等原因，有些年级无法开班。

2. 职业教育

职业教育是西藏特殊教育的亮点之一。6所特殊教育学校均根据学生特点、学校实际情况与藏区特色文化背景各自开设多门职业技能课程，如唐卡绘画、藏戏面具制作、缝纫、藏式卡垫制作、烘焙与陶艺等，学生可根据自己的喜好选择。拉萨特殊教育学校专设职业部，不仅接受本校初中部毕业且有意愿继续学习的学生，为其提供接受中等职业教育的机会，而且从社会上招收大龄的盲、聋、培智和肢体残疾学生进行职业教育。那曲特殊教育学校提出集中教学、康复训练、职业教育"三位一体"的办学模式，经过劳动实践，学生能做出具有民族特色的缝纫产品180余种、编织产品20余种、卡垫6种、烘焙20余种、陶艺作品100余种,该校校长次仁拉姆也被授予"全国最美教师"称号[16]。

高中教育和高职教育方面,西藏自治区特殊教育学校积极与内地特殊教育学校结对合作,以便为有需要和有能力的学生提供进一步深造的机会。与拉萨特殊教育学校建立过合作关系的内地学校有常州市特殊教育学校和上海市聋哑青年技术学校两所学校,在后文"高等教育"部分将有进一步介绍。

3. 课程教学

课程设置方面,6所特殊教育学校在遵循国家特殊教育义务教育课程标准的基础上,结合藏族特色文化,为学生增开藏语文课,由藏族教师进行教学。教材选用上,使用聋校教材与普校教材相结合的方式,藏语文课教材选用藏区普校教材,教师根据聋生情况调整课程难易度。各所学校的教学设施设备均较为齐全,设有言语训练室、心理咨询室、感觉统合训练室和多感官教室等,为特殊儿童提供所需的教育干预服务。

4. 师资与生源状况

特殊教育教师是教师职业群体中不可或缺的重要组成部分,曾有研究者指出,西藏特殊教育教师队伍面临着教师供求矛盾突出、在岗培训体系欠完善、职业倦怠普遍存在等问题[17]。研究过程中,我们实地走访了西藏自治区5所特殊教育学校(当时林芝特殊教育学校尚未正式成立),对各校的师资队伍构成情况进行初步了解。具体情况如表1-3所示。

---

[16] https://epaper.chinatibetnews.com/fzb/202304/11/content_193138.html.
[17] 次仁拉姆、周朝坤:《西藏特殊教育师资队伍发展现状与对策》,《西藏教育》2018年第9期,第62—64页。

表1-3 西藏各所特殊教育学校的师资状况（统计于2018年5月）

学校名称 教师人数	拉萨特殊教育学校	日喀则特殊教育学校	山南特殊教育学校	那曲特殊教育学校	昌都特殊教育学校
总人数	72	49	44	35	30
特殊教育专业背景教师	25	15	0	3	10
藏族教师	57	36	39	28	18
汉族教师	13	13	3	7	12
聋人教师	5	3	2	0	0

由上表可见，5所特殊教育学校的师资队伍均以藏族教师为主，超过总人数的一半，其次为汉族教师，此外还有极少数其他民族的教师。其中山南特殊教育学校中藏族教师占比最多，汉藏教师比例达1∶13，拉萨特殊教育学校与那曲特殊教育学校约为1∶4，日喀则特殊教育学校为1∶3，昌都特殊教育学校汉藏族教师比例为2∶3。

5所特殊教育学校中，特殊教育专业毕业的教师数量合计占教师总量的23%。这与其他研究者对全国特殊教育学校教师学历专业的调查结果（特殊教育专业出身的教师仅占21.8%）大体一致，总体上看，专业的特殊教育师资较为匮乏且分布不均。拉萨特殊教育学校、日喀则特殊教育学校和昌都特殊教育学校特殊教育专业教师占全校教师的比重约为30%；那曲特殊教育学校特殊教育专业毕业的教师最少，仅3名，约占全校教师数量的8.8%；山南特殊教育学校的44名教师全部转岗自普通学校。可见那曲特殊教育学校与山南特殊教育学校的专业师资力量相对最为薄弱。

西藏自治区地广人稀，农牧区信息闭塞，家长缺乏教育意识，许多特殊儿童错失受教育的机会，特殊教育招生工作难度大。

在建校未久、生源较少的情况下，5所特殊教育学校落实国家政策，以区县为单位，逐一核实未入学适龄残疾儿童少年的数据。教师亲身进入农牧区找生源，进行筛选、评估、建档，实行"一人一案"，为无法进入学校就读的多重障碍学生提供送教上门服务。5所特殊教育学校的在读学生数量如表1-4所示。

表1-4 西藏各所特殊教育学校学生数量（统计于2018年5月）

学校名称	拉萨特殊教育学校	日喀则特殊教育学校	山南特殊教育学校	那曲特殊教育学校	昌都特殊教育学校
学生数量	204	205	146	131	96
聋生数量	109	122	56	74	48
年级分布	学前班到职高	七年级	五年级	四年级	四年级
师生比例	1:2.83	1:4.18	1:3.32	1:3.74	1:3.2

由上表可见，5所特殊教育学校中，聋生总计占全体学生的52%。拉萨、日喀则、那曲和昌都四所特殊教育学校中，聋生占学生总数的一半左右，山南特殊教育学校的聋生数量较少，约占学生总数的三分之一。

5所特殊教育学校的聋生多来自农牧区，入学年龄偏大，各年级年龄分布不均。这一现状同他们的家庭背景密不可分。西藏自治区许多特殊儿童家长的教育意识薄弱，缺乏医学、康复、特殊教育等科学知识，认为聋童不需要接受教育，倾向于让他们留在家中帮忙劳作或早早进入社会打工挣钱。兼之其他种种因素的叠加，造成聋人群体受教育水平低下，文盲率偏高的现状。

师生比例方面，比例最低的为昌都特殊教育学校1:3.2，其余学校都高于1:4。曾有文献指出，根据特殊教育发展要求，盲、聋和轻度智障的师生比至少应达到 1:3，孤独症、脑瘫、重度残疾和多重残疾应达到 1:1[18]，由此看出，西藏的特殊教育学校从总体上看呈现班级学生数额过多，师生比一定程度上失衡的态势，不利于教师教学活动的开展和每一个学生个别需求的满足。加大特殊教育师资的培养力度是当前的重要任务。

（二）高等教育

根据《西藏自治区特殊教育提升计划实施办法（2017—2020年）》，自治区大力发展以职业教育为主的残疾人高中阶段教育，尽早开设特殊教育学校高中部，提升办学水平和质量，规定全市普通高中和中等职业学校要积极招收残疾学生，不得以任何理由拒收。西藏自治区自和平解放以来，经过数十年的发展，已有西藏大学、西藏民族大学、西藏藏医学院、西藏警官高等专科学校和拉萨师范高等专科学校等多所综合性和专业性的高等院校，但迄今没有面向残疾学生的单考单招院校。聋生要进入高校深造，只能参加普通高考，而西藏自治区的特殊教育学校只有职业高中而无普通高中，由于学业水平的局限，普通高考这一途径对特殊教育学校毕业生而言显然极为艰难。

在相关部门的努力和协调下，第一批西藏聋生 2009 年赴常州市特殊教育学校高中部就读，4 人（其中 1 人为汉族，3 人为藏族）之后全部考入南京特殊教育师范学院（专科）学习园艺设计和电脑设计专业，并于 2015 年毕业。毕业后，他们回到西藏的拉萨、山南、日喀则等地从事特殊教育工作。

2010 年起，西藏特殊教育学校和上海市聋哑青年技术学校建

---

[18] 同注释[17]。

立长期合作,每年均有 5 名西藏聋生进入该校就读,至今仍在持续。上海市聋哑青年技术学校是一所高中层次的职业教育学校,学制为四年,西藏聋生在这里学习工艺美术和烹饪,一些人毕业后考入南京特殊教育师范学院或浙江特殊教育职业学院,进行专科或本科阶段的学习,另一些回原籍地就业。多年来,该校西藏生的高考录取人数一直保持稳定,成为西藏自治区聋人大学生一个持续的教育培训渠道,具体情况见表1-5[19]。

表1-5 上海市聋哑青年技术学校西藏生历年高考录取情况统计

毕业年份	录取人数	上海应用技术大学	南京特殊教育师范学院	浙江特殊教育职业学院
2014	2	0	2	
2015	3	1	2	
2016	1	1		
2017	5	2	3	
2018	1		1	
2019	3			3
2020	2		1	1
2021	1			1
2022	3			3
2023	4		1	3

此外,根据研究者在聋人社群中的了解,也有个别援藏干部的子女是聋人,考入内地的单考单招院校就读,之后回西藏就业。总体而言,西藏自治区聋生接受高等教育的渠道和机会较少,这

---

[19] 该数据为上海市聋哑青年技术学校校方提供。

一现状有待在未来通过努力得到改变。

第三节 西藏自治区聋人社群概况

聋人的聚集形成聋人社群（deaf community），而聋人社群的存在又是手语语言社区存在的先决条件。同一个语言社区的个体持有共同的社群身份，保持着密切的语言交流。但相对学校聋生而言，社会聋人的生存状况更为复杂和多元。

一、社会聋人受教育水平普遍不理想

尽管近年来西藏自治区残疾儿童接受义务教育的比率有突破性增长，但年长的聋人中没有接受过学校教育的不在少数。许多聋人生活在偏僻的农牧区，家庭较为贫困，家长观念落后，倾向于从宿命论视角解读子女的残障，缺乏通过自身努力挑战命运、改造人生的勇气。许多家庭不知道除普通学校之外还有特殊教育学校，可以将残障子女送去就读。即使知道有这类学校存在，一些家长也更愿意将四肢健全的听障孩子留在家中帮忙干活，或早早送其外出务工。在他们看来这是一种更为"实际"的选择，能为家庭带来可见的好处。

二、社会聋人整体就业机会少、就业层次低

由于交流受限，聋人能从事的职业多为与健听人沟通较少的职业，聋人如果在学历上缺乏竞争力，很难找到高层次的工作，在这一点上并无地域之分。但与内地相比，西藏自治区聋人由于学历低、环境支持不足，其就业选择相对更少。在西藏自治区，我们所接触到的受教育水平低的社会聋人多为清洁工、车间工人、

裁缝、手工艺人、小摊贩等，因为这些都是仅需要付出体力劳动，或者有一定技术含量但对沟通能力要求不高的职业。在西藏自治区，也有极少数接受高等教育的聋人，因得到赴内地读中学的机会，由此考入大专院校，毕业后回西藏就业，岗位以特殊学校教师为主。

虽然西藏自治区残疾人联合会举办的残疾人招聘会为聋人提供了一定数量的岗位选择，但整体上仍以传统的体力劳动岗和服务岗为主。近年来，随着时代的发展和残疾人自身素质的提升，也出现了一些更为多元的就业选择，不少聋人通过学校、残疾人联合会和社会组织提供的职业技能培训增强就业能力，走上各种各样的就业岗位。

三、聋人协会在西藏自治区聋人的社会生活中扮演重要角色

尽管西藏自治区聋人协会的正式注册会员不到 200 名，算上非会员，所涉及的聋人也仅有 200 多名，但多年来，聋人协会在丰富聋人的文化生活、为聋人争取正当权益和谋求福利上发挥了重要作用。聋人协会主席吾根卓嘎 13 岁时才失去听力，因而保留了较好的口语能力，尽管从未接受过正式的学校教育，但她能用熟练的藏汉双语进行口头表达和书写，同时对西藏手语、内地手语也非常熟悉。"多语聋人"的身份成为她从事专门协会工作的一大优势：很多时候，她是聋人社群内部的协调者，在聋人群众中享有很高的威信；另一些时候，她又成为聋听之间的沟通纽带，代表聋人群众向残疾人联合会提出诉求、表达心声，也将残疾人联合会的福利政策准确地转达给聋人。

在自治区残疾人联合会的指导和支持下，聋人协会多次组织活动，丰富聋人群众的文化生活：教育、文化、法律三下乡；走

进社区、学校、乡村宣传残疾人事业；在公共服务领域倡导无障碍支持……其中，中央财政支持下的"西藏自治区聋人协会提高全区聋人融入社会能力项目"是一个以提升社会聋人语言能力为目标的扫盲学习项目。该项目于 2017 年开展至今，使大量聋人获益。由于有免费的学习机会，且能与同类人相聚手语"畅聊"，藏族聋人学员普遍学习兴趣高涨，积极参与每周的学习。在每周的扫盲课堂上，汉族健听人教师自编教材，教没上过学的社会聋人学习基本的汉语词句读写，聋人协会骨干提供手语翻译协助。2017 年 7 月，研究者进藏调查时，也在扫盲班的活动上义务为藏族聋人群众进行基础汉语和通用手语的教学，并向西藏自治区聋人协会赠送了自己编写的内地手语教材。

图1-2 研究者为西藏自治区聋人协会扫盲班授课1

图1-3　研究者为西藏自治区聋人协会扫盲班授课2

图1-4　研究者为西藏自治区聋人协会扫盲班授课3

第二章
国家通用手语与作为方言变体的西藏手语

随着特殊教育事业的发展,西藏残疾少年儿童入学率逐年增加,但由于客观条件的限制,做到"应收尽收"仍有相当难度。在西藏自治区,聋生在入学前基本未习得规范的手语,也缺乏系统接受听力口语康复训练的机会,以不完整的口语和简单的家庭手势作为主要沟通手段。而在接受学校教育的过程中,聋生学习和接触的语言包括汉语口语、藏语口语、汉语书面语、藏语书面语、国家通用手语、西藏手语等,每种语码之间又相互交融和影响,形成"两文四语"的复杂局面。

此外,在学校之外的社会聋人的语言使用情况也相当复杂。在广袤的西藏农牧区存在大量没有接受过学校教育、也没有渠道接触聋人社群的文盲聋人,他们的交流方式以家庭手势为主。如果得以进入聋人社群,那么这些文盲聋人将会以极快的速度自然习得其他聋人所使用的视觉语言,也即西藏手语。然而,由于西藏自治区和内地的交流往来日趋频繁,不同地区的聋人手语也越来越呈现相互接触和相互影响的态势,造就一系列复杂的语言现象。

概括说来,西藏自治区总体上呈现国家通用手语和西藏手语方言并行使用的态势。特殊教育系统内以国家通用手语作为主要教学语言，辅以必要的西藏本地手语作为补充，而学校之外的社会聋人作为社群成员频繁聚集在一起，使用西藏手语进行内部沟通，然而，这种手语本身并不是高度统一或高度稳定的。本文将分别针对国家通用手语和西藏手语的发展历程进行介绍，然后阐明二者间的相互关系，厘清西藏手语的方言地位。

第一节　国家通用手语的发展历程

一、起步时期

新中国成立之初，百废待兴，党和政府带领全国各地人民投入工农业生产建设。但我国幅员辽阔，语言国情复杂，各地主要以方言沟通。为畅通各地人民生产经验和文化交流，统一语言文字成为一项迫切的工作。1958年，《汉语拼音方案》颁布，此时在特殊教育领域，开发手语字母方案、教聋生认读汉字的工作任务也提上日程[①]。在此背景下，国家通用手语的研制拉开序幕，旨在促进手语的规范化，推动各地聋人的交流，保障聋童的受教育权利。

1958年，中国聋哑人福利会组织成立"聋人手语改革委员会"，这一事件标志着我国通用手语研究的开端。该委员会研究制定"汉语手指字母方案"，通过收集各地使用的手语手势，选取合理的部分，经修改和整理后形成《聋哑人通用手语草图》。该书在内务部、教育部、中国文字改革委员会批准下试行，先后修订印

---

① 顾定倩:《我国通用手语的发展沿革（一）》，《现代特殊教育》2017年第3期，第22—23页。

发 4 辑，共包括 1 991 个手语词。

此时手语规范化的路径为：第一，大量新创手势以填补手语中的空白缺位；第二，选择现有手势的最优化打法或直接采纳各地大致相似的打法。在编制新手势时，遵循的共识之一是向手指字母靠拢，使之"规范化"，由此，大量的手指字母进入通用手语中，手势向表音化趋势发展[②]。

二、推进时期

改革开放后，手语规范化进程加快。1979 年，中国盲人聋哑人协会将《聋哑人通用手语草图》修订为《聋哑人通用手语图》两辑，接着又编纂了第 3 辑和第 4 辑。此时，民政部、教育部、中国文字改革委员会发布《关于进一步试行和推广聋哑人通用手语的联合通知》。20 世纪 90 年代，中国聋人协会编辑出版《中国手语》首、续集。民政部、教育委员会、国家语言文字工作委员会、中国残疾人联合会联合发文，要求在全国范围内推广使用《中国手语》。这一时期的手语编纂原则得到细化和发展，开始遵循统一基本词、保留手势的形象化、同字异义动作进行区分等工作路径，并总结出常用性、通用性、规范性、易编性和易学性五大原则。

2001 年，中国残疾人联合会教育就业部委托北京师范大学特殊教育研究中心组织修订《中国手语》一书，该书最终于 2003 年 5 月出版发行。但《中国手语》仅为工具书或称词汇集，不具备教材功能，也难以囊括中国手语的全部词汇。因此，各地

---

② 顾定倩：《我国通用手语的发展沿革（二）》，《现代特殊教育》2017 年第 4 期，第 16—17 页。

在实践中均将《中国手语》中的手语词和当地的方言手语词混杂并用。

三、科学发展时期

20世纪和21世纪之交，复旦大学中文系龚群虎教授将西方的手语语言学理论系统地引入中国，并开始培养此方向的博士和硕士。随着时间的推移，中国的手语语言学研究团队不断发展壮大，影响力日益加强，从一定程度上改变了我国语言文字工作者的传统手语观，越来越多研究者认同"手语是一门语言"，为通用手语的科学研制提供了理论上的准备和支撑。手语语言学的发展为手语规范化工作提供了理论指导和决策依据。党的十八大以来，党和政府针对手语规范化进行一系列顶层设计，出台多项政策法规，大幅增加经费投入，坚持实用性和服务教育为先的工作导向。广大手语工作者深化对手语本体研究意义，以及对聋人参与手语研究的重要性的思想认识，手语研究团队的责任意识和学术水平也得到整体提高。[③]

2011年，"国家通用手语标准研究"被立为国家语言文字工作委员会和中国残疾人联合会联合管理的重大科研项目，历时4年研究，于2015年结题，随后经历成果试用和修改完善过程，正式在全国进行推广。该项目也是我国手语规范化工作首次纳入手语语言学专业理论的尝试。在手语语言学理论的指导下，该项目组成员采用田野调查法和文本调查法，从手语词汇、手语表达习惯特点、手语句法三个方面开展研究，其最终成果包括词汇和句

---

③ 国家手语和盲文研究中心：《国家通用手语探微》，北京：华夏出版社，2023年，第13—15页。

法两部分：手语词汇上，新的国家通用手语方案对《中国手语》书中的手语词进行增删和修改，最终收录词目数量达到 8 000 个左右；手语句法上，参考已有手语语言学研究成果，以实地采集的聋人手语语料为基础，归纳、分析和总结中国手语的主要语法特征，并以专文形式呈现④。国家通用手语词汇试行方案上，增加词目，大量减少手指字母的使用，依据"名从主人"的原则对民族名、地名、国名进行修订，此外还针对一词多义、一个手语多种含义和南北方方言差异大等几种情况进行修订，突出体现手语作为视觉语言的表达特点⑤。

与前两个发展阶段相比，此阶段有四个重要变化：首先，研制原则发生变化，提出尊重聋人的主体地位原则、实用性原则和求同存异的原则；其次，加入已有的手语语言学的基础研究成果；再次，研究范围扩大，将汉语手指字母和基于语料的句法研究也纳入其中；最后，本着尊重手语实际使用状况的原则，大幅度修改不符合聋人表达习惯和过时的手语词，此外还增加教学用语以方便学校教学。

四、未来展望

近年来，国家通用手语工作得到越来越多的关注、重视。2010 年，国家手语和盲文研究中心在北京师范大学成立，发挥引领手语研究、协调各方资源、提供咨政建议的重要功能。随后，多个关于国家通用手语推广的重要文件相继发布。以 2021

---

④ 魏丹、顾定倩：《〈国家通用手语方案〉的研制与试用》，《语言规划学研究》2017 年第 1 期（总第 4 期），第 17—29 页。
⑤ 顾定倩：《我国通用手语的发展沿革（三）》，《现代特殊教育》2017 年第 5 期，第 11—13 页。

年为例，当年发布的《特殊教育专业师范生教师职业能力标准（试行）》《第二期国家手语和盲文规范化行动计划（2021—2025年）》《"十四五"残疾人保障和发展规划》和《"十四五"特殊教育发展提升行动计划》等文件中均涉及国家通用手语的相关表述。

推广国家通用手语是残疾人事业的一项基础性工作，其意义至关重要：首先，有利于保护听障群体学习和使用语言文字的权利；其次，有助于推动无障碍环境建设；最后，可以促进听障群体平等参与社会和融合发展[6]。但正如蒋都都等人（2018）的分析，现阶段我国尚无专门的手语立法，手语立法呈现碎片化态势，手语的语言地位也未获得专门的法律承认[7]。冯泽华（2021）从规范、观念和培育三个维度入手，指出我国手语规范化工作存在法律地位有待明确、教育发展缓慢以及相关权益保护意识亟待深化等问题，现有提法强调"国家通用手语是国家通用语言文字的组成部分""国家通用手语是国家通用语言文字的补充"，只是重申手语在语言文字规范化实践中的"实然"地位，尚未契合手语推广使用的现实需求[8]。可见，从立法角度明确认可手语作为一门语言、明确国家通用手语属于国家通用语言文字，已经成为紧迫的时代任务和现实需求。此外，对手语的学科建设和人才培养需要进一步加强，保障中国手语研究始终在专业轨道上健康、也持续地向前发展。

---

[6] 程凯：《推广国家通用手语和通用盲文是残疾人事业的一项基础性工作》，《残疾人研究》2018年9月第3期（总第31期），第3—7页。

[7] 蒋都都、杨解君：《我国手语法律制度现状及其完善》，《残疾人研究》，2018年9月第3期（总第31期），第71—77页。

[8] 冯泽华：《我国手语和盲文的法律地位：发展进程与制度进路》，《人权》2021年第5期，第131—147页。

第二节　国家通用手语在西藏自治区的推广

一、相关政策法规

（一）宏观工作思路的制定

推广国家通用手语和盲文历来是西藏自治区残疾人工作中坚定贯彻、奉行不渝的语言文字政策，在"十一五"之后的历次发展纲要中都明确提及这一原则。如《西藏自治区残疾人事业"十三五"发展纲要》将"推广国家通用手语，开发推广藏语通用盲文，促进国家通用手语和藏语盲文规范化"列为"十三五"时期的工作任务。《纲要》中提到，要通过"国家通用手语和藏文盲文示范项目"开展国家通用手语推广工作和藏语盲文研发推广工作，此外，还指出要"加强残疾人口、康复医学、特殊教育、盲文、手语、残疾人体育等基础学科建设"[9]。2021年发布的《拉萨市残疾人联合会改革方案》也指出要"推广国家通用手语和国家通用盲文，丰富残疾人精神文化生活"[10]。《西藏自治区残疾人事业"十一五"发展纲要》即提出，自治区电视台应创造条件开办手语新闻节目，《拉萨市"十二五"时期残疾人事业发展纲要》也提出要"在拉萨市电视台逐步开播手语新闻节

---

[9]　西藏自治区发展和改革委员会：《西藏自治区"十三五"时期残疾人事业发展纲要》，https://www.xizang.gov.cn/zwgk/xxfb/ghjh_431/201902/t20190223_61943.html. 访问日期：2023年8月19日。

[10]　拉萨市人民政府：《拉萨市人民政府办公室关于印发〈拉萨市残疾人联合会改革方案〉的通知》，https://www.lasa.gov.cn/lasa/wjzl/202101/f8204376416742de857effc56282e1a1.shtml. 访问日期：2023年8月19日。

目"⑪，但由于手语人才短缺等原因，这一目标至今仍未实现。

相对国家通用手语而言，西藏地方手语在相关政策文件中也屡有提及。《西藏自治区残疾人事业"十一五"发展纲要》中提到，2001年至2005年期间，"与有关国际助残组织和慈善组织合作……开发聋哑藏手语及聋哑人职业培训"，"编辑出版了三册《聋哑人藏语手语词典》，共收集和开发817个手语词汇，为聋哑人发放《手语词典》1 500多册，在拉萨市特殊学校及成年聋哑群体中实施了教学试点"。《西藏自治区"十三五"时期残疾人事业发展纲要》中也提到，"十二五"时期开展藏语盲文教学试点和藏手语开发工作，编辑出版藏手语词典，2010年颁布的《中共西藏自治区委员会、西藏自治区人民政府关于促进残疾人事业发展的实施意见》中将"开发和推广藏语盲文和手语"列入工作目标。2019年，拉萨市残疾人联合会成立，其下属单位拉萨市残疾人康复服务中心将"推广藏语聋人手语和藏文盲文软件"纳入工作职责⑫。

（二）西藏自治区推广方案的出台

2015年发布的《国家手语和盲文规范化行动计划》(2015—2020年)和2018年发布的《关于推广国家通用手语和国家通用盲文的通知》针对国家通用手语的推广普及进行正式阐述，成为各地的行动指南。

2020年，为进一步做好西藏自治区的国家通用手语推广工

---

⑪ 拉萨市人民政府：《拉萨市人民政府关于印发〈拉萨市"十二五"时期残疾人事业发展纲要〉的通知》，https://www.pkulaw.com/lar/50bdbf70e40d9fd40d28f3869b9df239bdfb.html?way=textRightFblx，访问日期：2023年8月19日。

⑫ https://www.lasa.gov.cn/lasa/czys/202301/9df7a86f43d346d1821b255e9c57b784.shtml。

作，根据《中央宣传部、中国残疾人联合会、教育部、国家语言文字工作委员会和国家广播电视总局关于推广国家通用手语和国家通用盲文的通知》文件精神，自治区残疾人联合会会同区委宣传部、区教育厅和区广电局制定了《西藏自治区推广国家通用手语实施方案》，这是一个立足西藏本地区情，聚焦通用手语推广的政策文件。其中提出三点要求：首先，要提高认识，增强责任，积极推广国家通用手语；其次，要明确职责、通力协作，形成推广国家通用手语的合力；再次，要结合实际，制定计划，确保推广任务目标的实现。

西藏自治区的国家通用手语推广方案与国家层面的推广方案是一脉相承的，但结合本地情况，在任务目标、主要措施和保障条件三个方面细化。该方案不仅指明手语推广工作的意义在于保障聋人群体的语言权益，是一项"为民生、顺民意、得民心的民生工程"，而且对工作机制、具体措施和责任主体进行明确说明，要求残疾人联合会系统和聋人协会要肩负起责任，牵头做好推广国家通用手语的组织协调工作，要明确部门和专人负责，保障经费投入，做好社会培训、人才培养、媒体宣传等一系列工作。此外，还要求将国家通用手语列入教师在职培训内容和岗位要求，纳入年度考核，并制订具体目标：特殊教育院校专任教师应熟练掌握不少于 5 000 个通用手语词，直接服务听力残疾学生的管理人员应掌握不少于 3 000 个通用手语词，并了解手语自身特点，注意根据其特点进行表达。

对比两个推广方案，不难看出其中存在诸多相同点，如：在政策文件依据上，都依据《国家语言文字事业"十三五"发展规划》《国家手语和盲文规范化行动计划（2015—2020 年）》；在任务目标上，都强调形成手语使用氛围、关注重点人群和打造骨干队伍、完善国家通用手语体系和提高信息化服务能力；在落实措施上，都强调积极培训、打造熟练掌握国家通用手语的骨干队伍，突出重点强化关键领域关键人员使用国家通用手语的能力，广泛宣传提高国家通用手语的社会关注度；在教育推广上，都提出在招收听力残疾学生的特殊教育学校和有条件的普通学校在学校的各个活动和环节使用手语，都鼓励开设校本手语课程且提出听障学生词汇掌握的标准；在媒体宣传上，都提出要在新闻领域逐步使用国家通用手语，依托相关部门和注重媒体形式推广，重视特殊节日开展活动和技能比赛的开展；在保障条件上，都强调残疾人联合会牵头下的各组织协作和发挥聋人协会的作用。

此外，两者也存在一些细微差异，见表2-1。

表2-1 国家和西藏自治区通用手语推广方案对比

	《国家通用手语推广方案》	《西藏自治区推广国家通用手语实施方案》
政策依据	• 《国家语言文字事业"十三五"发展规划》 • 《国家手语和盲文规范化行动计划（2015—2020年）》	• 《国家语言文字事业"十三五"发展规划》 • 《国家手语和盲文规范化行动计划（2015—2020年）》 • 《国家通用手语推广方案》
任务目标	• 4个目标。	• 3个目标，不包括建立国家通用手语水平等级考核机制。
主要措施	• 针对全国普遍情况出台3项措施。	• 对3项措施进一步细化，责任落实到不同主体。
宣传推广	• 鼓励出版相关书籍、建立公益性国家通用手语学习平台。 • 提出国家通用手语考试和资格认证需要实行统一行业管理。 • 鼓励研发国家通用手语信息化产品。	• 将聋人协会会员纳入培训对象，将聋人协会官网纳入宣传手段。 • 提出在学校的班团队、校会等活动中结合教育教学内容使用国家通用手语。 • 除研发外，还要正确使用国家通用手语信息化产品。

续表

	《国家通用手语推广方案》	《西藏自治区推广国家通用手语实施方案》
条件保障	• 提出国家教材出版经费、国家出版基金、电视台业务经费等应将国家通用手语推广纳入其中，并给予倾斜。	• 除成员单位和聋人协会外，还强调要重视发挥聋人的作用，主动吸收他们参与培训、推广活动。

二、相关培训活动

西藏自治区残疾人联合会系统自2013年起牵头开展一系列针对通用手语和"藏手语"的培训。据拉萨市残疾人就业服务中心相关负责人介绍，培训首先从拉萨七县一区的民政、残疾人联合会、融合教育示范学校等单位推荐的工作人员开始，为期3个月，邀请自治区聋人协会的聋人教师授课。拉萨市残疾人联合会负责人认为，培训的意义不仅在于让学员加强和听力残疾人沟通交流的能力，更好地为听障人士服务，同时对"藏手语"的教学也是"对传统文化的传承和发扬"，"填补了藏文手语上的空白"[13]。2017年，拉萨市残疾人就业服务中心再次面向工作人员组织手语培训。[14] 2018年，拉萨市残疾人托养服务中心面向托养中心工作者和托养对象开展了为期10天的手语培训，"让大家了解了藏语手语的起源与发展，提高了大家对藏语手语体系的认识"[15]。2022

---

[13] 拉萨市人民政府：《我市首次开展藏手语培训》，https://www.lasa.gov.cn/lasa/lsyw/201312/f692b4b7945149218a0185a95c8302ed.shtml. 访问日期：2023年8月19日。

[14] 拉萨市人民政府：《拉萨残疾人就业服务中心 开展工作人员藏手语培训》，https://www.lasa.gov.cn/lasa/lsyw/201705/4c7e7a5140e04dd8ab85a162d26a2420.shtml. 访问日期：2023年8月19日。

[15] 涂琼：《市残疾人托养服务中心开展手语培训》，https://news.sina.com.cn/c/2018-09-21/doc-ihkhfqnt4362915.shtml. 访问日期：2023年8月19日。

年，自治区残疾人联合会残疾人就业服务中心联合自治区聋人协会举行"用您的双手搭建沟通之桥"手语培训，将国家通用手语和《常用藏族手语词典》作为教学内容[16]。此外，昌都等地区也邀请当地特殊教育学校教师面向社会进行志愿者手语培训[17]。2010年，拉萨火车站的一名女性工作人员因家有聋人兄长，自幼习得手语、能用娴熟的手语直接服务聋人乘客而登上央视新闻[18]。

西藏自治区聋人协会所进行的手语推广教学甚至延伸到跨障别领域，将视力障碍者作为手语的普及教学对象。由于聋人协会和盲文协会的办公地点相同，工作中频繁接触，因此，两个群体之间展开良好的互动，聋人教全盲和低视力人士通过触觉学习手语，并将其发展为每周一次的兴趣活动。相关报道这样描述他们的手语学习场景：[19]

低视力者在学习中，很好地充当了手语老师曲贡和吉宗的助手。当要学习一个新单词时，曲贡会翻开《常用藏族手语词典》一书，找到对应的手语表达。低视力者看书了解意思后，就跟着曲贡先学习一遍，接着将要学习的词汇或句子告诉自己的同伴。然后曲贡和吉宗开始一个个地手把手教大家。

要让盲人准确地掌握手势，只能靠"摸"。索朗旺堆说了

---

[16] 自治区残疾人联合会残疾人就业服务中心：《自治区残疾人联合会残疾人就业服务中心举办手语培训班》，https://dpf.xzdw.gov.cn/jcxx/202205/t20220507_242539.html. 访问日期：2023年8月19日。

[17] 西藏日报：《昌都市开展信息无障碍志愿服务手语培训》，https://www.xizang.gov.cn/xwzx_406/dsdt/202205/t20220517_298743.html. 访问日期：2023年8月19日。

[18] 央视新闻：《西藏最美"手语"售票员与乘客耐心沟通》，https://www.chinanews.com/sh/shipin/2020/01-22/news845549.shtml. 访问日期：2023年8月19日。

[19] https://www.chinadp.net.cn/charactors/detail/?template=sample-9671.html. 访问日期：2023年8月19日。

第二章 国家通用手语与作为方言变体的西藏手语

一个有趣的经验,比如学习"你的名字叫什么"的时候,藏语手语分为三部分:"你",手指食指指向对方;"名字",右手食中二指并拢,点向摊开的左掌;"什么",右手掌心朝上左右小幅摇晃。

第一次接触这个手语表达的时候,索朗旺堆说,他听到低视力朋友做手势解释时,以为"名字"就是"二"的意思;"什么"是"拜拜、再见"的意思。直到曲贡一个个掰着他的手指做出正确表示,然后曲贡做出手势让他仔细"摸",他才明白。

就是这样艰难的学习过程,一个词语要所有盲人朋友全部学会,至少会花去二十分钟的时间,但是手语老师教得认真,学习的人们也乐此不疲。

有的时候,还需要出动道具。为了学习"把什么东西锁上",正确手势表达为,左右食指扣成圈,然后彼此交叉,一手圆圈不动,一手圆圈分开合拢重复进行。这个复杂的手势,对于盲人来说,摸着去学习也很难学会。曲贡灵机一动,跑出办公室,一会拿进来一把自行车锁。他让索朗旺堆摸一下锁,然后"咔嚓"一

图2-1 低视力者跟着聋人老师学习手语

声,将锁合上。有个物体参照理解起来比较容易,索朗旺堆猛地好像领悟到了意思,然后开心地做出了正确的手势表达。

盲人与聋人手语老师在交流的时候,几乎是无声的。当理解了老师的意思时,盲人学生们便"啊"的一声,然后满脸的笑容,自信地做出手势;而聋人手语老师看到后,也开心地在其耳边鼓掌,用声音传递赞扬:"你做对了,做得很棒!"

第三节 国家通用手语与西藏手语的关系

一、语言和方言的定义和彼此关系

统计全世界有多少种语言,全中国有多少语言,都涉及语言识别的标准和方法问题,而其中一个重要问题就是语言和方言的分野。[20]语言和方言的区分在语言学界一直以来是一个较有争议的问题。方言是语言的地域变体,二者是上下位的关系,但在特定情况下,二者也可能会相互转化,即某种方言升格为独立的语言,或者某种语言降格为另一种语言的方言。[21]从宏观角度考察,"语种"和"方言"都因地域差别而产生,语言与语言、方言与方言之间的过渡是渐变的、彼此渗透和影响而非截然分明的。英国语言学家罗宾斯曾这样论述语言和方言的关系:"'方言'是一种与'语言'类似的抽象……方言涉及相对较少的使用者,……一种语言里能划分出多少方言显然是不能预先确定的,

---

[20] 孙宏开:《关于语言身份的识别问题》,《语言科学》2013年9月第12卷第5期(总第66期),第449—459页。
[21] 冉启斌、索伦·维希曼:《怎样区分语言与方言——基于核心词汇的距离计算方法探索》,《语言战略研究》2018年第2期(总第14期),第50—58页。

这取决于语言学家工作时所采用的尺度的精确性。"㉒ 换言之，"方言"这个词的界定是相对模糊的，如果将尺度放宽，"最大的方言"就是语种本身，而"最小的方言"可以下达说话者个人。罗宾斯进一步列举若干种对方言的定义：

1. 不同的，然而无须专门训练就能相互理解的言语形式；
2. 在政治统一地区内通用的言语形式；
3. 拥有共同书写系统和古典书面作品的人使用的言语形式。

在这些定义中，语言学倾向于使用第一种，然而在实际操作中，可懂度常常呈现连续分布和逐渐过渡的态势，因此他们也不得不依赖其他因素对方言进行划分。

诚然，区分一种语言变体是独立的语言还是其他语言的方言变体，是一个极为复杂的问题。许多语言学家主张以可懂度（language intelligibility）作为划分语言的标准：如果互相之间能理解、通话无碍，则属于同一种语言的不同方言，反之，则属于不同语言。但这一原则实际操作起来有不少困难。判断语言和方言分野的罗宾斯曾在其经典著作《普通语言学导论》中对如何确定方言地位的标准进行阐述：传统方法一般凭借经验做定性分析，近年来，也有学者探索利用计算语言学、分析人类学和词源统计法等手段对语言及方言的发生学关系进行科研的测定和分类。㉓ 但是，这种可懂度原则显然在很多时候脱离现实，如欧洲许多国家的语言彼此之间非常接近，可懂度高，却归属于不同的语言；我国方言南北差异、东西差异大，很多时候人们无法相互直接通话。可见，语言学上的可懂度只是参考标准之一，不能套用于所

㉒ R.H. 罗宾斯著，申小龙等译：《普通语言学导论》，上海：复旦大学出版社，2008年，第57页。
㉓ 邓晓华，王士元：《中国的语言及方言的分类》，北京：中华书局，2009年，第1—3页。

有场合，具体对语言和方言的判定还必须结合社会、政治、文化甚至民族、宗教等多方面的因素。

我国语言学人向来重视判断语言和方言时的社会、政治等因素。20世纪80年代，不少知名学者曾就这一问题陆续发表见解。如我国语言学家王均（1981）主张重视语言结构本身的比较，认为"确定同一语言应该有其质的和量的规定性"，"不能不加论证地把某两种话或几种话（仅仅因为它们被称为同一民族）说成是同一语言的不同方言"[24]。而胡明扬（1981）则针锋相对地指出"语言和方言主要不是结构语言学的概念，而是社会语言学的概念。语言和方言就其结构系统而言并无二致，仅仅是社会身份有所不同而已。因此，在确定是两种或几种不同的语言，还是同一种语言的不同方言的时候，首先要考虑的应该是社会政治因素，当然也要从语言结构方面的因素去考虑。在多数情况下，二者的结论是一致的"[25]。其他学者多持两者并重、全面考虑的观点，如吕叔湘（1988）认为："要分清楚这是几种语言，那是一种语言里边的几种方言，并不是一件很容易的事情。一般的说法是：完全不能通话的是两种语言，基本上能够通话的是一种语言的两种方言。实际上这不能用来作为唯一的标准。"[26] 孙宏开（1988）认为："把政治社会标准放在第一位肯定是行不通的。但一味强调语言结构标准，不考虑政治社会因素，也容易出现偏差。在实践中，应该把这两者辩证地结合起来。"[27]

---

[24] 王均：《民族语文工作中的若干认识问题》，《民族语文》，1981年第1期，第1—7页。
[25] 胡明扬：《现代语言学的发展趋势》，《语言研究》1981年创刊号，第1—8页。
[26] 吕叔湘：《语言与实践和空间》，《中国大百科全书·语言文字卷》，北京：中国大百科全书出版社，1988年，第2—3页。
[27] 孙宏开：《语言识别与民族》，《民族语文》，1988年第2期，第9—17页。

近年来，黄行（2018）指出，国际组织采用的"语言群体认同"和"词汇相似度"（lexical similarity）标准与我国采纳的语言"民族"族属和"同源词"标准之间有一定的相通之处，但国际组织的两项标准在技术上的可操作性不高[28]，不符合我国的语情实际。

总之，语言身份识别，或者说语言和方言的区分，是"一项学术性、政策性、技术性都很强的工作"，而当前学界公认至少有两个可以参考的标准：语言系统的异同和对语言社区的认同。[29] 在本研究中，我们也将主要参考这两个标准。

二、通用语和方言的关系

我国人口众多，是一个多民族、多语言和多方言的国家，语言国情复杂，语言生活多样。不同地区、不同民族情况各不相同。据 Ethnologue 网站统计，我国 14 亿人口使用的现存活语言多达 281 种（该网站将普通话、粤语、客家话等各算作一种语言，而不是统一算作汉语）。语言生活治理难度可想而知。

语言政策体现国家对语言问题的根本态度。我国的语言基本政策是各民族语言文字平等共存，禁止任何形式的语言文字歧视；各民族都有使用和发展自己的语言文字的自由；国家鼓励各民族互相学习语言文字；国家推广全国通用的普通话，推行规范汉字；国家大力推广、规范使用国家通用语言文字，科学保护各民族语言文字，努力构建和谐语言生活。我国既推广通用语言文字，也保护方言的多样性，两者不是对立的，而是相辅相成的。《中华人民共和国国家通用语言文字法》（2000 年）是我国第一部语言政策

---

[28] 黄行：《中国民族语言识别：分歧及成因》，《语言战略研究》2018 第 2 期（总第 14 期），第 27—37 页。
[29] 同注释 [20]。

相关法案。其中第三条提到"国家推广普通话，推行规范汉字"，第八条提到"各民族都有使用和发展自己的语言文字的自由"[30]。《国务院办公厅关于全面加强新时代语言文字工作的意见》（2020）中提到"准确把握我国语言国情，遵循语言文字发展规律，牢固确立国家通用语言文字的主体地位，树立科学语言文字观，改革创新、稳中求进、因地制宜、分类施策，妥善处理好各类语言文字关系，构建和谐健康语言生活"[31]。这些都反映了通用语言文字和方言及民族语言是主体和多样性的关系，公民既享有学习使用通用语言文字的权利，也享有学习使用方言和民族语言的权利。

我们可以从两个方面理解我国的语言文字政策及其实施：

首先，语言规范化始终受到高度重视。2000年，我国颁布《中华人民共和国国家通用语言文字法》，这是我国第一部语言文字方面的专项法规，是语言文字的根本大法[32]。普通话和规范汉字作为我国国家通用语言文字的地位由此确立。

其次，"主体化和多样性"逐渐成为各界共识和长期性的工作原则。郭熙（2019）曾这样阐述"主体"和"多样"的所指："整体而言，从国家通用语言和少数民族语言的关系来看，国家通用语言是主体，各少数民族语言体现出多样性；从普通话和方言角度来说，汉语普通话作为主体，同时又有方言的多样性。"[33]可见，主体化即推广国家通用语言文字，也就是普通话和规范汉字。

---

[30] 《中华人民共和国国家通用语言文字法》，2000年10月31日第九届全国人民代表大会常务委员会第十八次会议通过。
[31] 《国务院办公厅关于全面加强新时代语言文字工作的意见》，国务院办公厅，2021年11月30日。
[32] 魏丹：《关于我国手语语言地位规划问题的思考》，《北京联合大学学报》2022年10月第36卷第4期（总130期），第67—72页。
[33] 郭熙：《七十年来的中国语言生活》，《语言战略研究》2019年第4期（总第22期），第14—26页。

第二章　国家通用手语与作为方言变体的西藏手语

多样性意味着并不排斥方言、少数民族语言的使用。

"主体化和多样性"的语言政策确立有其历史发展必然性。1949 年中华人民共和国成立之后,为消除方言障碍,促进社会交流,促进民族团结,亟须确立统一的通用语言文字。因此,20 世纪 50 年代以来,"推广普通话"一直是国家语言文字工作的重心。尽管一再强调推广普通话不是消灭方言,但即使是在尚未改革开放、大量社会人口移动很少发生的情况下,各地的方言在客观上仍然受到影响,开始发生改变。20 世纪 90 年代,语言生态和方言保护问题进入大众视野并受到越来越多的关注。[34] 1997 年,国家语言文字工作委员会主任许嘉璐在全国语言文字工作会议上的报告中指出:"尊重语言文字自身发展规律,还要求我们正确处理好语言文字主体化和多样化之间的关系。比如,推广普通话,促使公民普遍具备普通话应用能力,并在必要的场合自觉使用普通话,这是坚持主体化原则;推普不是要消灭方言,方言在不少场合具有其自身的使用价值,这是贯彻多样化原则。"[35] 2006 年,时任全国人大常委会副委员长的许嘉璐在纪念国务院《关于公布〈汉字简化方案〉的决议》和《关于推广普通话的指示》发布 50 周年座谈会上的讲话中又再次指出,"处理好主体化与多样性的关系。这就是说,一方面要坚持主体化方向,积极推广普通话,推行包括简化字在内的规范汉字;另一方面,要正确认识语言生活的多样性和复杂性,妥善处理民族语言文字和地方方言以及繁体字的使用问题。我们推广普通话,推行规范汉字,不是要消灭民

---

[34] 郭熙:《七十年来的中国语言生活》,《语言战略研究》2019 年第 4 期(总第 22 期),第 14—26 页。
[35] 于根元、施春宏:《主体化和多样化相结合》,《语文建设》1998 年第 6 期,第 28—30 页。

族语言文字和地方的方言。民族语言文字和地方的方言是中华民族语言文字的重要组成部分，是各具特色的民族与地方的文化的重要载体，是祖先留给我们的珍贵遗产，必须十分地珍惜，保护好，传承好"㊱。2011年，党的十七届六中全会通过《中共中央关于深化文化体制改革推动社会主义文化大发展大繁荣若干重大问题的决定》，提出在大力推广国家通用语言文字的同时要"科学保护各民族语言文字"，这是我们党在新时期对待我国语言文字的指导思想和科学决策，是继宪法提出"各民族都有使用和发展自己的语言文字的自由"后语言文字方针政策的新发展和历史性突破，从顶层设计上确定了我国语言生活主体化和多样性发展的宏观基调。

在"主体化和多样性"的具体落实上，首先，从使用层次上说，在国家层面需要推行和使用国家通用语言文字，即普通话和规范汉字，在地方的层次，尤其是在民族地区和少数民族聚集的地方，需要使用国家通用语言文字和当地通用的少数民族语言文字。其次，从使用领域来说，公共领域如国家机关、学校、新闻媒体和公共服务行业需要使用国家通用语言文字，在私人空间和有一些必要的场合（如公共服务行业的人面对不会说普通话和不会写规范汉字的客户），就可以使用当地的方言或少数民族语言。

可见，在我国，通用语言和方言之间是主体性和多样性的关系，二者并行不悖，长期共存，互为补充。在语言文字工作中片

㊱《教育部、国家语言文字工作委员会关于印发许嘉璐副委员长在纪念国务院〈关于公布《汉字简化方案》的决议〉和〈关于推广普通话的指示〉发布50周年座谈会上的讲话的通知》：2006年5月23日，教语用〔2006〕4号，https://www.moe.gov.cn/jyb_xxgk/gk_gbgg/moe_0/moe_1133/moe_1237/tnull_17033.html.

面强调一方而忽略另一方,都是不可取的。

三、西藏手语的方言地位和同国家通用手语的关系

(一)西藏手语的方言地位

中国手语是中国聋人群体使用的形义结合的手势–视觉沟通符号体系[37],包括国家通用手语和各地的手语方言(也即地方手语)。国家通用手语是听力残疾人在社会语言生活中有关公务活动、各级各类教育、电视和网络媒体、图书出版、公共服务、信息处理和手语水平等级考核中使用的手语;而地方手语包括各地区手语、少数民族手语和港、澳、台地区手语。[38]

尽管西藏手语受到藏族文化和藏文的影响而呈现出较为独特的面貌,和内地手语有一定差异,但对于中国这样一个泱泱大国而言,可懂度本身并不宜作为判定"语言"和"方言"分界的单一标准。我们使用语言系统的异同和对语言社区的认同这两个标准来对西藏手语的语言/方言地位进行考察:

一方面,我国实行民族区域自治制度,各少数民族在最高国家机关统一领导下,在其聚居地区设立自治机关,行使管理本民族内部事务的权利。在这里,"统一领导"是"区域自治"的前提和必要条件,而西藏自治区在我国地缘政治中具有重要地位,具备特殊的战略重要性,西藏和平解放以来,自治区祥和稳定,人民对中央政府充满认同,包括国家通用手语在内的通用语言文字和西藏本地民族语言文字并行不悖。我们实地调查期间发现,学校聋生和社会聋人这两个群体之间,包括群体内部缺乏频繁的联

---

[37] 同《引言》注释⑧。
[38] 同本章注释㉜。

系和内部交流，其语言使用状况也迥异，甚至连不同学校的师生，其手语使用也多有差异。可见，西藏聋人群体在很大程度上并非共享一种公认的"西藏手语"。

另一方面，在调查中，我们发现，西藏自治区聋人的手语使用状况极为多元，占人口大多数的农牧区聋人由于受教育水平的不足和交通条件的限制，很难习得规范的手语，以家庭手势作为主要表达手段。而在特殊教育学校，国家通用手语是主要教学语言，虽然师生会采纳一些本地手语方言词，但数量有限，核心词语打法仍和内地手语类似。西藏自治区聋人协会所使用的"西藏手语"，主要在200多人的小型聋人社群中通行，就语言面貌而言，其语法同内地手语一样遵循视觉语言的共同规律，其词汇打法也有着相当的趋同度。总体来看，西藏手语的面貌虽和内地有一定差异，但其差别似乎并不如我们想象的那样大。两地聋人之间的交流阻碍主要在于具体词汇层面而非语法层面，而这种词汇的差异在很大程度上是可以通过换说法表述、肢体表演、举例诠释、结合上下文猜测等策略来消解的。

此外，还有一点需要指出的是，西藏手语主要通行于社会聋人内部，目前该地区仍有大量离群聋人存在，参与协会活动的仅200多人。西藏手语的正式采集、整理工作始于2001年，至今不过20年出头，且其过程中缺少语言学专业人士的参与。可见，无论从使用人数还是从发展水平上看，西藏手语是否可以称为一种系统、完善、发展完全的语言，是值得商榷的。

综上，就本质属性而言，**我们认为西藏手语属于中国手语的方言分支**。这种方言的出现原因，是由于西藏自治区有自己的民族文化和生活习惯，聋人群体受藏地文化风俗的熏陶，形成了特有的手势打法，尤其是对一些文化词的表达，填补了国家通用手语的缺位。明确西藏手语属于中国手语方言分支,不仅有利于我国民族工作和语言文字工作的开展,而且符合我国西藏自治区民族杂居、文化交融、语言彼此渗透影响的实际状况。

(二)西藏手语和国家通用手语的关系

手语和盲文工作是我国语言文字工作的有机组成部分。关涉手语的语言政策与国家的语言政策是完全一致的,并不存在本质冲突。通用手语与地方手语犹如"普通话与各地方言",同时并存,各自发展,协调互补。

在我国残障群体的语言生活中,推广国家通用手语和国家通用盲文是始终奉行不渝的语言政策。国家通用手语方案研制启动之前,国家手语和盲文研究中心曾于2011年对全国手语使用状况进行过大规模调查,回收的15 949份问卷结果显示:72.9%的聋人学生希望有能看懂的通用手语;82.8%的聋校教师和59%的成年聋人认为有必要研制通用手语。[39] 这说明国家通用手语的出台顺应了广大人民群众的需求,能够切实消除不同地区聋人之间的沟通障碍,为聋人的语言生活和特殊教育教学提供便利,是人心所向。

在西藏自治区,通用手语的主要使用场景是特殊教育学校内部。我国聋校使用官方推行的通用手语作为教学语言,推广使用全国通用的普通话和规范字以及国家推行的盲文、手语。招收少数民族学生为主的学校,可使用本民族或当地民族通用语言文字和盲文、手语进行教学,并应根据实际情况在适当年级开设语文

---

[39] 国家手语和盲文研究中心:《手语和盲文使用状况》,北京:商务印书馆,2014年,第4、37、62、92页。

课程，开设语文课程应当使用普通话和规范汉字。[40]但随着时间的推移，大量学生毕业之后走向社会，实质上也无形改变着社会聋人的语言使用状况，成为一个作用渐强的变量。

西藏的社会聋人大致可分两类，第一类是未接受过教育的离群聋人，多从事简单的体力劳动，以使用家庭手势为主，第二类是曾经就读于聋校，毕业后自主就业创业的聋人，这类人群呈现出较为明显的向城市集中的偏好，在西藏自治区聋人协会的引导下，拉萨以协会活动为契机，形成了较为典型的聋人社群，内部手语使用相对趋同，但规模较小、人数有限。社群中的手语使用一方面受到聋校原有的教学语言——通用手语的影响，另一方面西藏本地的手语方言词也被普遍使用。个别文化程度较高的聋人由于有到内地求学、工作的经历，精通内地手语，与内地聋人交流频繁，不存在沟通障碍。

关于国家通用手语和西藏手语的关系，我们可以用原国家手语和盲文研究中心副主任魏丹的一段陈述来概括："国家通用手语与地方手语处于不同的使用层面，就像普通话和方言一样，是相依、共存和分用的关系。地方手语体现了地方文化，国家推广国家通用手语，并不排斥地方手语的使用，只是使用的场合不同。国家通用手语主要在听力残疾人的公务活动、教育教学、新闻媒体、会议和公共服务等公众场合中使用；地方手语在家庭、朋友之间以及公共服务领域中，或在不适用国家通用手语的必要场合中使用。"[41]可见，在我国，无论是有声语言还是手语，无论是民

---

[40] 拉萨市人民政府：《拉萨市特殊教育学校2022年度部门预算》，https://www.lasa.gov.cn/lasa/czys/202202/6b6f76950e17453eb895e65f3d8b069f.shtml. 2022-02-15。
[41] 魏丹：《关于我国手语语言地位规划问题的思考》，《北京联合大学学报》，2022年10月第36卷第4期（总130期），第67—72页。

族地区还是内地，通用语和方言的关系是完全一致的。

第四节 西藏手语的采集、整理与研究

一、对西藏手语的采集与整理

（一）采集与整理过程

西藏自治区持证听力残疾人有13 000多人，由于每个地区发展水平不同，聋人分布不均衡，多散居于广大农牧区，又因交通不便而缺乏横向沟通，导致广大社会聋人的手语使用极为多元，长期以来并不存在一个统一的手语体系。这给西藏自治区聋人群体的交流沟通和社会融合带来了很大的不便，为了帮助他们消除沟通障碍，平等参与社会，对西藏手语的采集、整理和规范化就显得尤为重要。

对西藏手语的正式采集和整理工作始于21世纪初。2001年9月，在比利时发展基金会、卢森堡外交部以及加拿大基金会的资金支持下，西藏自治区残疾人联合会与国际助残组织Humanity & Inclusion（HI）合作成立"国际助残"西藏项目部，启动长达十余年的"藏族手语研发项目"。该项目具体工作由自治区聋人协会组织进行，按照国际公认的手语工作原则，手语工作的主导者是聋人而非健听人。因此，该项目成员共7人，其中1名健听人项目主管，1名健听人手语翻译员，另外5人均为西藏自治区聋人协会的骨干成员，实际工作决策主要由这5人做出。在结束基本调查之后，还成立了一个聋人俱乐部，每周日定期举办聚会，这个俱乐部的20多名核心成员也是收集和整理西藏手语的主力。

工作小组先后赴那曲、山南、日喀则及拉萨周边的县收集不同地区各个行业的手语，再将整理的手语打法交由5名聋人协会骨干共同讨论，确定统一的打法。项目实施过程中，团队借鉴国内外聋人手语开发合作领域的先进经验，结合西藏自治区聋人生活的文化背景制作词表，然后由5名聋人协会骨干深入那曲、山南、日喀则及拉萨周边各县，在广大城镇和农牧区广泛收集聋人在实际生活中使用的手势，再进行集体讨论和协商，根据形象生动、简便易学的原则确定最终打法，对于一些没有语料可供参考的新词、术语词等，则通过团队讨论进行编创。最后对所有的手语语料进行整理，配上文字翻译、逐一配图，形成最终方案。

2009年，一名男性聋人曲贡来到西藏聋人协会工作，他虽从未上过学，不会读写书面语言，但却精通绘画。他同其他团队成员密切合作，发挥专业优势，将实物和经过研讨确定的手势图绘制下来，并由其他团队成员配以汉语、英语和藏语3种文字[42]。

尽管该项目的资金全部由国外组织提供，但经实地多方访谈了解到，手语采集和整理的全程均由西藏自治区聋人协会独立、自主地进行操作，外方从未对我方进行专业层面上的干涉，西藏手语工作的主导权始终掌握在我方聋人协会手中。此外，由于手语研发项目在西藏是一项全新的事业，并无现成的经验可供借鉴，作为上级指导单位的中国聋人协会也派出两名聋人工作骨干邱丽君、仰国维为西藏手语的采集和整理提供了一些必要的技术指导。

一些报刊文章也记录了西藏手语采集、整理和规范化的历

---

[42] https://www.chinadp.net.cn/news_/picnews/2012-07/01-10252.html.

第二章　国家通用手语与作为方言变体的西藏手语

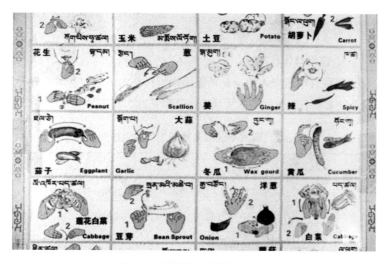

图2-2　曲贡的手语绘图作品

程，如新华网于2004年5月15日刊发题为"中国首个少数民族手语藏语手语体系开发成功"的报道，西藏日报于2006年4月16日刊发题为"西藏聋哑人有了自己的语言——手语藏语体系的研发经过"的新闻纪实。新华网的文章中引述该项目负责人江参的介绍，称"藏语手语是从藏族聋人间收集而不是创作的手语，所以易学易用易懂"，其过程是"项目组建立了聋人俱乐部，由四个聋人组成的核心工作人员负责收集、统一、规范聋人在日常生活中使用的自然手语。然后，由一位画家将收集来的手语记录成图像并用藏语解释使用说明。最后，经过聋人的试用后才正式确定下来"[43]。

---

[43]　颜园园：《中国首个少数民族手语藏语手语体系开发成功》https://news.sina.com.cn/s/2004-05-15/18162539289s.shtml.2004-05-15。

(二)成果概述

1. 成果总体状况

西藏自治区聋人协会对西藏手语进行自主采集和整理的最终成果以工具书和教材的形式呈现,具体见表2-2。

表2-2　西藏手语采集整理工作的最终成果

	名称	内容	出版社	时间
1	藏手语数字和藏手指字母方案	基本的藏手语数字 38个藏手指字母	收入《聋哑手语藏语词典》及其他公开出版物	2002
2	《聋哑手语藏语词典》(1—3册)	600个手语词	西藏人民出版社	2002
3	《藏族手语教材》(1—3册)	约590个手语词	内部发行	2004
4	《聋人藏语手语常用词汇手册》	约570个手语词,15个小对话	内部发行	2008
5	《常用藏族手语词典》	1 437个手语词	西藏人民出版社	2011
6	《手语翻译基础知识教材》(上下册)	419个句子 9个场景,每个场景下若干个小对话	内部发行	2019

早期的成果主要聚焦词汇研发,在后期逐渐加入句子和对话,体现了西藏手语的采集整理工作在实践中逐渐走向成熟。2016年8月,聋人协会在拉萨市及周边地区开展手语句子的采集工作,2019年出版的《手语翻译基础手册》一书突破词汇层面,以600多个句子为范例,较为完整地体现了西藏手语句法的原貌。

上表中的部分成果得到了实际推广,如以藏、汉、英3语种呈现的《常用藏族手语词典》出版后,在自治区残疾人联合会就业服务中心、日喀则地区特殊教育学校、昌都地区残疾人联合会、曲水县民政局及拉萨市城关区丹杰林社区居委会、吉日社区居委会等各居委会书店均提供借阅，同时在八廓书坊、大昭寺书店等私营书店也可买到。此外，西藏自治区聋人协会也向来访的客人赠书，面向全国有兴趣购书的聋听朋友提供远程销售服务。他们还曾到一些残疾人联合会部门和下属机构、特殊教育学校中去进行现场教学推广。

图2-3 西藏聋人学习藏手指字母

2. 重点成果之一：藏手语字母

在众多成果中，藏手指字母尤其值得关注，它是由藏地聋人自主创编的符合藏文特点和聋人表达习惯的手指字母，填补了藏文字母缺乏手势表达形式的空白，具有开拓性的意义，目前已全面运用于自治区特殊教育学校的藏语文课堂中。通过我们的调查获知，在创编藏手指字母的过程中，团队并没有直接照搬国际通行的英文手指字母，而是由多名手语能力出色的藏族聋人在排除健听人语言使用习惯干扰的情况下,根据自身对藏文的理解创编而成,符合藏文特点和聋人的表达习惯。

由西藏自治区聋人协会研发的藏手指字母符号共38个,具体见图2-4。

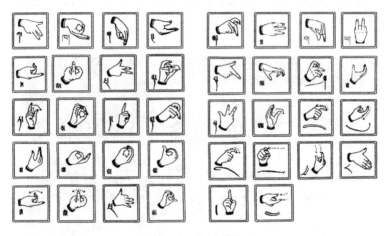

图2-4 藏手指字母符号

38个字母符号中包括30个辅音、4个元音、1个逗号和3个下加字。需要说明的是:藏文中共有3个上加字和4个下加字,作为一种特殊的辅音字母,它们可以加在部分基字之上或者之下,使其读音和字义发生变化。藏文的3个上加字全部包括在30个辅音当中,而4个下加字中仅有3个归于辅音,还有1个在手指字母方案里单独列出,这是因为这3个字加在基字之下时,下加字本身会变形,而另一个下加字则不会变,因而分开处理。此外,在标点符号中,逗号使用专门的字母表示,句号由第四个辅音代替。书名号和引号的使用则同汉语一样。

图2-5直观地展示了38个字母符号的分类。

第二章 国家通用手语与作为方言变体的西藏手语

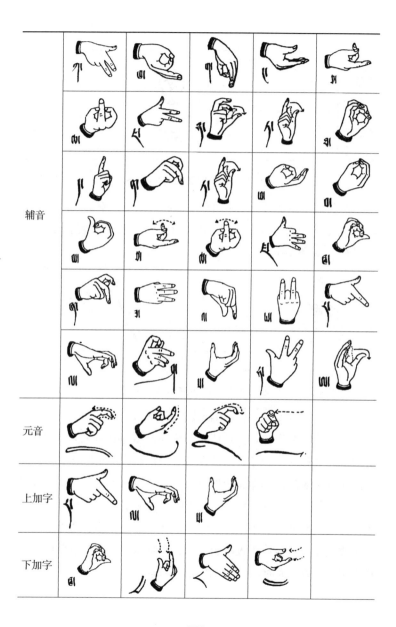

051

续表

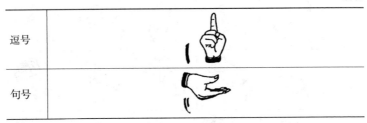

图2-5　38个字母符号的分类

尽管藏手指字母一般不用在手语的自然交谈中，但它是聋校教学的重要工具，而且西藏手语中也有个别手势借用藏手指字母，如"人"。见图2-6。

图2-6　"人"在西藏手语中的表达

3. 重点成果之二：《常用藏族手语词典》

《常用藏族手语词典》是迄今呈现西藏手语面貌的最完整、最权威的工具书。该书于2011年2月由西藏人民出版社出版，自治区残疾人联合会、国际助残（Handicap International）、拉萨市特殊教育学校、自治区教育局、自治区语言文字工作委员会等被列入"特别贡献单位"。西藏自治区残疾人联合会理事长旺青格烈担任编委会主任，藏族聋人拉姆次仁和吾坚卓嘎（即吾根卓嘎）担任主编，藏族聋人曲贡和吉宗担任手语模特。

作为西藏手语项目最主要的成果，也是迄今为止唯一正式出版的成果，该书收录了《聋人手语藏语词典》（共 3 册）中的多数词语，在此基础上又进行完善，最终词目达 1 437 个。全书根据语义分类，将所有词目分为社会生活、形容和描述、农作物和植物、动物、国家地区民族、交通方位、生理卫生、文艺体育、教育、时间空间节日、宗教、自然状况和天文、数字和虚词 13 大类。这同《中国手语》的分类基本一致。正文释义中，使用汉语、藏语、英语三种文字标注，且书后设藏文字母索引和汉语拼音索引。

西藏手语中有相当一部分手势和内地汉族聋人使用的通用手语及手语方言是一致的。刘艳虹等人（2016）曾将《常用藏族手语词典》（收集词目 1 407 个）[44]和《中国手语》（收集词目 5 586 个）两本书的词目进行比较，发现两书完全相同的词目有 989 个，占 70.3%；《常用藏族手语词典》有而《中国手语》书没有的词目有 418 个，占 29.7%。在两书完全相同的 989 个词目中，手势完全相同的 227 个，占 23.0%；手势部分相同的 177 个，占 17.9%；手势完全不同的 585 个，占 59.1%。研究者还认为，《常用藏族手语词典》主要收集了反映藏族同胞日常衣食住行和文化习俗等方面的一些词语，但远不能满足藏族聋人生活、学习和生产劳动的需要，且其手势动作与内地手语存在很大差异。[45]

此外，西藏手语中还有部分手势与邻邦国家的手语不谋而合，这体现了手语作为视觉语言的象似性特征，也是语言接触和语言之间相互影响、交流、渗透的必然结果。

---

[44] 因统计标准和统计方法有差异，该研究者统计的词目为 1 407 个，同该书中声明的 1 437 个不一致。
[45] 同《引言》注释⑥。

独特的藏族文化体现在全书之中。如"房子"的打法，在内地手语中是模拟尖尖的屋顶形状，而在西藏手语中，屋顶是平的，见图2-7、图2-8。

图2-7　西藏手语"房子"　　　　图2-8　内地手语"房子"

又如"感谢"的打法，在内地手语中以拇指点动模仿鞠躬的动作来代表，而在西藏手语却是双手合十致意的动作，这是传统的藏族礼节。见图2-9、图2-10。

图2-9　西藏手语"感谢"　　　　图2-10　内地手语"感谢"

该书的编撰说明中这样描述：该书的目标受众是"西藏自治区的听力残障人、语言残障人和需要学习手语的读者"，该书的定位是"一本汇集单词的工具书"，仅列出了词汇的手势打法，但只学单词并不意味着能完整地掌握这门语言，因此该书在附录中又列出了《手语语法特点的说明》，简单介绍了部分手语作为视觉语言十条语法规则供学习者参考。

表2-3　《常用藏族手语词典》列出的十条语法规则

规则一	手语与口语比较，语序有变化。
规则二	肯定词、否定词后置。
规则三	表情的参与是视觉语言独有的语法特点。
规则四	聋人之间称呼和聋人称呼身边的健听人，"姓名"是可视的。
规则五	副词、介词、语气词等虚词省略。
规则六	有些手语词汇必须打出方向，打这类词汇时一般宾语省略。
规则七	手语中某些动词可以代名词，名词也可以代动词。
规则八	同一个手势的重复可表示复数和多数，也可表示程度。
规则九	在不同的语境下，一个手势会有不同意思。
规则十	计量单位省略。

（三）评述与反思

首先，西藏手语的采集和整理工作难度相当之大。如前所述，西藏自治区聋人居住分散，交通不便，兼之聋人群体总体文化水平偏低，相当大一部分文盲聋人并未习得真正的手语而是使用家庭手势沟通。如果将家庭手势也考虑在内，手语采集工作就变得相当复杂，即便采集的是生活中常用的词语，一个词的打法可能多达10种，因地区而异，因人而异，甚至同一个人的打法也并不固定。但从总体上，仍能发现一些规律，如那曲地区牧业发展较好，同畜牧、劳作有关的手势相对比较丰富，而拉萨是较为发达的大都市，当地的聋人掌握很多城市生活方面的常用手势，而对农牧业方面的手势就较为陌生。

其次，西藏手语亟须专业研究。对研究团队成员的访谈显示,他们在长期的手语采集和整理工作中认识到,汉语与内地手语在语法方面存在很大不同,有各自相对独立的语法体系,而藏语与西藏手语则存在较多的相通之处,如基本语序方面同为SOV（主语-宾语-谓语）,但如何从专业层面对这些语言现象进行解读,深化目前的感性认识,则需要进一步的专业介入。换言之,田野调查仅能提供原始的手语语料,关于西藏手语成果的真正深入研究,还有赖于更多研究者的参与。

再次,在采集和整理西藏手语的过程中,本地藏族聋人发挥了重要作用,但也暴露出一些问题:一方面,聋人协会骨干虽精通手语技能,但缺乏从事语言调查和语言研究所需的语言学储备,对手语缺乏深刻的理论认知,在对手语语料的筛选和处理上缺乏可信依据,有时候甚至存在小范围自主新造词语的现象。中国聋人协会的聋人顾问主导完成的手语语法特点总结,也暴露出专业储备不足的缺陷。另一方面,聋人协会同特殊教育学校分别归属不同的行政体系,前者由残疾人联合会主管,后者由教育部门主管,双方长期以来联系不多,有待充分地协同合作。兼之聋人协会骨干和健听人沟通时或多或少存在障碍,难以最大限度争取各方资源,造成后续推广乏力。据了解,藏语手语产生后主要在聋人协会会员和残疾人联合会系统工作人员、社会上的手语志愿者中学习、使用,尽管也曾有人到拉萨市特殊教育学校教西藏手语,但属于短期行为[46],一直没有建立长期合作关系,也没有在校园中完全推行开。

西藏手语在我国手语工作和民族工作中具有特殊重要的地

---

[46] 刘艳虹、顾定倩、程黎、魏丹、程霞、霍文瑶:《我国七个少数民族使用手语状况的调查研究》,《教育学报》2016年6月第12卷第3期,第96—103页。

位。收集整理西藏自治区聋人使用的手语，对于扫除西藏自治区聋人的沟通交流障碍具有重要意义，一定程度上也是对藏族民族文化的保护，和国家通用语言文字的推广并不冲突。西藏手语的调研、采集、整理和规范化是一个连续的过程，也是一项亟待专业把关护航的大工程。在专业引领下进一步对西藏自治区聋人的手语使用状况和西藏手语的特点进行深入考察研究，并加以合理引导，使之服务于我国语言文字工作的全局，是非常有必要的。

二、对西藏手语的相关学术研究

我国手语的使用者主要为社会聋人、聋校师生、聋人亲友与手语翻译员，其绝对数量不在少数。然而，相应的研究成果却较为少见。现有的描述手语使用状况的中文文献主要集中在对学校聋生手语面貌和师生语言沟通状况的描述上（刘艳虹等，2013[47]；张静漪，2018[48]；王琦等，2023[49]）。社会聋人手语自然、地道、丰富而多样化，却罕有人进行系统化描述与总结。究其原因，主要是当前我国手语研究者主要为健听人，手语水平未臻娴熟，难以同社会聋人建立稳固、深入的联系，而且社会聋人人数多、分布散，大规模调查颇有难度。而对于少数民族地区的手语更是鲜有涉足，西藏手语直到近 10 年间才开始进入语言学研究者的视野，可资借鉴的参考文献极为有限，且研究人员主要为汉族地区的学者，缺乏西藏本土的研究力量。

---

[47] 刘艳虹、顾定倩、程黎、高宇翔、张玉红：《新疆四所特殊教育学校手语使用状况的调查》，《教育学报》2013 年 6 月第 9 卷第 3 期，第 74—80 页。
[48] 张静漪：《聋校师生手语使用状况调查——以赤峰市民族特殊教育学校为例》，《赤峰学院学报（自然科学版）》2018 年 6 月第 34 卷第 6 期，第 166—168 页。
[49] 王琦、唐佳益：《聋校教师国家通用手语使用现状及影响因素研究》，《中国特殊教育》2023 年第 2 期（总第 272 期），第 35—43 页。

(一)学术论文

以"西藏手语"或"藏族手语"作为关键词在中国知网进行搜索,仅见3篇公开发表的语言学论文,分别从认知语言学与形态学的角度切入,对西藏手语的词汇进行本体研究。

李恒、吴铃、吾根卓嘎(2013)从认知语言学角度出发,对西藏手语中表时间的词语从隐喻和转喻的角度进行了研究㊿,认为:西藏手语与汉语或藏语的时空隐喻共性大于差异,3种时空隐喻以"上-下"隐喻最为常见,"未来在左,过去在右"时空隐喻次之,缺少利用"前-后"空间图式隐喻时间的显性表达,这与藏族对纵向方位体验更为细致有关。最典型的三类转喻分别利用时间特征、人类活动,以及计时仪器来指代时间。

史玉凤(2016)基于斯瓦迪士基本词表的207个词,以《常用藏族手语词典》为主要研究语料,总结出藏族手语词汇有7种象似手段:直接表达、数字表达所指、形状表达所指、动作表达所指、从其他语言系统借词(如藏语字母、汉字)、尺寸表达所指、隐喻或转喻表达所指[51]。

赵晓驰(2014)从形态学方面的词汇构成和构词特点两方面对藏族手语与汉族手语一些显著不同的特点进行了探究[52]。她以《常用藏族手语词典》与《中国手语》为研究对象,认为在词汇构成方面,总词数《中国手语》多于《常用藏族手语词典》,但《常用藏族手语词典》中又包含一些民族特色词。两者打法完全相同

㊿ 李恒、吴铃、吾根卓嘎:《西藏手语时间隐喻和转喻的认知研究》,《中央民族大学学报(哲学社会科学版)》2013年第6期第40卷(总第211期),第160—165页。
[51] 同《引言》注释⑬。
[52] 同《引言》注释⑫。

的有277个词,占29%,不同的677个,占71%;构词方面,汉族与藏族民族文化不同,因而同一词语在构词上会有不同,《中国手语》受汉语影响较大,《常用藏族手语词典》受藏语影响极少。

(二)科研课题

与西藏手语相关的科研课题数量极少,至今仅见2个,且均非专门课题,而是将西藏手语作为一部分纳入其他手语研究中。

由复旦大学龚群虎教授主持、2012年获批立项的国家社科重大项目《基于汉语和部分少数民族语言的手语语料库建设研究》中收入了部分西藏手语词汇,但仅作为研究参考,并未正式纳入语料库。目前该课题已结项,相关手语语料库至今尚未公开面世。

2012年,南京特殊教育师范学院丁勇教授主持的国家语言文字工作委员会重大课题"国家手语词汇语料库建设"邀请了3名拉萨地区的藏族聋人在南京拍摄了7000余个手语基本词汇,初步建立了一个词汇语料库。但仅限于对词汇手势的采集,调查对象过少,深度不足,缺乏系统而全面的描述。[53]

(三)其他成果

国内还有个别手语语言学研究者通过实地调查获取了一些西藏手语语料,形成了少数非正式研究成果。如复旦大学手语研究团队成员刘鸿宇、陈雅清,华东师范大学马运怡,江西省聋人协会胡晓云等人于2014—2016年期间赴藏区或邀请藏族聋人来内地进行小型手语调查,收集了一些语料,其中以核心词汇和手语故

---

[53] 赵晓驰、任媛媛、丁勇:《国家手语词汇语料库的建设与使用》,《中国特殊教育》2017年第1期(总第199期),第43—47页。

事为主。刘鸿宇对上海手语与西藏手语的动词音系特征及体范畴进行了对比，并于2014年在捷克布拉格查尔斯大学手语语言学研讨会上对其成果进行了口头发言和海报展示。

  简言之，目前对西藏手语的研究仍处于起步阶段，成果非常有限，深度欠缺，且多集中于语言心理认知层面的探索与词汇表达的差异描写，对句法方面、语法层面及语言接触尚无涉及，许多基本问题悬而未决，汉藏手语的类型学比较与分析更是无从谈起。因此，非常有必要进行较为长期而深入的田野调查，在语料研究的基础上进行全方位的语言学解读，通过对汉藏手语的对比归纳共性，厘清差异，从而引领西藏手语的发掘、整理和研究工作一步步走向规范化、系统化，为后人的广泛参与打下良好基础。而本研究在国内首次专门对西藏自治区聋人群体所使用的手语进行调查、分析与探究，这也是国家级科研项目中首次对西藏手语进行专门研究，具有开拓性的意义。

第三章
西藏手语的田野调查

民族地区的语言调查是一项艰巨的工作。自1949年之后,我国老一辈民族语言学家深入田野现场,进行了一系列开创性的工作,形成了诸多突破性成果,也为后续的语言资源保护工程提供了直接的方法论依据。对民族地区手语的田野调查同样遵循有声语言调查的基本规律和一般性原则。

基于本研究涉及的一个重要问题就是厘清西藏手语的语言/方言地位,因此,我们对调查方案的设计借鉴了基于民族识别的语言调查的相关内容。民族识别的语言调查包括语言使用情况、语音、词汇、语法等几个方面。其中,语言使用状况主要是了解该语言的社会功能,包括使用这种语言的人数及其分布状况,语言的使用范围,周围其他民族语言的影响三个维度。对语音的调查主要是了解该语言的语音结构,描绘语音的系统,考察语音的特点。对词汇的调查主要聚焦基本词汇,因为基本词汇是词汇中最稳固和最主要的部分,是词汇的核心,能说明一种语言的本质特点。对语法的调查主要是了解该语言的语法结构和语法特点,以揭示其语法规律及其特点[①]。

---

① 徐志森:《民族识别中的语言调查》,《贵州民族研究》1983年第3期,第178—189页。

此外，对民族地区的手语调查也需要符合残障研究伦理和语言调查的工作伦理。

在本章中，我们将从调查方案的设计与执行、调查结果概述、研究伦理考量等三个方面入手，对本研究的语言调查框架进行详述。

第一节 调查方案的设计

一、调查目的

首先，调查西藏自治区 5 所特殊教育学校的聋生日常使用的手语，了解其在复杂的语言环境中呈现出何种特点，探索这些语言现象背后的动因和机制，了解聋生的语言习得过程及对手语的语言态度；

其次，调查西藏自治区 5 所特殊教育学校的教师（包括健听人教师与聋人教师）在课堂内外的手语使用情况，了解其在教学手语使用过程中存在的经验与挑战，以及教师本人对手语的语言态度；

再次，描绘西藏自治区社会聋人所使用的手语的面貌，对比其同学校聋生及内地聋人的手语之异同，从而厘清西藏手语的方言地位和语言学特征。

二、调查对象

我们的调查对象共分四个组别：学校聋生、学校教师、社会聋人和手语译员。我们对四个组别全部进行了一对一的访谈，其中聋生 22 人，教师 14 人，社会聋人 16 人，手语译员 2 人（其中

1人同时也是教师），共计53人。此外，为了进行不同地区的手语对比，还调查了8名内地汉族聋人。

在调查对象的选择上，我们遵循随机抽样的原则，同时尽量做到年龄、学历和职业的全面覆盖和合理分布。

为方便处理调查所得语料和访谈资料，我们将相关人员的姓名进行编码处理：学校聋生用DS（Deaf Student）代表，记为DS01、DS02、DS03……DS22；学校健听人教师用HT（Hearing Teacher）代表，记为HT01、HT02、HT03……HT13；学校聋人教师用DT（Deaf Teacher）代表，记为DT01；社会聋人用DA（Deaf Adult）代表，记为DA01、DA02、DA03……DA16；手语译员用SI（Sign Language Interpreter）代表，记为SI01和SI02。

（一）对校园的调查

西藏自治区的特殊教育学校是藏族文化、汉族文化和聋人文化的交汇之地，也是不同语言的接触和融合之地。聋生需要学习不同民族的口语、书面语和手语，有的学校还开设英语课程。5所特殊教育学校聋生所接触的手语和教师授课所涉及的手语有国家通用手语、西藏手语方言、内地手语方言、手势汉语、手势藏语等多种形式，语言环境极为复杂。因此，我们深入走访5所特殊教育学校，在校园内对师生进行实地调查。总体调查情况如表3-1：

1. 学校聋生

22名聋生的基本信息见表3-2。

我们调查的22名聋生中，拉萨特殊教育学校6名，日喀则特殊教育学校、山南特殊教育学校、那曲特殊教育学校和昌都特殊教育学校各4名，男女比例各半。22名聋生分布于各个学段，从小学二年级到职高不等，但其中以小学中年级居多，这是因为

表3-1 校园调查情况统计

学校	课堂拍摄				教师访谈			学生	
	汉语文	藏语文	其他课程	聋人教师授课	汉语文教师	藏语文教师	其他科目教师	女生	男生
拉萨特殊教育学校	2	2	1	1	2	2	2	3	3
日喀则特殊教育学校	2	1	1	2	1	1	0	2	2
山南特殊教育学校	2	1	1	2	1	1	0	2	2
那曲特殊教育学校	1	1	0	0	1	1	0	2	2
昌都特殊教育学校	1	1	0	0	1	1	0	2	2
合计	8	6	3	5	6	6	2	11	11
总计	17节课				14名教师			22名学生	

调查时西藏自治区不少特殊教育学校的聋教育仅有小学而无中学。聋生年龄分布于12—23岁之间，入学年龄普遍偏大，仅有3名在6—7岁之间入学，有1名女生晚至18岁才接受学校教育。所有的聋生都非独生子女，家中兄弟姐妹众多。

我们还对这些聋生的听力和语言状况进行了初步统计，其中，听力损失程度的主要依据是学生本人的残疾证，失聪时间、失聪原因、辅听设备和听力补偿效果等信息由学生本人提供，语言接收方式、语言表达方式、口语水平和手语水平由学生本人初评，继而结合研究者观察和教师的评价得出结论。总体情况如表3-3所示。

表3-2 受访聋生的基本情况

人员编码	性别	民族	出生年份	籍贯	兄弟姐妹排行	家庭是否有特殊情况	入学时间	寄宿还是走读	学业成绩	就读学校
DS01	男	藏	2000	林芝	3/3		2006	寄宿	优	拉萨特殊教育学校
DS02	女	藏	2001	拉萨	1/3		2008	寄宿	中上	拉萨特殊教育学校
DS03	女	藏	1997	那曲	1/2	母亲去世	2014	寄宿	中上	那曲特殊教育学校
DS04	男	藏	2001	昌都	5/5		2014	寄宿	优	昌都特殊教育学校
DS05	男	藏	2005	山南	1/2		2015	寄宿	优	山南特殊教育学校
DS06	男	藏	2003	山南	1/2	父母离异	2015	寄宿	中上	拉萨特殊教育学校
DS07	女	藏	2005	昌都	1/5		2014	寄宿	优	昌都特殊教育学校
DS08	女	藏	2003	日喀则	3/3		2012	寄宿	一般	日喀则特殊教育学校
DS09	男	藏	2005	拉萨尼木县	1/2		2015	寄宿	优	拉萨特殊教育学校
DS10	男	藏	2000	日喀则	2/4		2012	寄宿	中上	日喀则特殊教育学校
DS11	男	藏	2005	昌都	1/4		2014	寄宿	好	昌都特殊教育学校
DS12	女	藏	1995	山南贡嘎县	2/2		2013	寄宿	中等	山南特殊教育学校
DS13	男	藏	2002	拉萨林周县	1/2	父母离异	2010	寄宿	中等	拉萨特殊教育学校
DS14	女	藏	2001	那曲	3/3	父母离异 有一个哥哥是聋人	2013	走读	中等	那曲特殊教育学校
DS15	男	藏族	不详	那曲	3/4		2015	寄宿	中等	那曲特殊教育学校

续表

人员编码	性别	民族	出生年份	籍贯	失聪时间	失聪原因	兄弟姐妹排行	家庭是否有特殊情况	入学时间	寄宿还是走读	学业成绩	就读学校
DS16	男	藏族	1998	那曲			3/3		2013	寄宿	优	那曲特殊教育学校
DS17	男	藏族	2001	日喀则			2/3		2010	寄宿	中等	日喀则特殊教育学校
DS18	女	藏	2000	昌都			2/6		2014	寄宿	优	昌都特殊教育学校
DS19	女	藏	2000	日喀则			2/2		2011	寄宿	中等	日喀则特殊教育学校
DS20	女	藏	2006	那曲			5/5		2018	寄宿	优	拉萨特殊教育学校
DS21	女	藏	1996	日喀则			1/3		2006	寄宿	中等	拉萨特殊教育学校
DS22	女	藏	2004	山南			2/3		2014	寄宿	中等	山南特殊教育学校

表3-3 受访聋生的听力语言情况

人员编码	听损程度	失聪时间	失聪原因	辅听设备情况	听力补偿效果	并发障碍	语言接收方式	语言表达方式	口语水平	手语水平
DS01	二级	1岁	不详	无	无	无	视觉	口语为主	无	好
DS02	一级	16岁	药物中毒	无	无	无	视觉	手语+口语	一般	好
DS03	一级	7岁	药物中毒	无	无	无	视觉	手语为主	无	好
DS04	一级	4岁	外伤	无	无	无	视觉	手语为主	无	好
DS05	二级	先天	不详	无	无	无	视觉+听觉	手语为主	一般	好

续表

人员编码	听损程度	失聪时间	失聪原因	辅听设备情况	听力补偿效果	并发障碍	语言接收方式	语言表达方式	口语水平	手语水平
DS06	不详	先天	打针	无	无	无	视觉	手语+口语	无	好
DS07	不详	先天	不详	无	无	无	视觉	手语	一般	好
DS08	一级	3岁	发烧、打针	无	无	轻度智障	视觉	手语	无	好
DS09	二级	8岁	药物中毒	电子耳蜗	好	无	视觉+听觉	手语+口语	较好	较好
DS10	一级	1岁	生病、打针	无	无	无	视觉	手语为主	一般	好
DS11	不详	先天	不详	无	无	无	视觉	手语为主	一般	一般
DS12	一级	1—2岁	药物中毒	助听器	较好	无	视觉+听觉	手语+口语	无	较好
DS13	一级	10岁	药物中毒	无	无	无	视觉	手语+口语	较好	好
DS14	一级	10岁	药物中毒	无	无	无	视觉	手语+口语	无	好
DS15	不详	先天	不详	无	无	无	视觉	手语为主	无	一般
DS16	一级	7岁	药物中毒	无	无	无	视觉	手语为主	一般	一般
DS17	二级	3岁	外伤	无	无	无	视觉	手语为主	一般	一般
DS18	一级	3岁	药物中毒	无	无	无	视觉	手语为主	一般	好
DS19	一级	9岁	药物中毒	无	无	无	视觉	手语+口语	无	好
DS20	一级	6岁	药物中毒	助听器	无	无	视觉	手语+口语	较好	好
DS21	二级	3岁	不详	助听器	无	无	视觉+听觉	手语+口语	好	好
DS22	一级	先天	不详	无	无	无	视觉+听觉	手语为主	无	好

由表 3-3 可见，西藏自治区的聋生普遍听力损失较为严重，失聪原因以先天和药物中毒（注射耳毒类抗生素）为主。由于缺乏早期干预和康复教育，许多聋生失聪年龄较晚但并未习得较好的口语，而是以视觉作为主要的信息接收方式，以手语作为主要表达方式。22 名聋生大部分未使用辅听设备，仅有 3 名学生使用电子耳蜗和助听器，这两名学生的口语水平也较好，其他学生基本无口语能力或口语能力较差。但学生总体手语水平较高。这一点也在研究者的实地观察中得到了印证。

2. 学校教师

由于本研究的目的是调研师生的语言使用状况，因此我们在抽样时，仅考虑直接从事语言教学（如语文、藏文、语训等课程）的教师。14 名教师的基本信息见表 3-4。

从表中可见，受访的西藏自治区聋教育教师全部为 80 后、90 后的中青年女性，尤其是语言类科目基本全由女教师执教造成性别比例失衡，这是由于当地特殊教育师资男性教师少。总体上看，14 名教师中 13 名为健听人，1 名为具有口语能力的聋人，执教学段以小学为主，藏族教师多于汉族教师，非特殊教育出身的教师多于特殊教育出身的教师，也有个别教师毕业于华东师范大学、南京特殊教育师范学院等知名的内地院校特殊教育专业。14 名教师中，5 名教师为从普校转岗的教师，1 名教师之前为教育系统行政人员。

（二）对社会的调查

1. 社会聋人

西藏聋人协会会员的聚会活动场所、聋人的家庭和工作地点等也是我们的主要调查场域。如在每周日的藏族聋人常规聚会上，

表3-4 受访教师的基本情况

人员编码	学校	性别	民族	出生年份	籍贯	专业背景	教龄	科目	年级	备注
HT01	拉萨特殊教育学校	女	汉	1990	山东	特教相关	5年	语训	学前1、2、3	
HT02	拉萨特殊教育学校	女	藏	1976	林芝	非特教相关	10年 此前普教9年	藏文	学前5、7、8	
HT03	拉萨特殊教育学校	女	藏	1983	林芝	特教相关	7年 此前在教育局工作	汉文	4 初中	中层管理干部
DT01	拉萨特殊教育学校	女	藏	1994	日喀则	非特教相关	2年	英语 语文	4、5、6	聋人教师
HT04	拉萨特殊教育学校	女	汉	1983	四川	特教相关	17年	数学 语文	1—9	
HT05	拉萨特殊教育学校	女	藏	1980	拉萨	非特教相关	19年	藏文	9	中层管理干部
HT06	日喀则特殊教育学校	女	藏	1983	日喀则	非特教相关	10年	藏文 语文 数学 律动	3	

续表

人员编码	学校	性别	民族	出生年份	籍贯	专业背景	教龄	科目	年级	备注
HT07	日喀则特殊教育学校	女	藏	1983	日喀则	非特教相关	3年 此前普校10年	语文	6、7	
HT08	山南特殊教育学校	女	藏	1995	拉萨	非特教相关	3个月	藏文 语训	2	
HT09	山南特殊教育学校	女	汉	1982	四川	非特教相关	7年 此前普校7年	语文 语训	5	
HT10	昌都特殊教育学校	女	藏	1984	山南	非特教相关	5年 此前普校9年	藏文	4	
HT11	昌都特殊教育学校	女	藏	1994	甘肃	特教相关	12年	语文 沟通与交往	3、4、5	
HT12	那曲特殊教育学校	女	藏	1993	拉萨	特教相关	2年	语文	2、4	
HT13	那曲特殊教育学校	女	藏	1983	山南	非特教相关	5年 此前普校8年	藏文	1、2、3、4、5	

我们深入其中，同聋人朋友建立联系，进行初步交流，然后随机选择愿意配合调查的藏族聋人作为我们的调查对象。

需要特别说明的是，一些在特殊教育学校工作的聋人教师，虽然职业身份是教师，但从语言使用上，为方便调查，我们将其归为社会聋人群体。此外，有1名聋人虽是汉族，但自幼在西藏居住、生活，手语和其他社群成员无异，我们也将其列入调研对象。

16名社会聋人的基本信息见表3-5：

我们对这些社会聋人的听力和语言状况进行了初步统计，其中，听力损失程度的主要依据是本人的残疾证，失聪时间、失聪原因、家庭背景、辅听设备和听力补偿效果等信息由本人提供，沟通方式、口语水平、手语水平和书面语水平由本人初评，结合研究者的观察和聋人协会主席的评价得出最终结论。总体情况如表3-6所示：

可见，16名社会聋人中，大部分为障碍程度最重的听力1级残疾，也有轻至3级的。失聪原因大多为药物中毒，失聪年龄普遍偏大，而且和语言能力没有必然联系，有的虽然较晚失聪，但语言能力弱。社会聋人普遍不使用辅听设备，这也证明西藏自治区早期干预和听力言语康复训练不够完善。语言沟通方式上，不会口语的聋人多，文盲或书面语水平不佳的聋人多，而手语能力普遍较好。这些特点基本勾勒出了西藏自治区聋人社群的整体面貌：受教育程度不高，语言使用情况复杂，有声语言能力较差而手语能力强，面对健听人时多使用简单手势比划沟通。

此外，为了对比西藏聋人与内地聋人的手语状况，我们还在内地随机选择了8名社会聋人采集语料，具体资料见表3-7。

表3-5 受访社会聋人的基本情况

人员编码	性别	民族	出生年份	籍贯	既往教育经历	工作经历	备注
DA01	女	藏	1990	拉萨	在拉萨特殊教育学校读完小学和初中后，到内地读中专和大专。	在特殊教育学校工作。	
DA02	女	藏	1990	拉萨	学前阶段接受语言康复训练，在拉萨特殊教育学校读完小学和初中后，到内地读高中和大专。	在特殊教育学校工作。	
DA03	女	藏	1987	拉萨曲水县	在拉萨特殊教育学校读完小学和初中后，到内地读高中和大专。	在特殊教育学校工作。	曾任班主任
DA04	男	藏	1978	拉萨当雄县	一年级进入普校，学会数字1—5和一些字母，然后辍学。	先后在聋人协会工作，在特殊教育学校教缝纫职业课，后自己创业开裁缝铺和干洗店。	
DA05	女	藏	1981	日喀则	从拉萨特殊学校初中毕业。	在特殊教育学校工作。	
DA06	女	藏	1976	拉萨	一直在普校就读，初中毕业于拉萨一中。	做过厨师，卖过馒头，做过包装工人。	

续表

人员编码	性别	民族	出生年份	籍贯	既往教育经历	工作经历	备注
DA07	女	藏	1991	日喀则	拉萨特殊教育学校职教部毕业。	先从事缝纫工作,然后进入西藏残疾人协会,参与"国际助残"西藏手语采集项目。	
DA08	女	藏	1983	山南	10岁时在医院接受口语康复训练3年,之后因西藏当时无特殊教育学校,回家务农。	在福利工厂打零工。	
DA09	男	藏	1971	拉萨林周县	文盲,在扫盲班学习。	在普通中学做保洁员。	
DA10	男	藏	1986	那曲	文盲,在扫盲班学习。	画过唐卡,做过盲人协会工作,参与过西藏手语采集,现在残疾人联合会系统工作。	
DA11	男	藏	1991	林芝	拉萨特殊教育学校职教部毕业。	画过唐卡,洗过车,现为酒店厨师。	
DA12	男	藏	1988	拉萨林周县	在拉萨特殊教育学校读完初中后,到内地读中专。	在特殊教育学校工作,同时自主创业。	
DA13	女	藏	1982	山南	从普通学校小学毕业。	先创业开茶馆,后到盲人协会工作至今。	

续表

人员编码	性别	民族	出生年份	失聪时间	失聪原因	籍贯	既往教育经历	工作经历	备注
DA14	女	藏	1993			昌都	在拉萨特殊教育学校读完初中后，到内地读中专。	做过咖啡师，保洁员，打各种零工。	
DA15	女	藏	1994			日喀则	在拉萨特殊教育学校读完初中后，到内地读中专。	在特殊教育学校担任代课教师。	
DA16	男	汉	1991			河北	普通学校读学前班，在拉萨特殊教育学校读完初中后，到内地读高中和大学。	在特殊教育学校工作。	汉族，随父母迁入，在拉萨出生长大。

表3-6 受访社会聋人的听力语言情况

人员编码	听力损失程度	失聪时间	失聪原因	辅听设备情况	听力补偿效果	并发障碍	家中是否有聋人	沟通方式	口语水平	书面语水平	手语水平
DA01	一级	8岁	药物中毒	无	无	无	无	手语+口语+笔谈	藏语较好，汉语一般	汉语较好，藏文一般	好
DA02	一级	2岁	药物中毒	曾戴助听器	听不懂人声	无	无	手语+笔谈	无	汉语较好，藏文一般	好

续表

人员编码	听力损失程度	失聪时间	失聪原因	辅听设备情况	听力补偿效果	并发障碍	家中是否有聋人	沟通方式	口语水平	书面语水平	手语水平
DA03	三级	13岁	药物中毒	无	无	无	无	手语+口语+笔谈	好	好	好
DA04	三级	4岁	药物中毒	无	无	无	无	手语	藏语较好，不会说汉语	汉语较好，藏文一般	好
DA05	一级	6.5月	药物中毒	无	无	无	无	手语	无	一般	好
DA06	一级	4岁	药物中毒	助听器	一般	轻微智障	无	手语+口语+笔谈	汉语较好，藏语一般	汉语较好，藏文一般	较好
DA07	一级	8岁	药物中毒	无	无	无	无	手语+口语+笔谈	藏语较好，汉语一般	汉语好，藏文较好	西藏手语和内地手语都好
DA08	一级	5岁	药物中毒	无	无	无	无	手语	无	一般	好
DA09	一级	4岁	药物中毒	无	无	无	2个侄子	手语	无	不会	较好

续表

人员编码	听力损失程度	失聪时间	失聪原因	辅听设备情况	听力补偿效果	并发障碍	家中是否有聋人	沟通方式	口语水平	书面语水平	手语水平
DA10	一级	5岁	药物中毒	无	无	无	无	手语	无	不会	西藏手语好,内地手语较好
DA11	二级	1—2岁	外伤	无	无	无	无	手语+口语	藏语较好,不会汉语	一般	一般
DA12	一级	4岁	药物中毒	无	无	无	无	手语+笔谈	无	汉语较好,藏文一般	好
DA13	一级	14岁	外伤	无	无	无	表弟	口语+手语	藏语好,汉语一般	汉语一般,藏文较好	西藏手语好,内地手语较好
DA14	二级	5岁	疾病	助听器	听到但听不清	无	无	手语+口语+笔谈	一般	汉语较好,藏文一般	内地手语和西藏手语都好
DA15	一级	3.5岁	药物中毒	无	无	无	无	手语+笔谈	不会	一般	好
DA16	二级	先天	先天	曾戴助听器	不理想	无	无	手语+笔谈	不会	一般	好

表3-7 内地聋人基本情况

人员编码	性别	出生年份	籍贯	听力损失程度	辅听设备使用状况	沟通方式	家中是否有聋人	学历	职业
DA17	男	1971	黑龙江	一级	无	手语+口语+笔谈	无	初中	自由职业
DA18	男	1983	福建	一级	无	手语+笔谈	无	本科	公司职员
DA19	女	1985	重庆	一级	助听器很少用	手语+口语+笔谈	无	本科	教师
DA20	男	1970	天津	一级	无	手语+口语+笔谈	无	大专	教师
DA21	男	1982	江苏	二级	无	手语+口语+笔谈	无	本科	教师
DA22	男	1990	陕西	二级	助听器	口语+手语	无	本科	公务员
DA23	男	1989	新疆	一级	无	手语+口语+笔谈	有，弟弟	专科	教师
DA24	男	1964	江西	一级	无	手语+口语+笔谈	无	专科	教师

2. 手语翻译

由于西藏自治区的手语翻译尚未走向专业化和职业化，译员稀缺，手语翻译服务以志愿形式为主，一般由当地特殊教育学校教师或会手语的社会爱心人士提供，且服务零散而欠系统。聋人协会曾有一名长期合作的汉族手语翻译，但现已迁回内地，目前，仅有 1 名藏族女士志愿为协会会员提供应急翻译服务、导医服务、会议翻译服务等。基于提供最大化信息的原则，我们直接将这名女士以及 1 名拉萨特殊教育学校手语翻译经验较丰富的教师确定为访谈对象。2 名译员的基本情况如表 3-8。

表3-8　受访手语翻译基本情况

人员编码	性别	民族	出生年份	籍贯	学历	译龄	工作经历
SI01	女	藏族	1974	拉萨	初中	5年	手语翻译
SI02（即HT03）	女	藏族	1983	林芝	本科	7年	聋校教师

两名译员均为中年藏族女性，具有较长的翻译从业经验，但从访谈情况来看，均未接受过专业的翻译训练或手语语言学培训，基于兴趣进行志愿服务。

三、调查思路

在总体调查思路上，对学校师生，我们通过课堂内外的观察和一对一访谈收集师生手语的使用状况细节，了解其语言态度；对社会聋人和手语译员，我们通过各种形式的观察、一对一访谈、集体访谈和实验诱导，力图获取包括会议发言、手语演讲、手语故事、双人或多人自然交谈、自由讨论、自我介绍、给定主题独白、手语翻译等在内的丰富多样的语料。调查手段具体如表 3-9 所示。

表3-9　面向不同人群的调查手段

	观察法		访谈法		语料调查法		
	参与式观察	非参与式观察	一对一访谈	集体访谈	自由交谈	给定主题独白	实验诱导
学校聋生		√	√		√	√	√
学校教师		√	√				
社会聋人	√	√	√	√	√	√	√
手语翻译		√	√				

访谈进行完毕后，对访谈的录音或录像及时进行翻译或转写，这一过程由2名研究者共同完成，力求准确。逐字稿形成后，研究者再度向访谈对象确认核实。

观察进行完毕后，研究者及时对课堂教学中的语言使用状况和社会聋人聚会中的语言使用状况进行研究反思，撰写研究日志。

语料采集完毕后，研究者对语料进行既全面到位又突出重点的语言学分析，力求较为准确地刻画西藏手语和内地手语在语音、语汇、语法等层面具有的共同点和差异性，系统地总结西藏手语同内地手语、藏语、汉语各自发生接触带来了哪些语言学后果。

四、调查工具

（一）手语田野调查的注意事项

当前学界专门讨论手语实地调查方法的资料并不多见，最早见于1979年由William Stokoe和Rolf Kuschel共同发表在《Sign Language Studies》期刊上的一篇论文，这是国际上第一篇有关手语田野调查研究的指南，详细介绍了在调查中如何最大限度提高收集数据的数量和质量的实施程序，其中对手语的采集记录部分进行专门阐述，列出了手语调查的词汇、语法和社会语言学语料调查的清单以及使用的方法。②2009年由台湾中正大学出版的一部手语语言学英文论文集中，收录了由英国学者Susan Fischer撰写的一章，专论手语田野调查的方法、技术和关注点。③英国手语语言学家Zeshan等人于2012年出版了一本关于农村地区手语调查的书籍，书中阐述了多个地区的实地调查研究的实例。④在2015年出版的由埃莱尼·奥尔法尼杜（Eleni Orfanidou），本西·沃尔（Bencie Woll）和加里·摩根（Gary Morgan）主编的《手语研究法》(Reserch Methods in Sign Langugae Studies) 一书中，前三章较为系统地论述了在聋人社群中收集数据的方法、采集手语语料的不同手段、手语语言学研究如何采集语料。⑤此外，关于手语语料的管理、存档、分享和引用，英国中央兰开夏大学国际手语和聋人研究所（iSLanDS）的学者Nick Palfreyman曾于2022年⑥撰文讲解。

手语研究中的田野调查过程分为调查前的准备、语料采集的实施和调查完成后的整理三个阶段，且在实际采集过程中有诸多注意事项不容忽视：

在调查内容上，词汇、句法、语法等是手语田野调查中最

---

② William Stokoe, Rolf Kuschel, "A Field Guide for Sign Language Research," *Sign language studies*, No.1 (1979): 230.
③ Susan Fischer, "Sign Language Field Methods: Approaches, and Concerns," *in Taiwan Sign Language and Beyond* James H-Y. Tai, Jane Tsay (Taiwan: The Taiwan Institute for the Humanities National Chung Cheng University, 2009), pp.1–17.
④ Ulrike Zeshan, *Connie de Vos, Sign Languages in Village Communities* (Germany: De Gruyter Mouton·Ishara Press, 2012, p.1.
⑤ Eleni Orfanidou, Bencie Woll, Gary Morgan, *Research Methods in Sign Language Studies: A Practical Guide* (London: John Wiley & Sons, 2015), p.5–41.
⑥ Nick Palfreyman, "Managing Sign Language Data from Fieldwork," *in The Open Handbook of Linguistic Data Management*, ed. Andrea L., Berez-Kroeker, Bradley McDonnell, Eve Koller, Lauren B., Collister (Massachusetts: The MIT Press, 2022), pp.271–273.

为基础的内容。其中斯瓦迪士词表（Swadesh Words List）是美国语言学家莫里斯·斯瓦迪士从统计学的角度分析不同的语言（以印欧语系语言为主）得出的核心词列表，他认为，所有语言的词汇系统都应该包含这些词语。目前常用的斯瓦迪士词表版本有两个，一个是100词版本，一个是207词版本。由于该词表包含食物、动物、人体器官、身体动作、家庭成员等基本词，起初，手语研究者很自然地直接借用该词表作为手语田野调查中采集词汇的重要工具。但随着调查的深入，人们逐渐意识到，手语中许多词语本来就具备高度的象似性，如人体器官基本是以直接指点的方式代表，世界各地都基本一致，因此单凭该词表无法很好地描述各种手语之间的词汇差异，需要对其进行改编和扩充。例如，Stokoe 和 Kuschel（1979）的指南中列出包括200个词的基础手语词表，其中来自斯瓦迪士207词的不到一半。

在对象选取上，首要考虑的因素是研究对象是否以当地手语作为第一语言且具有较好的语言能力。国际上对手语语料库的调查对象选择标准有4条[7]：1）学习手语的年龄在8岁以前；2）有过聋校经历；3）每天使用手语；4）认同聋人文化。同时，在手语田野调查过程中，当地以手语作为母语的聋人作为研究助理和合作伙伴，起着举足轻重的作用。一般说来，最理想的手语研究助理应来自聋人家庭（即所谓"聋二代"），他们是最佳的研究合作者。但是由于绝大多数聋人出生于健听人家庭，因此这类人在手语聋人中的数量很少，选取研究助理时会根据调查的实际情况做出一定调整，但无论如何，在选择研究助理时最重要的一点是手

---

[7] Johnston T., W(h)ither, "the Deaf Community? Population, genetics, and the future of Australian Sign Language," *In American Annals of the Deaf*, No.5 (2004): 358–375.

语能力(Susan Fischer, 2009; Victoria, 2015)。

在调查材料上,主要选择非语言呈现形式的材料,如实物、图片、视频和无字绘本等,以避免文本对调查对象的手语产生干扰,确保其生成的是地道的、自然状态下的聋人手语。对基础核心词表的采集一般首选通过图片来完成[8],而对句子和语篇的采集则可以通过图片和视频。在调查规模较大、调查内容较多时,可以综合使用文本、实物、图片和视频来作为研究工具。在这里加入文本的原因是因为有些抽象概念无法直接用图片来进行视觉呈现。在采集独白和对话语料时,有时候也需要研究人员进行诱导式提问,但研究人员的手语必须娴熟,最好由聋人担任,以避免产生观察者效应。

在操作步骤上,调查前需要尽可能详细了解即将研究的语言和当地文化、气候等实际情况,提前准备好并熟悉相应的设备,提前联系研究顾问和安排研究助理。在相应的旅行准备调查过程中,无论是静态拍摄还是动态拍摄,在取景上都需要拍摄到手语使用者的面部和腰部以上的半身,以及手语的整个运动轨迹,还需考虑光线问题,保证画面明亮、画质清晰。在实际拍摄过程中,研究者一般会随身携带便携式摄影设备,并需要尽量保证设备的正常工作和电力续航。

对于调查过程中常遇到的观察者效应,即聋人面对陌生研究者和摄像机镜头时所打的手语和自己平时自然状态下有所差异,Susan(2009)给出了三种规避的方法:首先,研究者自身对调查的语言需要有一定的了解;其次,请当地的聋人助理帮助诱导出

---

[8] Schembri A., Fenlon J., Rentelis R., "Building the British Sign Language Corpus," *Language Documentation and Conservation*, No.7 (2013): 136–154.

更自然的手语；最后，在尽可能自然的环境中使用微型拍摄设备。这些方法都有助于将观察者效应最小化。

（二）调查工具的选择与确定

1. 观察记录工具

在社会调查与语言调查中，观察都是获取资料的重要手段。手语是一种视觉语言，聋人主要依靠视觉来获取信息，故而在研究中观察的重要性更为凸显。我们需要观察形形色色的人在各种各样的情境下使用的西藏手语，观察其手形、位置、朝向、口动、面部表情、身体姿态等方面所表现出的特点，并进行相应的描述。根据研究的目的，我们在部分观察时使用摄像机录像保留完整的原始数据，为后期分析提供便利。

本研究根据不同情景的不同研究需求，综合运用了两种观察手段。

其一是非参与式观察。在学校中，我们通过听课、观摩学生活动、走访学校宿舍等渠道观察学生与教师的互动，以及学生彼此之间的互动，并尽量作为旁观者参与，不去加入其中。为避免观察者效应，我们提前和相关老师、管理人员沟通，请他们事先向学生进行简要介绍，消除其好奇心，此外，保证一定的连续观察时长，使师生逐渐放松下来，忽略陌生人和摄像机的存在，回归日常手语使用的本来面貌。

其二是参与式观察。研究者不能永远作为"局外人"出现，在课余时间，我们走入学校师生和社会聋人中间，同他们拉家常、开玩笑、谈天说地，甚至一起用餐、一起参与聚会，相互交流西藏和内地的情况。此时，我们的交流过程事实上也是观察的过程。研究者本人为听障者，手语娴熟，了解聋人文化，同西藏自治区聋人极易拉近距离、建立关系，这给调查带来了极大便利。此外，西藏聋人协会主席作为研究助理，多次陪同我们进行调研，也发挥了重要作用。

针对学校教学，我们还设计了课堂观察表，以记录教师教学中的语言使用状况和师生的沟通状况。具体表格见附录。

2. 访谈工具

在手语研究中，访谈法尤其适合用来考察某一特定时期或某一特定人群的手语使用状况。本研究采用半结构化访谈，所拟定的访谈提纲涵盖基本信息、教育情况、语言习得、语言使用、语言态度、语言需求等多个维度，旨在对西藏自治区的手语使用状况进行较为全面系统的了解，并对调查过程中搜集到的大量一手资料进行分析、综合、比较、归纳，以总结现状、发现问题、探索规律。

我们针对学校教师、学校聋生、社会聋人和手语译员各自设计了一份访谈提纲，见附录。其中，教师访谈提纲聚焦其语言能力、教学语言使用状况和师生语言互动状况；学生访谈提纲聚焦其语言能力、沟通方式、语言习得经历和对不同语言的态度；社会聋人访谈提纲聚焦其人生经历、生活习惯和对手语的态度；手语翻译的访谈提纲聚焦其从业原因、手语学习经历和工作体验。

3. 手语语料采集工具

以采集语料为目标的田野调查是语言研究的重要手段，也是手语语言学本体研究中应用最为广泛的方法。本研究中对词汇的采集采用预先设计好的词表作为诱导材料。制作PPT时，对于具体可见、理解起来无歧义的概念，如"太阳""牦牛"等，直接呈现图片，不加文字标注，而对于一定程度上抽象的概念，或画面理解起来有歧义的概念，则在图片上标注文字。研究对象根据呈现的PPT打出相应的手语词。对句子和语篇的采集一方面以图片、视频作为诱导材料，让其读懂图或视频后进行描述，另一方面给定话题让其进行独白讲述，或同研究者、研究助手自由对答。为了保证语料的自然性，我们预先不告知研究对象具体内容，到现场再同其沟通。语料采集过程中，至少保证有一名藏族聋人研究人员在场。之后的整理、转写和翻译工作也全部由聋人研究人员完成，再由健听人进行核对。

（1）词语的采集

词汇层面的差异是西藏手语和内地手语的主要差异。为尽可能地通过有限的词表了解西藏手语的全貌，我们设计了一个包括 497 个词语的基础词表和一个包括 134 个词语的民族文化词表，共计采集 631 个词目。

基础词表收录西藏手语中起着最基本的日常沟通功能的基础性的词语，共分 18 类；民族文化词表收录西藏民俗文化独有、与藏民生活息息相关的词语，共分 9 类。具体见表 3-10。

表3-10 西藏手语基础词表和民族文化词表内容

基础词表				民族文化词表			
类别	词语数量	图片	PPT页数	类别	词语数量	图片	PPT页数
常用数字	39	6	7	人文地理	13	5	3
字母（汉语+藏语）	30+30	0	2	食物	14	19	10
家庭成员	17	8	5	服装、配饰	21	28	12
职业	18	15	12	器物、风俗	35	42	24
动物	23	23	12	节日	7	12	6
植物	10	10	3	娱乐、赛事	12	15	12
食物	7	7	4	景点、景观	21	32	18
水果	8	8	4	动物	6	6	4
蔬菜	9	9	4	植物	5	5	1

续表

基础词表				民族文化词表			
类　别	词语数量	图片	PPT页数	类　别	词语数量	图片	PPT页数
日常用品	37	28	17				
学习用品	11	11	5				
交通工具	10	10	5				
日常行为	71	57	39				
性状	90	72	41				
情绪心理	19	17	10				
自然气象	23	23	13				
时间日期	32	16	8				
自然地理	13	8	5				
词数总计	497			134			

其中，基础词表参考斯瓦迪士 207 词表和复旦大学手语语言学研究团队词表确定，按照《中国手语》词典的分类法进行分类，共 497 个词语。

表3-11　基础词表完整版

0—9	10—19	20—90	100（一百）	3 000（三千）	50 000（五万）
七亿	第一、二、三	十岁	三楼	63.9元	一半
A—Z	zh	ch	sh	ng	
爷爷	奶奶	外公	外婆	爸爸	妈妈
儿子	女儿	哥哥	弟弟	姐姐	妹妹
女	男	结婚	怀孕	生宝宝	
农民	牧民	工人	厨师	服务员	裁缝
司机	教师	学生	医生	护士	病人
警察	解放军	领导	老板	猎人	乞丐

续表

0—9	10—19	20—90	100 （一百）	3 000 （三千）	50 000 （五万）
苍蝇	蚂蚁	狮子	蜜蜂	鸟	鹰
老虎	鸡	鸭子	鹅	青蛙	鱼
乌龟	兔	猫	猪	鼠	蛇
蝴蝶	狗	山羊	绵羊	狮子	熊
奶牛	牛	猴	熊猫	马	大象
狼					
树	叶子	草	白花	黑花	红花
绿花	黄花	紫花	蓝花		
馒头	包子	米饭	粥	面条	鸡蛋
牛奶					
苹果	梨	香蕉	葡萄	桃	西瓜
橘子	橙子				
白菜	白萝卜	黄瓜	西红柿	肉	葱
姜	蒜	辣椒			
碗	筷子	盘子	脸盆	毛巾	牙杯
钟	手表	锁	钥匙	手机	Wi-Fi
微信	二维码	塑料袋	纸袋	布袋	垃圾桶
平房	楼房	床	沙发	电视	空调
电冰箱	洗衣机	桌子	椅子	衣柜	吊扇
落地扇	快递	ATM机	取款	存款	
黑板	灯	钢笔	中性笔	铅笔	橡皮
转笔刀	书	本子	助听器	人工耳蜗	
自行车	摩托车	三轮车	出租车	公交车	小汽车
大卡车	火车	飞机	轮船		
走	跑	坐	站	躺	睡觉
流鼻血	摸	跳	跳舞	游泳	洗头
洗澡	吹风机	化妆	小便	大便	开门

续表

0—9	10—19	20—90	100(一百)	3 000(三千)	50 000(五万)
关门	擦窗户	扫地	拖地	教	学习
游戏	排队	吃饭	考试	领奖	表扬
批评	迟到	惩罚	开会	检查	砍柴
买菜	卖菜	藏	等	过马路	红绿灯
斑马线	摔倒	帮助	吵架	打架	修理
偷	抢	有	没有	想	喜欢
讨厌	准备	开始	结束	知道	不知道
同意	不同意	相信	不相信	愿意	不愿意
记得	忘记	希望			
大	小	多	少	长	短
粗	细	高	矮	胖	瘦
厚	薄	重	轻	直	弯
软	硬	快	慢	远	近
深	浅	光滑	粗糙	空	满
干	湿	松	紧	热（天气）	冷
热（水）	冷	冰	好	坏	酸
甜	苦	辣	咸	臭	香
新鲜	腐烂	脏	干净	新	旧
整齐	乱	碎	模糊	清楚	美
帅	丑	年轻	老	便宜	贵
富	穷	强	弱	简单	难
累	精神抖擞	忙	闲	成功	失败
一样	不一样	真	假	普通	奇怪
熟悉	陌生	著名	聪明	笨	合适
喜	怒	哀	惧	兴奋	惊讶
害羞	积极	谦虚	骄傲	善	恶
嫉妒	孤独	幸福	不幸	疼痛	幽默

续表

0—9	10—19	20—90	100 (一百)	3 000 (三千)	50 000 (五万)
自私					
太阳	月亮	星星	云	白天	黑夜
晴天	阴天	风	下雨	下雪	彩虹
冰	雾	水	火	石头	灰尘
山	倒影	江	湖	海	
11时43分26秒	清晨	上午	中午	下午	晚上
半夜	星期一至星期天	三月三日	年	月份	12个月
暑假	寒假	春	夏	秋	冬
5个小时	前天	昨天	今天	明天	后天
一个星期	七年				
东	西	南	北	中	里
外	上	下	地球	中国	五星红旗
各省份	西藏	拉萨	山南	林芝	日喀则
那曲	昌都	阿里			
汉族	藏族	外国人	尼泊尔	印度	西游记

由于部分社会聋人文化水平较低，小学低年级、中年级学生手语词汇量有限，对部分调查对象，我们使用了一个包括272个词语的简表，如下：

表3-12 基础词表精简版

称谓	我、自己、谁、爸爸、妈妈、儿子、女儿、丈夫、妻子、人、男人、女人、小孩、聋人
日常行为	唱歌、吃、喝、生（孩子）、看、听、问、哭、笑、说、睡觉、死、数、走、站、坐、躺、拿、给、挖、扔、咬、缝、飞（鸟飞）、住、杀、玩、洗、来、去、工作、呕吐、病、知道、要、不要、不、不是、是、能/可以、没用

续表

常见物品	绳子、家/房子、门、船、路、名字、手语、蛋、衣服
身体部位	背、鼻子、肠子、耳朵、肝、骨、脚、皮肤、肉、乳房、舌头、身体、手、头、头发、腿、尾巴、膝盖、心、血、牙齿、眼睛、羽毛、嘴
事物性状	坏、白、黑、红、黄、蓝、绿、紫、灰色、高、薄、厚、小、大、长、短、尖、窄、宽、圆、对、干、光滑、好、多、浮、活、近、旧、快、老、热、冷、亮、落/掉、满、慢、没有、少、湿/潮、新、有、远、脏、直(的)、重、爱、想、高兴、害怕
常见动物	动物、虫子、狗、猴、鸡、马、猫、鸟、蛇、鼠、羊、鱼、猪
常见植物	树根、草、花、森林、树、叶子
自然气象	海、河、湖、火、沙子、山、石头、水、太阳、天空、土、星星、月亮、云、白天、夜晚、风、雾、雪、烟、雨
常用数字	一、二、三、四、五、六、七、八、九、十、二十、十一、十二、十三、十四、十五、十六、十七、十八、十九、百、千、第一、第二、第三、第四、第五、第六、第七、第八、第九、第十
时间日期	什么时候、以前、现在、时间、以后、年、一个月、二月、三月、四月、五月、六月、七月、八月、九月、十月、十一月、十二月、古代、星期一、星期二、星期三、星期四、星期五、星期六、星期天、一年、一天、昨天、今天、明天、上午、中午、下午、一月、一星期、小时、春、冬、秋、夏
空间	左、右
常用词	什么、哪里、怎么办、怎么样、其他、全/都、和、如果、因为

民族文化词表是在查阅相关资料了解西藏自治区的自然、地理、人文、科教、经济等状况之后,参考《常用藏族手语词典》进行确定的,较为全面地呈现了西藏人民日常生活中的常见食物、用品、节日、风俗、动植物、地区景点等。其中个别词语在《中国手语》和《国家通用手语词典》中亦中有收录,但西藏本地打法可能不一致。这样的词语如"汉族""藏族""拉萨""喇嘛""包

子""珠穆朗玛峰",等等。词表成型后,我们广泛征询手语语言学研究者、西藏聋人协会骨干、特殊教育一线教师的意见,进行了增删或替换,以求更好地达到调查效果。对民族文化词表做出部分修改,最终形成的民族文化词表共计 134 个词语。具体如下:

表3-13　民族文化词表

人文地理	西藏、拉萨、山南、林芝、日喀则、那曲、昌都、阿里、藏族人、汉族人、外国人、尼泊尔、印度
食物	糌粑、藏面、人参果米饭、包子、面包、饼子、酥油茶、甜茶、青稞酒、奶条、干奶酪、牛肉、风干牛肉、石锅鸡
服装、配饰	拉萨服饰、山南服饰、林芝服饰、日喀则服饰、那曲服饰、昌都服饰、阿里服饰、氆氇、藏帽、藏靴、金、银、菩提、藤条、天珠、牦牛骨、玛瑙、绿松石、珊瑚、蜜蜡、辫子
器物、风俗	帐篷、牛粪、藏医院、藏医生、藏药、高原反应、鼻烟壶、藏刀、哈达、面具、酥油灯、酥油、唐卡、切玛盒、嘎乌、佛经、转经筒、转经、烧香、煨桑、活佛、灵童、喇嘛、辩经、磕长头、朝圣、转山、经幡、风马旗、玛尼堆
节日	藏历新年、新年、雪顿节、展佛节、望果节、燃灯节、天母节
娱乐、赛事	茶馆、玩骰子、酒吧、藏戏、弦子、锅庄、踢踏、赛马节、赛牦牛、斗牦牛、抱石比赛、拔河(押加)
景点、景观	布达拉宫、大昭寺、小昭寺、色拉寺、哲蚌寺、八廓街、罗布林卡、(山南)桑耶寺、(山南)雍布拉康、(山南)羊卓雍错、(日喀则)扎什伦布寺、(那曲)孝登寺、(那曲)白塔、(那曲)纳木错、(阿里)玛旁雍错、林芝桃花、唐古拉山、雪山、珠穆朗玛峰、喜马拉雅山、雅鲁藏布江
动物	鹰、秃鹫、藏獒、狗、藏羚羊、牦牛
植物	格桑花、雪莲花、藏红花、红景天、冬虫夏草

(2)句子和语篇的采集

对句子和语篇进行采集时,我们使用的调查工具为形象、生动、有趣的图片、漫画和视频。具体设计如下:

针对句子中类标记手形和类标记结构的采集，我们从互联网上寻找了 33 幅图片，分别邀请 16 名西藏聋人和 8 名内地聋人对图中内容进行描述。图片的主要内容见表 3-14。

表3-14　类标记调查诱导图的文字描述

序号	图片描述
1	一匹斑马骑着摩托车，后面一只狮子在奋力追赶。
2	一名骑手骑在马背上展开双臂，另一名骑手跨坐在他的肩头。
3	骑摩托车的男子正在接听手机，他身后一个挨一个挤着坐了四个人。
4	铁轨上横躺着许多人，邻近的铁轨上一列火车开过。
5	破旧的火车前，一头死去的大象仰面朝天躺在铁轨上。
6	一列火车周身密密麻麻爬满了人，连车顶也站着人。
7	火车正在开过来，两个男孩匆匆从铁轨上纵身跳向一边，旁边三个男人在看热闹。
8	一辆小汽车开下了台阶，卡在半途动弹不得。
9	一辆大卡车从高处掉下，砸到了低处的一辆小汽车车顶。
10	一艘轮船在大海的惊涛骇浪中航行。
11	一棵树穿过了两层楼房的第二层地板。
12	一个小猴子坐在摄影师的相机的长镜头上。
13	一头鹿坐在草地上休憩，鹿角上和鹿身上停着几只小鸟。
14	一只乌龟慢慢爬，背上驮着一只鸡。
15	鸟妈妈叼着虫子喂三只嗷嗷待哺的雏鸟。
16	猫看着晾衣绳上晒着的鱼干打起了鬼主意，纵身一跃，咬到了鱼。
17	一只老鹰在空中飞翔，双爪抓着一只小鸟。
18	一只猫被塞到了鱼缸里的玻璃杯里头，一条鱼游过来好奇地看着它。

续表

序号	图片描述
19	一只金毛犬叼着一只篮子，里面装着两只狗宝宝。
20	一只狗从小汽车的车窗里探出头来看外面。
21	一只狗身上斜挎着包包，两只前脚放在靴子里。
22	一只小狗趴在木椅子上吐着舌头。
23	一头大象用鼻子朝人喷水。
24	一棵树的树干快断了，枝头上攀着一个人，摇摇欲坠。
25	一只熊猫紧紧地抱着树干。
26	一头老虎纵身跳过火圈。
27	树叶上爬满了瓢虫。
28	气温太高，地面上布满了被煎熟的鸡蛋。
29	烧烤摊上摆出了一长串烤肉。
30	一个孩子站在小矮凳上在墙上涂鸦，爸爸躲在房间里悄悄把头伸出来看她。
31	雨后的积水中，一辆小汽车飞驰而过，溅起的水花把旁边的三轮车主浇得透湿。
32	一个浑身罩满了呼啦圈的人费力地开着电动车。
33	大大的餐盘里，一个孩子躺在里头睡觉，身上盖着一张大饼，周围放着几盘菜。

这些图片从不同角度展示了人、动物、植物、交通工具及各种日常事务的空间位置关系和运动方式，聋人对其的描述大概率会用到类标记手形和类标记结构，如以竖直的 Y 手形表示"人"或者"动物"、以 I 手形表示细长的棍状物体、以 V 手形表示两条平行的火车轨道，等等。

针对独白的采集，我们设计了4幅漫画和2个视频。4幅无字漫画均出自世界上流传最广的系列亲情漫画《父与子》。该漫画共包括310个故事，每个故事均来源于现实生活，生动诙谐而富有深意。我们选择的四个故事分别为：第7篇《正中靶心》，第26篇《一年之后》，第32篇《指责也应该有限度》和第40篇《误把光头当球踢》。2个无对白故事视频为《午夜小点心》和《鸟的故事》。前者为风靡世界的动画片《猫和老鼠》第68集片段，后者为2006年皮克斯动画工作室的作品，曾获奥斯卡最佳动画短片奖。漫画和视频的主要内容见表3-15。

表3-15 漫画和视频的主要内容

		内容描述
漫画	《正中靶心》	爸爸对着树上的靶子开了一枪，但没有命中，子弹落在地上。孩子思考一番之后，将靶子取下放在地上，这次爸爸终于成功地打到了靶心。
	《一年之后》	爸爸带着孩子来到树下量身高，并在树上敲了一颗钉子作为记号。一年之后，爸爸带孩子再次来到树下比身高，结果树长得快，树变高了，孩子变矮了。
	《指责也应该有限度》	孩子踢球时不小心将球踢到一位陌生男士头上，陌生人和爸爸一起指责孩子，孩子流下了伤心的眼泪。此时爸爸不再训斥了，而陌生人却继续训斥，孩子呜呜地哭。于是爸爸举起球砸向了那个人，转过头来安慰孩子。
	《误把光头当球踢》	爸爸和儿子一起踢球时不小心将球踢进了洞里，爸爸跳进洞去把球捡了回来。当爸爸的光头从洞口冒出来的时候，儿子误把光头当作了球，踢了一脚，爸爸头上肿起一个大包。孩子意识到自己做错了，哭了起来，爸爸抱起孩子安慰他。

续表

		内容描述
视频	《午夜小点心》	小老鼠正在小心地偷奶酪,却被猫暗中跟踪,并不断在奶酪上放置重物戏弄它。猫的捣鬼被老鼠发现后,猫让老鼠将奶酪放回原位,再也不准它偷一丁点东西。
	《鸟的故事》	一根电线上,小鸟们在叽叽喳喳地争吵,一只大鸟站到小鸟中间后,电线被大鸟的体重压得弯弯的。于是小鸟们对大鸟群起而攻之,纷纷啄大鸟的爪子,大鸟掉在了地上。可是小鸟们也因此全掉光了羽毛,逗得大鸟哈哈大笑。

这些漫画和视频具有故事性强、情节生动、人物表情变化丰富、动作复现率高、空间变化突出的特点,适合用手语描述。我们可以从中观察到许多独特的手语语法现象,如《正中靶心》中的空间位置变化、《鸟的故事》中不同角色的面部表情以及《午夜小点心》中围绕一块奶酪出现地偷看、滑倒、驮、剪等一连串动作等,聋人都描述得十分生动。

第二节 调查方案的执行

一、调查过程

(一)行程概况

本研究立项前,研究者曾于 2015 年 8 月到访西藏,观摩当地的手语培训,同西藏自治区聋人进行交流,采集了一些前期资料。研究启动后,为保证实地调查的顺利进行,研究者及团队成员进行了一系列前期准备：首先，查阅相关文献，对民族语言调查和西藏手语研究进行梳理，了解西藏自治区整体特点和特殊教育发展状况，学习民族语言调查方法和社会学语言研究方法，确定研究内容；其次，根据研究目的和研究内容确定调查词表和诱导材料，拟定科研协议书、基本信息表、课堂观察记录表和访谈提纲；再次，确定调查路线与成员分工，提前准备研究调研所需工具如便携式摄像机、三脚架、补光灯、录音笔、文件夹、笔记本电脑等。最后，提前筛选与确定符合标准的研究对象，与对口单位联系确定行程安排。

团队成员先后于 2017 年 7 月、2018 年 4 月、2018 年 7 月、2020 年 12 月和 2021 年 10 月进行了五次进藏调查，具体情况如表 3-16。

表3-16　西藏调查行程

	时间	时长	人数	到访地区	到访地点
第一次	2017.7	2周	2	拉萨	西藏残疾人就业中心、西藏聋人协会、拉萨特殊教育学校、社会聋人工作地点；
第二次	2018.4	2周	4	拉萨、山南、日喀则、那曲	拉萨特殊教育学校、山南特殊教育学校、日喀则特殊教育学校、那曲特殊教育学校、社会聋人工作地点和家中；
第三次	2018.7	1周	2	昌都	昌都特殊教育学校；
第四次	2020.12	2周	1	拉萨	拉萨特殊教育学校、社会聋人工作地点和家中；
第五次	2021.10	1周	1	拉萨	西藏残疾人联合会、拉萨残疾人联合会、西藏聋人协会、拉萨特殊教育学校、西藏大学。

图3-1 团队成员在西藏聋人教师家中进行手语调查

图3-2 记录西藏聋人的手语词汇使用情况

图3-3　团队成员在拉萨特殊教育学校对教师进行访谈

图3-4　在日喀则牧区多重障碍儿童家中调研

图3-5　和没上过学的离群聋人交流

图3-6　和山南特殊教育学校的孩子们在一起

图3-7 和山南特殊教育学校的同行交流

图3-8 给西藏聋人群众上汉语和通用手语扫盲课

第三章 西藏手语的田野调查

图3-9 和西藏聋人协会主要成员交流

(二)调查心得

回顾几次进藏调查经历,我们发现和在内地进行常规语言调查颇有不同:首先,海拔高达3千多米和4千多米,调研途中还曾翻越5千多米的垭口,高原反应明显,对身体健康挑战大,有团队成员甚至刚到西藏首日就不得不去诊所输液吸氧;其次,地广人稀,交通不便,如昌都地区迄今尚无法乘坐火车前往,必须直飞,而机场到市内特殊教育学校还有3个多小时车程;再次,语言不通,民族文化风俗迥异,调查的深入进行高度依赖当地残疾人联合会、聋人协会和聋人社群的指导、帮助与支持。

调研过程中,我们强烈地感受到,听力障碍人群并非小众,只是由于障碍不外显,故而他们的需求常被忽略。2018年

4月调查途中，团队到达西藏的第一天，入住酒店，就遇到了在这里工作的聋人员工，第二天外出时继续碰到以手语为沟通语言的聋人，几天后中途去火车站转车时再度碰到。我们还曾随特殊教育工作者驱车260多公里，先后走进两名重度多重障碍儿童家中进行家访，他们的生活状态更带给我们深深的震撼，令我们意识到以科研助推实践、增进藏族聋人群体生命福祉的责任和使命。

一位团队成员曾这样回顾她在某特殊教育学校进行调查的见闻和感想：

走到教学楼门口时，正值学生们吃晚饭的时间，看到我们两个陌生的来客，脸上露出无限的好奇。大家很热情地向我们走来，问我们的名字、家乡之类，看到他们纯真的神情，感觉自己的内心被他们融化了，似乎忘记了他们和我之间的年龄差距，想尽快融入这个陌生且温馨的群体中。由于自己打手语交谈的时候不喜欢使用口型，所以孩子们误以为我也是"聋人"，有很多学生问我是不是聋人，我的回答令他们很惊讶，他们觉得我打手语表情很像聋人，可为什么不是呢？不只学生这么认为，该学校有些老师也误以为我是"聋人"。这次"尴尬"的经历让我再次回想起自己在××特殊教育学校实习时相类似的情况。这些经历让我更有一种去一线特殊教育学校工作的冲动，因为喜欢与孩子们待在一起的时光，喜欢与他们在纯洁的世界里去探索知识的奥秘。

另一位团队成员这样总结她2018年的西藏之行：

行程安排比较紧凑，进高原的第二天开始工作，离开高原的当天上午也在工作，没有工作的日子一定是在路上，辛苦但收获满满。有幸遇到很多可亲可爱的人儿，体验到藏族的风土人情，一切都有意义。

二、结果概述

5次进藏调查所获得的资料如下：

首先，对22名学校聋生、14名聋校教师、16名社会聋人、2名手语翻译进行了正式访谈，此外还对一些聋校师生、社会志愿者、残疾人工作者进行了非正式访谈。所有正式访谈人员均提供了个人基本信息，如出生年月、听力损失程度、个人生活、教育和工作等基本情况。

其次，通过观察获取了大量西藏自治区聋人手语使用的一手资料，如课堂教学、聚会聊天、工作交流、日常沟通等。其中相当一部分有视频记录。在当地聋人的帮助下，我们还获取了一些通过网络传播的视频资料，如美国聋人 Joel Barish 在西藏实地拍摄的聋人生活纪录片、藏族聋人自己编创的手语小笑话，等等。

再次，针对西藏聋生和社会聋人收集了丰富多样的语料，形式包括看图打词、看图描述内容、看视频讲故事、给定主题独白、一对一问答、自由交流等。

调查结束后，将所有采集的音视频资料保存至电脑，对资料进行整理、命名和分类。经统计，5次调查共收集视频与音频资料76.3G。对手语语料进行转写处理时，我们主要遵循由龚群虎、杨军辉于2003年提出的《中国手语的汉语转写方案》（为方便使用，研究者进行了若干细节优化）。该方案是以手语语言学基本概念为基础设计的用汉语书面语记录中国聋人手语的转写体系，包括转写表和说明两个部分，其中，转写表规定了诸如普通词、词界、方向、类标记、区别性面部表情或体态等转写方法，适用于手语研究和与聋人相关诸领域的研究。

此外，在调查结束后调查团队也对调查手段、调查工具和调查策略进行了反思，总结出了一些不足，如：精通当地语言是很重要的专业储备，如果懂得西藏手语，在语料拍摄过程中可以随时发现错误，避免无效劳动；作为诱导材料的图片有时存在歧义，无法被聋人很好地理解，如用苹果被对半切开的图片来表达"一半"的概念，部分聋人看图打出的是"切苹果"；提前了解当地风俗习惯，也是调查团队的必要知识储备。一次到日喀则牧民家中入户走访时，个别团队成员对墙上贴的牛粪饼子表示惊奇，并在离开之前习惯性地洗手，这些都可能引发受访对象的负面感受，是需要在今后的调查中高度警醒，注意避免的。

第三节　研究伦理的考量

一、研究伦理的重要性

语言调查是一项面向人的活动，往往在不同民族、不同地域、不同文化的互动关系之中进行。为保证研究对象和研究者自身的正当利益不受侵犯，保障科研活动在合法合规、合情合理的轨道上运行，我们必须高度关注研究伦理问题。

研究伦理贯穿于语言调查活动的始终。范俊军等（2014）曾对民族语言田野调查的伦理问题进行专题论述，指出当代少数民族语言田野调查记录需要充分记录语言族群生活中的言语事件和言语实践，记录手段、内容、成果形式和传播途径的多样化，因而会涉及族群文化敏感、社区禁忌、族群内务、说话人隐私、相关权益等伦理问题。他还列举了当前一些常见的伦理失范问题，如触犯族群文化敏感和行为禁忌，对语言社区资源缺乏珍惜，忽视发音人和说话人的知识产权，语言报告中泄露和传播语言族群个人和群体隐私信息，未经许可采用暗访、暗记、偷录和偷拍获取语言材料，不当支付酬金等。⑨王远新（2023）结合中国国情和自身多年调查的经验，将西方学者提出的自愿参与和尊重隐私权两项原则扩充为尊重、换位、诚信、知情同意、隐私、互助等六项原则。⑩

二、手语研究伦理

本研究不仅属于少数民族地区的语言调查，而且属于对少数民族地区残障人群的语言调查，因而，对伦理规范的恪守显得尤为重要。Susan Fischer（2009）指出，对手语的田野调查和其他濒危语言的田野调查相似，但是在调查的过程中尤其要特别注意学术伦理、技术和诱导方法这三大问题，其中研究伦理最为重要，关键在于获得调查对象的知情同意并保证语料数据的匿名。⑪具言之，在研究开展之前，首先必须与研究对象签订知情

---

⑨ 范俊军、马海布吉：《我国少数民族语言田野调查记录的伦理问题》，《西北民族大学学报（哲学社会科学版）》2014年第4期，第70—75页。
⑩ 王远新：《语言田野调查的必要性及学术伦理》，《民族教育研究》2023年第34卷第2期（总第175期），第150—156页。
⑪ Susan Fischer, "Sign Language Field Methods: Approaches, and Concerns," *in Taiwan Sign Language and Beyond*, ed. James H-Y. Tai, Jane Tsay (Taiwan: The Taiwan Institute for the Humanities National Chung Cheng University, 2009), p.3.

同意书，确保其同意参与研究，自愿并充分了解研究的目的、内容、过程和结果用途；其次，由于面部表情和身体姿态是手语中不可缺少的组成部分，因此手语语料的匿名性和隐私权相对于有声语言而言更难保证，我们必须对调查对象清楚地说明这一点，并采取有效方式确保其肖像隐私权不受侵犯、语料不被泄露或滥用。

获取儿童的知情权是研究中的特殊情况。对于未成年的儿童，在家中进行语言调查应当取得其监护人的同意。在学校进行语料采集时，需要获得校方同意。

此外，我们还必须尊重当地聋人群体的文化和相应的管理规则，因而在调查前需要做好充足的准备工作（Stokoe & Kuschel，1979）。[12]

但以上伦理原则在执行过程中也会受到挑战，如知情同意的获取，民族地区许多聋人文化水平不高，无法看懂书面文字，一些人的手语理解能力也较为有限，此时只有依赖当地的聋人助手进行转述和解释，担任中间人角色。即便如此，很多聋人还是不理解"研究""语料"等这些概念的意思。此外，手语本身的特点决定了对发音合作人的完全匿名似乎不可能做到，但我们可以通过一些措施来增强安全性，比如设置权限、经过允许之后才可以访问语料库。[13]

---

[12] William Stokoe, Rolf Kuschel, *A Field Guide for Sign Language Research* (Silver Spring: Md. Linstok Press, 1979), p.2.
[13] Nick Palfreyman, "Managing Sign Language Data from Fieldwork," in The Open Handbook of Linguistic Data Management, ed. Andrea L, Berez-Kroeker, Bradley McDonnell, Eve Koller, Lauren B, Collister (Massachusetts: The MIT Press, 2022), p.270.

三、本研究的伦理原则

我们以王远新（2023）提出的本土语言调查伦理框架为基础，结合国外手语语言学研究者对手语田野调查的阐述，对研究过程中的伦理原则及其考量进行说明：

（一）尊重原则

到少数群体的语言社区中进行调查前，最好提前学习即将研究的语言，以显示对该语言、文化和群体的尊重，提高调查对象对研究者的信任程度。在研究开始之前，我们通过参与现场培训、购置《西藏手语词典》等方式提前对当地手语及文化进行熟悉，力争能以最快的速度进入现场，和调查对象一起合作工作。

由于研究团队里有不少健听人成员，因而尤其要注意自我觉察和反思，克服"听觉中心主义"（audism）的干扰。研究者本人作为双语双文化的聋人学者，以身作则，以平等、尊重、包容的态度和西藏自治区聋人兄弟姐妹相处，为全体团队成员起到了带头表率作用。即使在调查结束后，这种良好的关系至今仍在延续。

（二）换位原则

对研究者而言，由于和西藏自治区聋人具有共同的失聪体验，共享聋人社群的语言和文化，其他一同赴西藏调查的团队成员中也有优秀的手语译员，对聋人的心理了解较为深入，因此，我们很大程度上扮演着"局内人"的角色；然而，作为汉族人，对西藏本地的有声语言和文化风俗不尽了解，又使我们成为"局外人"。调查过程中，我们在这两种身份之间，亦即主客位之间来回转换，如王远新所描述的，"既要沉浸其中，又要旁观者清；既要'进得去'，又能'出得来'"。

(三) 诚信原则

研究的顺利进行离不开研究者和研究对象之间的信任。要做到这一点，作为调查者必须悬置自身的固有价值观，作为中立的观察者进入田野现场，基于现象学的态度，对聋人社群中形形色色的语言使用现象进行观察和描述。藏族群众，尤其是藏族聋人群众的淳朴热情也给我们留下了深刻的印象。事实上，我们作为带着友好的态度进入田野现场的研究者，始终得到他们的欢迎和接纳。但愈是如此，愈要增强自我觉察。双方的信任源自开放的态度：对于调查对象提出的要求，我们在力所能及的情况下尽量给予满足；对于同调查对象交流时他们所开的玩笑，我们带着好奇的态度去探索和体会；对于一些不太适应的当地风俗习惯，我们在调查中尽量注意遵守。调查过程中，我们不仅取得了研究上具有价值的资料，而且同不少西藏自治区聋人、特殊教育同行、残疾人工作者成为了朋友。

(四) 知情同意原则

签订科研协议、取得知情同意是研究开始前必不可少的一步。调查前，我们除了出示常规协议书之外，还用手语对聋人看不懂的词句进行解释，并告知调查对象本研究的意义和价值，使其明白"社群为研究提供数据，研究结果为成员带来好处"的互惠原则，尤其是针对"所采集的语料可以用于并且只得用于学术研究"这一点进行解释和澄清，打消调查对象的顾虑。

(五) 隐私原则

由于访谈时聋人需要讲述自己的经历，其中甚至有人讲到被人霸凌、欺侮的经历，为了保障个人隐私，我们严格对环境进行控制，杜绝无关人员出现，在逐字稿转写中也略去具体的人名、地名和单位名，对一些细节作模糊处理。

由于手语的表情体态在手语表达中扮演极为重要的角色，因此我们在研究报告的写作中，必须保持视频截图的原始状态，无法对面部加马赛克处理，否则，意义的表达将会受到实质性影响。但为了尽可能地保证隐私，除多次征询访谈对象本人意见、确保知情同意外，报告中不出现调查对象全名，代之以人员编号。

（六）互助原则

研究者应当以自己的方式来回馈聋人社群。国外研究者建议，可以真诚地给予研究助理和调查对象合理的报酬，或为他们提供一些专业培训，促进其职业发展，或通过志愿服务等方式参与聋人社群的活动（Susan Fischer，2009）。访谈结束后，我们通常会赠予被调查者笔记本、书签、玩具等小礼物；对于付出较多时间参与词汇采集拍摄的发音合作人，我们遵循行业惯例从优付给劳务报酬。西藏自治区手语翻译严重短缺、现有翻译质量不高，据当地聋人反馈"只能翻译30%左右的信息"，有时不得不靠打字速度比较快的健听人帮忙记录，基于这一现实情况，我们的团队成员在实地调查时，尽可能地主动帮助西藏自治区聋人进行手语翻译，获得了当地聋人社群的好评。此外，我们还以义务参与扫盲班教学，指导聋人协会骨干进行文案写作等方式回馈受访者。

此外，手语是聋人的语言，手语研究也需要由聋人主导和参与。本研究调查过程中，聋人的参与得到了保证：首先，研究者自身为聋人，在重大问题决策上能够确保符合聋人群体利益；其次，对多所特殊教育学校和聋人工作场所进行调查时，由西藏自治区聋人协会工作人员陪同协助；再次，整理语料时，邀请熟练使用手语的本地聋人进行翻译和转写，再由内地手语使用者进行复核，确保其准确性。

第四章
西藏特殊教育学校的手语使用

西藏自治区语言类别丰富、语言生态多样,无论在学校内还是学校外,聋人群体的语言生活状况都颇为复杂,汉语、藏语、国家通用手语、内地手语、西藏手语、家庭手势等并存,混杂交错,个体的语言态度复杂多元,语言选择和语言使用受到诸多因素影响。这样的语言生活现状给特殊教育学校师生语言的学习与沟通带来了更大的空间,但同时也意味着更艰巨的挑战。

作为国家通用语言文字的汉语普通话和规范汉字向来在西藏自治区的特殊教育学校中是必修课程,而根据我国"主体多样性"的语言政策,藏文课(也称藏语文课)同样也被列为必修课之一,一般由藏族教师执教,其课时和语文课等同。手语虽无专门课程进行教学,但学生通过社会交往,自然地向高年级学长和教师(尤其是聋人教师)习得手语,且对手语的教学和运用也全面融合在其他所有课程之中。

国家通用手语是我国法定的聋教育教学语言。同内地特殊教育学校一样,西藏各特殊教育学校也采取了切实措施来促进通用手语的学习和推广,然而在实际使用中,师生的手语呈现出相当复杂的面貌。本章中,我们将基于实地观察和访谈所获资料,对西藏特殊教育学校的课堂教学语言和师生手语使用状况进行分析。

第一节 课堂教学语言与师生互动

一、基于课堂观察的描述

(一)语码使用情况复杂

5所特殊教育学校中的语言环境多元化和复杂化，汉口语、藏口语、汉书面语、藏书面语、内地手语（包括国家通用手语和内地手语方言）和西藏手语等多种语码同时在校园中被使用。

我们的课堂观察主要涉及两类课程：语言类课程和非语言类课程。其中，前者主要包括语文（又称语文课）、藏语文（又称藏文课）、语训课（有时也归入语文课）是我们观察的主要场所；后者包括数学课和美术课。共计观察课堂17节，其中语言类课程14节，其他课程3节，由聋人教师执教的5节（2节数学，1节美术和2节语文）。全部课程的课堂观察记录见附录。教学过程中，教师使用的主要语码如表4-1所示。

表4-1 教师的教学语言

	语文课	藏语文课	聋人教师
汉语口语	√		有口语能力者
藏语口语		√	有口语能力者
汉语书面语	√		
藏语书面语		√	
国家通用手语/内地手语方言	√	√	√
西藏手语		√	√
手势汉语	√		
手势藏语		√	√

由上表可见，国家通用手语是所有课程和所有教师在教学过

程共同使用的手语,占据主导地位;由于《国家通用手语词典》中的词汇数量有限,教师教学也会用到其他常用的内地手语。除此外,语文课上,藏汉族的健听人教师都会用到汉语口语、汉语书面语和手势汉语,而藏语文课上,藏族教师使用的语码较为多样,包括藏语口语、藏语书面语、西藏手语和手势藏语等。聋人教师使用的语码则依个人语言能力而定,有口语能力者可以直接以汉语或藏语进行口语授课,无口语能力者则会灵活使用各种手语。

在藏语文课上,藏族教师口手并用,边说藏语边打通用手语中的手势,且手势以藏文的规则连接成句。这种看似不匹配的混用现象体现了西藏自治区手语使用的独特性。教师们普遍从态度上对学习西藏手语表示支持,但一致认为只能用西藏手语来表达通用手语未能覆盖到的概念,是对通用手语的补充,在教学中无法取代通用手语本身。

(二)师生间存在沟通障碍

基于观察者自身的观察,师生间存在相当程度的沟通障碍,表现在课堂上和课外的交流困难。

在语文课堂上,教师如果只用手势汉语表达,不用自然手语解释,学生脸上会浮现出疑问的表情。此外,多数教师习惯口语为主,手语为辅,使用的手势汉语很多时候并不完整,而是单个手势的拼凑,省去了一些关键词,给学生理解教学内容带来了困难。这种困难在教师试图讲授抽象概念时更加突出。

师生课上交流时主要使用通用手语,但课下学生更习惯使用自创的手势,甚至有时为了不让教师看懂而故意使用生僻的手势,给教师的理解带来困难。因此,与学生交流较多的老教师的手语水平更高，和学生沟通的障碍更少，而新入职的老师更多跟着学生和老教师在非课堂情境中学手语，学习过程缺乏系统及专业支持，手语进步速度因人而异。

由于沟通障碍的影响和教学的困难，教师对聋生的期待和要求整体较低，即使是对有残余听力的学生教育期待相对较高，但同普通学校相比仍有很大差距。

二、作为教学语言的手语

（一）国家通用手语是教师使用的主要手语

1. 健听人教师的手语使用

5所特殊教育学校的健听人教师在教学过程中普遍使用手语与口语相结合的形式，也即西方研究者所说的口手同步法（Sim-Com）：一边说口语，一边比划出相应的手势。教师使用的手势以通用手语为主，之前是参考《中国手语》中的手势，目前是参考《国家通用手语词典》中的手势。如果有无法涵盖之处，也会使用部分内地手势、西藏本地手势乃至跟学生学习学生自创的手势。边说边打的形式制约了其手语的流畅性和自然度，总体上，他们以使用手势汉语和手势藏语为主，与聋人自然状态下的交际手语有很大区别。

我们发现教师在进行语文课的阅读教学和语法讲解时，普遍的做法是将《中国手语》等工具书中的手势根据汉语语序连起来呈现给学生，连虚词和标点符号都不会忽略。例如：

汉语原句：小鱼儿有没有借尾巴给小壁虎呢？

手语：小/鱼/有/没有/借/尾巴/给/小/壁虎/呢/？（语文课《小壁虎借尾巴》）

汉语原句：老鹰在那天上不停地盘旋。

手　语：老鹰/在/那/天/不/停/飞。(语文课《草原上的鹰》)

汉语原句：爬山虎的叶子长在什么地方？

手　语：爬/山/虎/叶子/长/在/什么/地方/？(语文课《爬山虎的脚》)

汉语原句：那人在前面跑，这人在后面追。

手　语：那/人/在/前/跑，这/人/在/后/追。(语文课《试卷讲解》)

以上例子选自语文课。可以看出，教师按照汉语书面语的语序逐个打出重点词语，从而生成典型的手势汉语。

而藏语文课教师在进行词汇教学、朗读和讲解课文时，则倾向于按照藏文的语序，连接《中国手语》中的手势。例如：

藏文原句：第二自然段。

手语：段落/二。(藏语文课《骄傲的孔雀》)

藏文原句：月亮落在井里。

手语：月亮/井/里/落。(藏语文课《猴子捞月》)

藏文原句：国王常常欺负农民。

手语：国王/常常/农民/欺负。(藏语文课《卖猪肉》)

藏文原句：孔雀有自己的特点。

手语：孔雀/自己/特点/有。(藏语文课《骄傲的孔雀》)

藏文原句：蝙蝠没有做窝。

手语：蝙蝠/窝/做/没有。(藏语文课《动物过冬》)

以上例子选自藏语文课。可以看出，尽管教师同样使用了《中国手语》中的手势，但词序却是跟随藏语而非汉语，也即手势藏语。

汉语与藏语语法规则不同。由于习惯手口对应，因此藏语文教师无法在使用藏口语的同时使用手势汉语，仅能使用与藏语语序相同的手势藏语。藏语属于汉藏语系藏缅语族藏语支，基本语序是主语-宾语-谓语。曾有学者总结出藏语语序的四个特点：1）动居句尾；2）物主词居前；3）位置词居后；4）形居名后。[①] 藏语中，名词方面，名词一般居前，与形容词或数词的组合一般为名词-形容词/数词的语序，如：花/红，苹果/三。动词方面，动词与宾语一律用宾-动的语序，如：我/饭/吃；与数量词的组合倾向使用量-数-动词的语序，如：次/两/洗；与助动词的标准语序为动词-助动词的语序，如：做/会。副词修饰形容词的语序比较灵活，有形容词-副词和副词-形容词的形式。[②] 而聋人手语具有话题优先的特点，很多时候也使用主宾谓结构，或将形容词放在其修饰的名词之后，因此可见，藏语文课教师使用的手势藏语与聋人手语在语序方面有相当程度的相似性。如汉语"我吃苹果"，教师的藏语语序为"我/苹果/吃"；手势藏语语序为"我/苹果/吃/喜欢"。藏语、手势藏语与聋人手语在句法上的相似性为聋生的藏语学习增加了便利，也有助于聋生对教师讲授的内容的理解。

有研究者认为，口语与手语有着不同的语法规则，因此双模态双语者无法同时使用口语与手语。[③] 换言之，如果口手同步，

[①] 周炜：《当代藏语语法研究的历史与现状》，《西北民族研究》2000年第2期（总第27期），第66—76页。
[②] 黄行：《我国汉藏民族语言的语法类型》，《华东师范大学学报（哲学社会科学版）》2007年9月第39卷第5期，第1—12页。
[③] Robert Edward James Adam, "Unimodal bilingualism in the deaf community: Language contact between two sign languages in Australia and the United Kingdom" (PhDdiss., London College University, 2017).

必然会相互干扰,从而使产出的手语面貌发生变化而向有声语言靠拢。部分教师在教学实践中也认识到了这一点。在词汇层面,为了让学生能够看懂,教师会尊重聋人实际使用的手势打法,在对词语、句子进行解释或者讲故事时,使用聋人自然手语或者加入自然手语的元素;在句法层面,教师也会选择不发声,以保证手语的产出更加自然,因为如果使用聋生看不懂的语言进行教学,那么课堂教学可能是无效的。

一位藏文课教师在教学过程中基本使用纯手语教学,她提到"该出现表情的时候没有表情,他们(聋人学生)不知道是什么。我只打手语,他们(聋人学生)不知道是高兴还是难过,什么都不知道。我加点表情,更深刻一点。现在是手语加口型,他们(聋人学生)可以看口型,我不出声,理解更快一点,我声音大一点,他们(聋人学生)听不到,没意义啊"(HT10)。

在课堂观察中,我们也发现了一些比较自然的手语语例:

大象/耳朵/样子/什么?

译文:大象的耳朵是什么样子的?(语文课《游览动物园》)

大象/(模仿头两侧耳朵扇动的样子)。

译文:大象的耳朵像扇子一样扇。(语文课《游览动物园》)

冰雹落下(拇指食指呈圆形,反复在头斜上方向脸部划动)。

译文:冰雹劈里啪啦砸在头上或脸上。(语文课《草原上的鹰》)

从以上例子中可以看出教师在教学过程中使用了符合聋人使用习惯的自然手语,体现在疑问表情的使用、语序的调整、类标记的运用等方面。

虽然教师意识到自然手语的重要性,但是在教学过程中,能主动使用自然手语进行教学的教师仅为少数，大部分教师习惯使用手势汉语。后续对教师的访谈说明，教师在课堂教学时是否使用自然手语，与教师的教龄、学习手语的途径、对手语的认知及教师的自然手语能力有关。课堂中使用自然手语较多的教师教龄基本都达 5 年以上，教龄较短的教师在课堂中会选择使用手势汉语；学习手语的途径也会影响教学语言的选择，教师在学习手语时若没有接触自然手语，或者未经过自然手语的培训，通常会以手势汉语作为教学语言。

2. 聋人教师的手语使用

我们接触到的聋人教师大多不具备口语能力，以手语作为主要教学语言。他们和健听人教师一样会混合使用若干种手语语码，但总体来说更为自然。

聋人教师在课堂教学过程中使用的语言有以下特点：词汇上，混用国家通用手语、内地手势和西藏当地手势；句法上，根据教学需要在手势汉语和自然手语之间来回切换。例如，承担语文课教学任务的聋人教师在教学生拼音与汉字时，首先用手指字母拼打音节，然后打出《中国手语》或《国家通用手语词典》的手势，如果词典中没有，则以内地手语替代，如果是西藏独有的文化词，则以本地手语替代。对词义进行具体解释时，则会使用聋人之间交谈惯用的自然手语。他们在带读课文、强化句式时也会使用手势汉语。这些做法和承担语文教学的健听人教师类似。而且，由于调查到的聋人教师基本都有过在内地读高中或者大学的经历，汉语书面语水平和内地手语水平普遍较好，因而转换到手势汉语的能力也较强。唯一的例外是仅有的一节美术课，由于教授的是绘画技能而非书面知识，聋人教师在全部教学过程中基本都使用自然手语，在课后的访谈中也旗帜鲜明地表示反对使用手势汉语,认为使用自然手语更能保证教学效果。

以下是一些观察到的例子:

聋人教师初次提到"有余数的除法"这个概念时,先使用手势汉语逐词打出"有 / 余 / 数 / 的 / 除 / 法",而后使用自然手语进行解释。(数学课《有余数的除法》)

聋人教师带学生阅读句子时使用手势汉语,如"早晨,李思见到老师"表达为"早晨 / 李 / 思 / 见 / 到 / 老师"。随后,指向黑板上"李思"的名字,转换为自然手语进行解释:"名字 / 谁?"

跨语言迁移研究表明,母语的发展蕴含着认知技能的发展,可以促进第二语言的发展。[④] 聋人教师作为手语的使用者和传承者,对于手语的理解和掌握是健听人教师所无法比拟的[⑤],他们使用手语进行教学比健听人教师更为得心应手。事实上,如果聋生不能娴熟地掌握第一语言,也将难以有效地习得第二语言。

(二)西藏本地手语在教学过程中起补充作用

1. 藏手指字母的使用

藏手指字母是西藏聋人协会根据藏文字母本身的特点进行创编的,共 30 个手势,均为单手手势。这套手指字母系统和汉语拼音手指字母同时应用于西藏自治区特殊教育学校的教学之中。

藏手指字母的使用者主要为藏族教师,使用场所是藏语文课堂。在教学中,我们观察到了许多藏手指字母的使用,主要用

[④] 林泳海、李荣宝:《有关民族儿童语言能力研究的几个问题》,《广西师范大学学报(哲学社会科学版)》2008 年 2 月第 44 卷第 1 期,第 72—76 页。
[⑤] 黄丽娇、徐子淇:《基于聋童语言习得规律的聋校教学思考》,《现代特殊教育》,2017 年第 3 期,第 21—24 页。

于教授藏字母、呈现藏语读音。在对课文进行讲解时，教师使用通用手语，而其中也包括少数含有汉语拼音手指字母的手势，如"记"的手势是将"J"的手指字母放在额头处。因此，即使在藏文课上，也存在两套手指字母系统并用的现象。在藏文课之外，藏手指字母很少被专门使用。

2. 西藏本地手势的使用

教学中不可避免地会遇到一些和当地风土人情、文化传统有关的概念，而这些民族文化词在通用手语中基本没有收录。据统计，《国家通用手语词典》中和西藏民族文化相关的词目仅有"西藏""拉萨""哈达""青稞""喇嘛""珠穆朗玛峰"等寥寥数个。因此，教师必然需要学习西藏手语方言手势以满足教学需要。

通过课堂观察得知，教师在藏语文课上讲授藏族文化相关知识时，会使用西藏手语方言手势，如谈到食物时，会使用酥油茶、糌粑、切玛盒等手势。教师在课后访谈中表示，这些手势是多年前西藏聋人协会到学校来教的，而这些打法也得到了学生们的认可。但总体上，被采纳的手势数目不多。对于基本词而言，教师仍会优先选择通用手语中已有的打法。

聋生在课堂上也会即兴创造一些手势。比如，我们在藏语语训课上观察到当教师出示天安门的图片时，一位学前班的男孩子兴奋地举起手，打出"下巴上有痣"的手势，又打出飞机的手势。他以这样的方式表达"北京"，而教师也能看明白，并很有成就感地向我们解释学生为什么要这样表达：因为他小时候去过北京，见过天安门前的毛主席像。当然，这些自创的手势如果不经过群体的约定俗成，是无法固定下来成为手语词的。

综上所述，5所特殊教育学校的教师在教学过程中以使用通用手语为主,其他手语方言为辅。在具体的教学语言使用策略上,呈现出和内地教师相似的特点,即根据实际需要灵活地在手势汉语、手势藏语和自然手语之间转换。西藏手语的使用较零散,主要限于藏手指字母和表达藏族文化的词语。

三、存在的问题及原因分析

(一)教师在使用手语过程中存在的问题

1. 对手语的认知存在偏差

教师基本上仅通过自学和入职培训的方式学习手语,缺少正式的手语学习渠道,入职后又将注意力放在教学内容和教学方法上,很少关注作为教学语言的手语本身,对手语语言学更是缺乏了解。在后续的访谈中,我们发现许多教师不能分清《中国手语》、自然手语、手势汉语、内地手语、西藏手语和家庭手势这些基本概念,如将家庭手势视为"自然手语",将手势汉语称为"汉语手语",将《中国手语》和"中国手语"相混淆。

2. 手势汉语很难被学生理解

西藏自治区的聋生在进入特殊教育学校之前,与家人交流使用的语言一般为简单的或支离破碎的藏语单词。对于从未接触过汉语且错失语言关键期的藏族聋生来讲,学习汉语的表达形式——手势汉语并非易事。因此,教师使用手势汉语教学,聋生的理解情况普遍不理想。曾有研究者对内地聋校中年级语文课的教学语言效率进行调查,发现聋生能看懂的平均约为39.87%。[6]汉族聋生尚且如此,对于西藏自治区缺乏汉语环境的聋生,理解

---

[6] 何文明:《聋校教学语言效率研究》,《中国特殊教育》2003年第1期(总第37期),第36—40页。

手势汉语的困难更是可想而知。

3. 教师本身手语使用不规范

通过观察发现，西藏自治区教师在使用通用手语的时候普遍存在手势不规范的现象，如表4-2所示。

表4-2 教师手语使用错误举例

词语	教师的手势打法	标准打法	错误之处
壁虎	墙/爬：手掌朝下。	墙/爬：手掌向外，表示在墙上爬。	方向错误。掌心向外变成了向下，意思变为地上行走的动物。
墙壁	一手横立，掌心向内，紧贴身体由上而下移动。	一手横立，掌心向内，由上而下移动。	位置错误。手掌距身体位置较远变成紧贴身体前侧，意思变为身体。
茎	左臂抬起，右手拇、食指相捏，指尖抵住左臂肘部向下移动。	左臂抬起，右手拇、食指相捏，指尖抵住左臂肘部向上移动。	运动错误。从下向上变成了从上向下。
嫩	一手拇、食指捏住另一手食指，轻轻摇动几次。	一手拇、食指捏住另一手小指，轻轻摇动几次。	手形错误。捏小指变成捏食指，易误解为"软"。
脚	左手平伸，掌心向上，五指并拢；右手掌在左手手掌上从前向后摸一下。	左手平伸，手背向上，五指并拢；右手掌在左手手背上从前向后摸一下。	方向错误。手背向上变为了手背向下。
常常	一手食、中指直立并拢，掌心向外，在太阳穴处外挥动两次。	一手食、中指直立并拢，掌心向外，在太阳穴处碰几下。	运动错误。向太阳穴处碰变成从太阳穴处向外挥动。

从上表可以看出，教师在使用过程中，手语的四要素——手形、位置、方向和运动都可能出现错误，从而影响聋生的理解；另外，教师作为手语的教授与传播者，如果在使用上出现错误，

聋生可能会跟随其学习到错误的手势,从而出现以讹传讹的连锁反应,使不规范的手语打法越传播越广。

此外,课堂教学内容涉及面广,尤其是讲到一些比较专业化的概念时,教师的手势储备往往不够用,从而出现过度使用指拼与生硬仿译的情况。前者如:不会"柱子"的手势,将"四根柱子"打成"四/G/ZH/Z";不会"词语"的手势,将"组词"打成"Z/C"。后者如:"特别"打成"特殊/B","不停"打成"不/停","认输"打成"认识/失败"。事实上,这些概念都有自己专属的手势,按词素生硬仿译极大概率会引发学生的理解偏差。

(二)原因分析

教师在使用手语过程中出现以上问题的原因可以归结为以下四点:

1. 学习手语的途径单一

教师入职前后接受的培训主要是关于聋生教育教学、聋生心理方面的知识,很少接受聋生语言方面的培训。长期以来,特殊教育学校对教师进行的手语培训考核以《中国手语》和《国家通用手语词典》为标准,而这两套书只是词汇集,并没有涉及句法。导致教师在学习手语的过程中遇到困难,而且,手语是动态的语言,很难通过静态的文字描述和图片示范来准确学习,如果仅仅通过书本自学手语,难免出现各种偏差。

2. 自身的手语观存在偏差

我国手语语言学研究起步晚,发展慢,其语言学地位尚未完全确立。教师基本不是语言学专业出身,更缺乏手语语言学背景,对手语存在错误的认知,而又缺乏足够的职后培训机会进行矫正。因此,教师们以使用手势汉语为主,或过度使用指拼、仿译等现象,亟待得到理论上的指导。

3. 教龄偏短,经验不足

新入职或者教龄较短的教师不了解聋生的语言理解表达特点,因此手势的表达常会出现不符合聋人习惯的现象,导致教学中碰到困难。而教龄较长的教师与聋生长期接触的过程中,手语能力逐渐提高,学习到聋生的自然手语表达习惯,了解聋生的身心特点并能够在手势汉语和自然手语之间灵活转换,提高教学有效性。

4. 旧有政策的影响仍在

自 20 世纪 50 年代以来,我国聋校受苏联影响,曾长期实行口语为主,手语为辅的语言教学政策。虽然 21 世纪初期双语双文化教学实验曾在我国一些聋校实施,但并未得到有关部门的正式认可和推广。这些都使得教师对自然手语存在误解,认为自然手语不是语言,无语法规则可循,从而以手势汉语为标准进行教学。虽然《聋校义务教育课程标准(2016 年版)》对手语在语文课和沟通与交往课中的地位进行了确认,将其列为聋生学习的目标语之一,《国家通用手语词典》中也指出手语具有独特的语法特点,但改变长期的传统认识并非一日之功。

第二节 教师的手语能力与手语使用

一、文本分析方法说明

首先,我们采用有目的抽样来选择研究对象。有目的抽样是一种用于定性研究的非概率抽样技术,用于识别和选择各种符合研究目的和可获取丰富信息的研究对象。在本研究中,我们对西藏特殊教育学校教师进行了有目的的抽样，经过综合权衡考虑，选择了不同民族、不同年龄和不同背景的教师，其教学科目也尽量做到在有限范围内尽可能广泛地分布（语训课、语文课、藏语文课、英语课），以获得多元化的观点。根据科研伦理的要求，我们在和访谈对象联系时，预先向他们解释了研究的目的和内容，告知他们参与是自愿、保密和无伤害的，如果感到不适，他们有权随时退出研究。访谈开始前，我们同每位访谈对象签订科研协议书，取得知情同意，并在当事人许可的前提下使用录音、录像设备来进行记录。

其次，我们使用半结构化访谈法进行资料的收集。这种访谈法具有相当的灵活性，它既不同于完全没有访谈提纲的自由谈话，也不同于严格按照提纲发问的结构式访谈，而是在两个极端之间持有一定的灵活度，以更好地促使访谈对象充分自我阐述，让访谈者理解受访者的观点。半结构化访谈的访谈提纲是较为简略的，研究者在访谈过程中可以进行自由发挥、临时拓展和顺序变更。对教师的访谈提纲见附录。

最后，对于非结构化访谈所获得的文本资料，我们基于质性研究的三级编码方法进行整理和分析，这是一种自下而上的主题式编码，也是质性研究中的常用手段。三级编码分别为开放式编码、关联式编码和选择式编码。在第一级开放式编码中，我们通过逐句分析的微观分析来确定概念，这在研究开始时对于生成初始主题是非常必要的。随后，在关联式编码中，通过不断地比较，我们将主题和子主题联系起来，这些主题和子主题随着新数据的收集而不断发展。在第三级选择式编码中，我们对主题进行整合和细化。

为了确保研究的有效性和可靠性，我们使用了 Strauss 和

Corbin（1998）[7]建议的一些技术。首先，在分析每一份访谈稿的同时，在同一访谈稿内部和不同访谈稿间进行了持续的比较分析。其次，采用受访者验证，即邀请参与者验证研究者对访谈的分析。对访谈进行分析之后，研究者将每次访谈中出现的主题和子主题汇总，并将其发送给受访者，以验证研究者是否准确地解释了他们的回答，并允许其对研究者的解释发表评论。再次，访谈文本由两位研究者分别进行独立分析，其分析结果的比较表明出现的主题非常相似，具有编码者间一致性（intercoder consistency）。

二、访谈结果编码

访谈对象共计14名教师，分别来自5所不同的特殊教育学校，其中拉萨特殊教育学校最多，为6名，日喀则特殊教育学校、山南特殊教育学校、昌都特殊教育学校和那曲特殊教育学校各2名。由于当时林芝特殊教育学校尚未成立，因此，这也是调查进行时西藏自治区仅有的全部5所特殊教育学校。

从第三章中列出的访谈对象基本资料信息表中可以看出，14名访谈对象均为女教师，其中3名为汉族，11名为藏族；1名为聋人，13名为健听人；5名为特殊教育专业毕业，9名不具备特殊教育专业背景；5名教师之前有普通学校任教的经验，1名有教育系统行政工作经验；7名语文教师，7名藏语文教师；在特殊教育教师岗位上工作超过5年的教师占总体的半数。

我们的访谈提纲包括以下主题：师生语言学习的途径、师生

---

[7] Strauss, A., Corbin, J. *Basics of qualitative research: Techniques and procedures for developing grounded theory (2nd ed.)* (London: Sage Publications, 1998).

不同场景下的语言使用、教师在教学中遇到的挑战和策略、教师对不同语言的态度等。对每位教师的访谈持续 30 分钟至 60 分钟不等，形成的逐字稿总计达 6 万余字。

我们对逐字稿的三级编码结果如表 4-3。

表4-3 聋校教师访谈结果编码表

第三轮选择式编码	第二轮关联式编码	第一轮开放式编码
语言学习	教师语言能力和学习 学生语言能力和学习	教师的汉语和藏语能力； 教师的手语能力； 教师手语学习的途径、方法和挑战； 学生的手语能力； 学生手语学习的途径、方法和挑战； 学生的口语能力； 学生口语学习的途径、方法和挑战； 学生的书面语能力；
语言使用	教师语言使用及影响因素 学生语言使用及影响因素	学生书面语学习的途径、方法和挑战； 课堂上的教学语言； 课堂外的师生互动； 教师语言使用的影响因素； 学生语言使用的影响因素；
语言态度	教师语言态度 学生语言态度	师生对通用手语的态度； 师生对西藏手语的态度； 师生对听力语训的态度； 师生对读写训练的态度； 师生的语言选择偏好。

在本节中我们仅讨论教师的手语习得和手语使用，包括在课堂内外的手语使用和师生之间的互动。因此，基于编码对学生的分析部分将在下一节呈现。

三、访谈结果分析

(一)教师语言能力总体描述

1. 有声语言层面

在有声语言层面,汉语和藏语同样属于西藏自治区特殊教育学校的必修课,也是教师使用的主要教学语言之一。

汉语是国家通用语言,良好的汉语水平是全国各地特殊教育教师入职的必备条件。在我们的访谈中,藏族教师和汉族教师(除聋人教师外)都报告自身的汉语口语和书面语能力良好,能够胜任教学,这也和我们的实地观察结论相符。

藏语是西藏当地民族沟通和交往使用的语言,是藏族教师普遍熟练掌握的母语。相比而言,汉族教师的藏语水平普遍较低,不如学生熟练,因此藏文课基本由藏族老师承担教学。大部分汉族教师在长时间的当地语言环境熏陶下,可以听懂一些简单的藏语,但不会说,少数汉族教师可以说几句简单的藏语,进行简单的日常对话。极少数学校有针对汉族教师的藏语培训。

汉语和藏语水平的不对等也反映在教学内容上。老师们普遍反映,由于藏语是当地民族日常使用、学生经常接触的语言,学生的学习热情更高,藏语能力也更好,相对而言对语文的学习积极性就低些,能力也更弱。因此,大部分特殊教育学校语训课的内容以汉语为主,教师认为这样的语训课可以帮助学生更好地学习书面语。而对藏语的口语训练则自然渗透在藏文课中,不作硬性要求。

2. 手语层面

在手语层面,国家通用手语是教育部门规定使用的课堂教学语言之一,学校的大力推广和引导提升了师生的通用手语能力,从整体上评估，师生都较好地掌握了《国家通用手语词典》中的大部分词语。但由于词典中的 8 000 多个词目无法满足实际需求，因而师生也不同程度地学习和掌握了一些本地手势，以及内地聋人惯用的手势。此外，师生对通用手语的掌握更多在词汇层面，关于语法的使用则缺乏明确的规范，尽管《国家通用手语词典》后附有一篇简短的文章对手语的语法规则进行描述，但仍不够详细和全面，无法满足实际需求。

西藏手语是当地聋人社群创造和使用的语言，贴近藏民生活，具有民族文化特色。虽然西藏聋人协会曾到特殊教育学校中对其采集和整理的西藏手语成果进行宣传，但并不是长期行为，影响有限。因此，只有少数同社会聋人接触频繁的教师具备较好的西藏手语能力。总体上看，藏族教师对西藏手语的了解和习得更多，尤其是藏文课教师，会使用一些西藏手语的手势来解释与民族特色文化相关的内容。而汉族教师大多对其只有简单的了解。

概言之，无论是教师还是学生，其语言能力同自己的语言习得状况相一致，呈现出母语强而二语弱的特点。手语方面，通用手语占据主导，西藏本地手语处于从属地位，师生对其掌握状况因人而异，但整体上看比重不大。

(二) 教师的手语学习状况

1. 学习动机与学习方法

特殊教育教师的手语学习具有鲜明的实践导向性。就学习动机而言，是为了教学工作需要而学，在教学实践中学，其目的是达到和学生的顺畅沟通。

从访谈中获知，西藏自治区特殊教育老师学习手语的途径主要为入职前大学手语课程的正式学习，入职后的学校培训和考核，在工作中向资深教师请教，在与学生的互动中学习等。

　　一些具备特殊教育专业背景的教师曾在大学里学习过专门的手语课程，因为手语是特殊教育专业师范生的必修课。一名受访者这样讲述自己的经历："我读的是中专，毕业之前曾去北京进修。1998年，我在北京第一师范学校学了聋、盲、培智3个专业，北京第一师范的×老师给我们上手语课；后来在北京一聋实习，是一位姓×的老师教，那时候学习得比较多。"（HT05）也有教师发现学校教学的内容不实用，无法直接应用在实际教学中，需要在工作中回炉重造，"学得不实用，……和这里不一样，到这里之后需要重新学"（HT03）。可见，即使是特殊教育专业出身的教师，在校期间的手语学习也因为课时的限制而不够系统和深入，同时由于缺乏和聋人实际接触的机会，更像是"纸上谈兵"，走入学校任教之后依然面临较大的语言沟通障碍。

　　由于西藏自治区特殊教育学校的教师中非特殊教育专业出身者占多数，所以大部分教师同手语的接触都是在工作之后才开始，具体方式既包括学校组织的定期正式培训，也包括教师个人的非正式自学。一名受访者这样描述学校培训的情况："刚开始学校会进行手语培训，当时有14个老师是从普通学校调过来的。每周二、四老教师教新老师《中国手语》，每学期都进行手语考试，老师们考试的时候集中练习。"（HT07）"进学校开始学习手语，从字母开始学习，教学的时候边学习边上课。自己是通过看《中国手语》书，以及与聋人老师交谈的方式来学习。"（HT06）"看《中国手语》书、手语歌、视频，……一节一节的，多少页到多少页，在每学期的期末会有考试，教务处施行考试。"（HT10）个别学校没有组织统一的手语培训，老师只能依靠自学。"我们是跟班听课，没有专门教手语，我们自己学。"（HT10）"没有专门学习、培训手语,刚来学校的时候,主要向老教师、手语专业老师学习,与学生一边互动一边学习。"(HT02)有些学校虽有组织统一学习,但次数不多,总体上老师们还是以自学为主。

2. 学习挑战与学习成效

教师在手语学习中遇到的挑战包括缺乏科学的学习方法,不知如何处理多种手语的关系,不熟悉聋人自然手语,专业手语词汇储备不足,现成可用的手语学习资源不足,等等。首先是缺乏科学的学习方法,容易遗忘。一名受访者认为手语具有易学易忘的特点,"学的时候简单,但是容易忘"(HT08)。其次是难以厘清手势汉语、自然手语、通用手语和西藏手语方言等诸多概念和彼此间的关系,难以确定在某个具体情境下究竟使用何种手语,由此产生疑惑。"一般跟学生交流是自然手语,实在表达不出来的时候使用《中国手语》,他们看懂后教我自然手语,慢慢学。"(HT03)再次是专业手语词汇不足。"我们学校每学期有手语考核,总共4次,我考了3次,每次都可以通过,但是平时不用。生活中常用的方面会,专业方面的词语不会。"(HT01)最后是由于缺乏现成、可用的专业手语学习资源,自学的难度大,效果欠佳。访谈的过程中,多名教师向我们询问是否有推荐的手语教材,因为《国家通用手语词典》《中国手语》等工具书只是词汇集,不具备教材的功能,而市场上专业优质的手语教材又难觅。

总体上,教师们普遍认为手语的学习相当有难度。但有趣的是,大部分教师将自身的手语能力评为"中等"或"不错"。我们在课堂观察中,也确实观测到几乎所有教师都能流利、娴熟地使用手语,在课堂之外的师生交流则不尽理想,只有极少数教师报告可以百分百理解学生的课间谈话。

（三）教师的语言使用状况

1. 课堂上的教学语言选择

课堂观察显示，健听人教师在课堂上授课时基本采取"口手同步"模式，即一边说话，一边同步打出手语。这同教师自身的报告结果相符。具言之，在语文课上，教师使用通用手语结合地方手语、身体比划及表演等，同时配合汉语口语、板书及多媒体文字呈现；而在藏文课上，教师则使用"手势藏语"，根据藏语的顺序逐词打出手势，同步配合藏语口语。

尽管聋教育班额一般较小，但由于学生情况各异，因此教师会尽可能根据学生的听力损失情况选择不同的语言："有3个学生完全没听力，其他都有一点残余听力，之前有一个学生戴电子耳蜗，但转走了（去普通学校），剩下的都没有佩戴助听器。平时上课很少用西藏手语，都是用自然手语和《中国手语》。"（HT02）还有的教师会根据不同的教学需要使用不同的语言，如在读课文时选择手势汉语，解释含义选择自然手语，还会看情况创造新手势。一位受访者详细描述了自己课堂上的语言使用状况："我认为手语书里不行的手语，会在上课时创一个，学生如果觉得形象，上课就用创的手语。有些觉得实用的手语，我们之间会继续用，如果不适用的话，中途基本上就停了。而且基本上那些手语是专业词汇的，指语必须打《中国手语》，生活中用不到的。学生生活中喜欢用简单的方式交流，除非重新复习的时候会记得之前学过的，然后又重新用。"（HT03）

教师的课堂教学语言选择受到多个因素的影响，包括教学科目、教学内容、任课的年级、学生的学情、学校的规定和要求，等等。例如，语训老师更倾向在课堂上使用汉语口语，藏文老师则倾向于使用更多的西藏手语。尽管通用手语占据主导地位，但也考虑到学生的具体情况和理解程度，在不同场景使用不同的语言/方言或不同的语言/方言组合。有的教师倾向于更多地使用口语："我上课时基本是口语多，学生会看口型，有些学生喜欢看口型，跟着老师一起，用手语的话他会能理解。"（DT01）有的教师则倾向使用手语："教低年级，使用自然手语较多。教四年级，基本都是《中国手语》，我比较偏爱使用《中国手语》。"（HT12）还有的教师倾向综合使用不同的语言/方言。"它们都是掺杂在里面的，全都在一起。我就喜欢这样的交流。"（HT03）

为了达到较好的教学效果，教师们承认"自然手语"的优势并支持自然手语的使用。"课文里读一遍，需要用手势汉语的时候，把《中国手语》打出来，更多解释用自然手语和肢体语言告诉他们怎么去理解。"（HT03）一位聋人教师的表达则更加直白："我上课不用逐字的手语，是使用自然手语来授课的。在他们弄明白自然手语的意思后，再一字一字地给他们解释。我觉得重点要放在自然手语上，因为上课用手势汉语，学生会容易失去兴趣。"（DA16）

有受访者认为，不同的教学内容用不同的语言诠释，可以增进学生的理解："语文课更容易理解《中国手语》；藏文课的时候，藏族手语会更快。"（HT06）"讲语法时态、对一段内容进行解释时使用自然手语，学生更能接受。讲句子的组成、结构：主、谓、宾、定语、状语等要让其弄清楚语序的时候，更多使用《中国手语》。"（HT04）语言选择还和学生的年龄相关："教低年级，使用自然汉语较多。教四年级，基本都是《中国手语》，我比较偏爱使用《中国手语》。"（HT12）

此外，还要看手语词汇量是否足够。很多教师都提及手语词汇不足带来的影响："因为藏族手语的词汇量不够，所以大多数情况下使用《中国手语》，然后在《中国手语》基础上补充解释藏族手语。我教的是藏文，联系到民族特色的东西或者服装会用藏族手语。除了这些，《中国手语》里涵盖的部分都用《中国手语》，按照藏语语法打。汉语语法和藏语语法不一样，主谓宾是颠倒过来的，用汉语语法教，学生写的句子都是颠倒的，所以按照藏语语法打。"（HT05）"《中国手语》中找不到，就找自然手语，如果自然手语也找不到，就用手指语。动作那些可以打自然手语，学生看得懂，如果一些词《中国手语》、自然手语都没有，就用手指语。如果《中国手语》里没有，会通过讨论的方式。跟学生或教研组讨论，编一个统一的手语教给学生，要不然我们是这个打法，别的班是另外一个打法，学生会混乱，看不懂。我们会在组内讨论，最好是跟学生交流，问他们在家里跟爸爸妈妈是怎么打的，学生打得会好一点。所以咨询学生意见会好一点。"（HT11）"有些内容，如果《中国手语》中没有，大部分都使用手指语；有些打手指语觉得不好，就直接上网搜图片展示给学生。"（HT07）

学生有时候也成为协助教师进行教学的小助手，尤其是在新教师刚上讲台的阶段。"刚来的时候困惑比较大，因为跟学生交流有困难，有时会产生误会，自己不能解决，只能请别的老师帮忙，现在已经教了快10年，跟学生之间交流比较顺畅，没有什么误会，与学生相处融洽。"（HT02）

2. 课堂外的师生互动

课堂之外的师生互动较课堂上而言更为自由，且以直接达成有效沟通为目标。

大部分受访者报告说自己会根据实际情况综合运用多种语言和方言，还会自创手势。前文中已经列举过HT03所报告的自创手势的情况，她还指出："汉语、藏语一起，不能算是很好的表达,但习惯的打法自然就打出来了,看学生如何理解,如果不能理解就再换方式。"(HT03)因此,在选择和学生沟通的语言时,要跟着学生使用的语言走。"跟着他们走要舒服点,然后大家能玩得更开心,能交流得更好。如果按那个专业手语的话,我觉得现在国家通用手语还可以,按照以前的《中国手语》,天呐,有些(手语)打了,学生都看不懂在说什么,你还得重新再转换过来,换另外一个词。"(HT03)

为了让学生能够真正理解,手语的自然和口型、表情的夸张非常重要。"学生比较懂自然手语;《中国手语》比较方便交流。上课的时候如果教新的词语,用自然手语解释,学生懂单词意思后,再用手势汉语教;课外跟学生聊天多一点自然手语。"(DT01)"我慢慢体会到,如果不加动作,他们就不懂意思,该出现表情的时候没有表情,他们不知道是什么。我只打手语,他们不知道是高兴还是难过,什么都不知道,我加点表情,更深刻一点。现在是手语+口型,他们可以看口型,我不出声,理解更快一点,我声音大一点,他们听不到,没意义啊。"(HT10)

一些教师感觉因为手语水平所限,和学生沟通还是存在困难。"我觉得沟通上有问题,有时候我讲的他们不明白,挺费劲的。如果实在讲不明白,会上网查图片和视频,然后展示给学生。"(HT09)

课外师生沟通的主题包括时事、同伴交往、偶像、家庭和情感等。HT03介绍道:"聊些当局的时事。俄罗斯怎么了?然后美国又在干些什么?昨天他们(学生)两个打架了,同学之间发生的事情,谁说我坏话了?这段时间他们(学生)喜欢的偶像是什么?家里的情况?平常发生了什么事?今天早上吃了些什么好吃的?老师你吃了些什么好吃的?下午能不能带?另外,有时候他们(学生)会说感情方面的事,还有的就是以前毕业的学生他们怎么样,我不太清楚的,因为他们互相有交流,他们会告诉我。"(HT03)

(四)教师的语言态度

1. 对通用手语的态度

对于通用手语存在的必要性和促进沟通的功能,教师们都普遍表示认可。有受访者这样阐述:"我是从《中国手语》里学的手语,因为书中有一个标准在。大家都学完后教给学生,不同地方的学生见面了可以沟通,如果这个地方打自己的地方手语,另外一个地方打自己的地方手语,同样是聋生,见面不一定能沟通,《中国手语》就像一个标准一样,起到一个类似于普通话的作用。"(HT11)

《中国手语》和《国家通用手语词典》是西藏特殊教育学校教师们先后使用的两本主要工具书。"《中国手语》是最基础的。《中国手语》里面都有标准,像顺序、面部表情这些都很重要。每当我忘了,都会在《中国手语》里面找,但有时候学得快,忘得也快。"(HT08)有教师对《中国手语》表达了不满:"《中国手语》有些方面比较欠缺,希望可以再多一点、厚一点。"(HT07)《国家通用手语词典》面世之后,教师们认为"好多东西都不一样,真的都是整个手语都感觉都不一样……是整个都翻新的感觉。然后学生的话,有时候跟他们讲,他们会告诉我是新的词语,他们接受能力还行,我觉得那个手语更贴近孩子们"(HT03)。可见,学生们年龄小,接受能力强,对于通用手语的掌握比教师更快。

2. 对西藏手语的态度

大部分教师尽管对西藏手语了解不多,但都认为学生学习西藏手语是必要的。第一种观点是从民族文化角度出发，认为作为藏族人理应学习本民族的手语。"有必要。藏文化是中华文化一部分，藏族手语也应该纳入《中国手语》，毕竟地域性的特色想要表达得更准确、形象、具体，需要这些表象，而手语所呈现的表象就是需要的。"（HT04）第二种观点是出于同父母交流的考虑。"有必要学习藏族手语，孩子回家跟父母交流都是藏语，毕竟在西藏自治区，以方言为主，很多父母不懂汉语，他们说的是地道藏语，……以前都是藏语翻译成汉语，再打成手语，现在直接藏语打成手语，用藏语连成一段话，口语是藏语，手语是自然手语。"（HT03）这里所说的"藏语翻译成手语"和"自然手语"实际上就是西藏本地手语。第三种观点是认为西藏手语更贴近生活。"我觉得藏手语更接近生活一点。根据生活编创的一些手语，可能更明白一些。"（HT09）

　　有受访者还认为教师应该学习西藏手语以融入学生和促进学生的学习。"西藏本地的手语我觉得挺好的，学生他们自己交流的时候特别好。他们能看懂，只要能看懂说懂，那理解了不是最好的嘛。我觉得如果是老师，愿意学，应该都学。因为我们要试着融入学生，而不是让学生融入我们。学生在学知识文化，你既然要去跟学生讲，你先得知道学生在干什么，不然你连他们都看不懂，你让学生怎么融入过来？"（HT03）

　　然而，也有受访者指出学生对西藏手语不是很感兴趣。"我们的第一批老师在北京学习，开始以《中国手语》为主进行教学。残疾人联合会有跟国外合作的项目，周末会到学校来推广藏族手语，小孩不是很感兴趣，我们把藏族手语的精华拿过来，选出课堂中能用到的，这样一来用于教学课堂中需要使用的就用得多，生僻词句会用得少一点。学生有一段时间对藏族手语不感兴趣。残疾人联合会的相关人员过来就表示不喜欢。可能在校学生有汉族手语基础，表达很流畅，加入藏族手语元素可以丰富手语，运用得很好，而外面的大孩子没有经过系统的训练，他们中间存在手语的衔接问题。"（HT04）还有教师担忧会增加学生的语言学习负担。有受访者认为："在学校一直接触的是《中国手语》，老师如果懂一些藏族的自然手语，因为使用自然手语，学生比较能理解，但学生专门学的话，感觉学生本身要学藏语，又要学这个，挺辛苦的。"（HT11）

3. 对听力语训的态度

绝大部分受访者支持听力语训的开展，认可语训课的必要性，尤其是对于有残余听力的学生。"对于有听力的学生，尽可能地把他（学生）带上去。刚开始带高年级的时候自己做不到位，等到自己有感觉的时候他们（学生）已经毕业了，这样就耽误孩子了。现在趁着他们（学生）年纪尚小，开始抓，我们能想到的都做了。"（HT03）有的教师基于实际教学效果表达了对语训的支持："挺好的，班级里3个学生刚开始都是使用手语，现在都能发音，当时从汉语和藏语的拼音开始教，语训会教汉语和藏语，但是因为学生的家里人都使用藏语，所以藏语学得比汉语好。"（HT13）而掌握口语对书面语学习也有好处："特别支持，对语文教学有很大帮助。"（HT07）

关于手语在语训课中的作用，有两种不同的声音。一种观点是接纳手语的使用，"语训越早越好。当然语言训练不能是纯口语训练，小孩的障碍程度不一样，特别是对于那些听力损失严重一点的小孩，还是需要加入手语的元素，让小孩通过手语和口语的一起训练的方式可能会更好"（HT04）。另一种观点是反对使用手语。一位毕业自言语听觉康复专业的受访者认为："我们这个专业忌讳学手语，我们训练的学生都是有残余听力的，基本上都戴有助听器或植入人工耳蜗，一点点手语都不用，注重训练听、说。"（HT01）

即使对听力损失严重的学生，有的受访者仍认为有必要进行语训。"我觉得有必要，语文课对生字讲得比较扎实，四年级的一篇课文里有7—8个生字，可能会讲一节课，讲的时候不是纠结于偏旁，更多的是带着他们读，看嘴型。我对他们的希望就是一些简单的句子，能看懂别人的嘴型知道在说什么。"（HT11）但也有受访者考虑到听力损失程度和年龄的影响，认为不是所有学生都需要语训。"有残余听力的学生非常有必要语训，无听力的没必要，并且学生年龄大，没有必要训练。"（HT12）

4. 对书面语教学的态度

书面语读写能力的教学是全世界聋教育面临的共同难题。对于民族地区的聋生而言，由于汉语并非第一语言，因此对汉语的学习本身就较为困难，而听力和口语的障碍更加强化了这一挑战。

在访谈中，我们发现西藏自治区特殊教育学校师生对读写训练的态度比较消极。大部分教师报告了听障学生的读写意愿低、读写能力欠缺，读写习惯不良，可用的教学资源不足等问题，同时也反映了自己在读写教学上的低教学效能感。

"学生写的句子都是颠倒的。……写句子、作文对他们来说难度太大。"（HT05）"× 老师带的班级，学生的阅读能力不错，能看那些韩国的杂志，四节课后可以谈娱乐，但是作文书面表达不行，愿意写娱乐新闻，只是写的很多重复的话。平时只要求写200—300字作文，他们就烦死了。"（HT01）"写作文时语句的顺序会颠倒，然后我会告诉他们不同的写法会有不同的意思，反复教学生，有时候正序说没懂，颠倒过来就能看懂了。"（HT12）

一位受访者较为系统地分析了学生写不好书面语的原因：首先是学生的主动性不足，有畏难情绪，"他们从小就是不愿意去接触"（HT03）；其次是教师的意识不够，带不动孩子，从而导致校园中整体缺乏学习动力，"你也不动，我也不动，那学生慢慢养成一种习惯，大家都没有主动的意识，就不愿意动。这就是让我觉得最恼火的地方，就是感觉不是靠一个人，或者是靠几个老师能把这个大的环境给带起来的"（HT03）；再次是汉语本身很难，"一看到那么长篇的都不愿意读，读了那么长时间，有些地方还是不知道讲的是什么意思"（HT03）。因此，她非常羡慕内地的教学，"我觉得内地的环境特别好，老师的主观意识能动性也能带动他们，学生也愿意"（HT03）。但作为一名敬业的特殊教育工作者，她仍然对学生的读写能力培养抱有较高的期待，并愿意积极尝试不同的教学方法和手段来提高。当看到学生对自己感兴趣的书籍能够进行一些阅读，也能够在教师的要求和鼓励下写出一些文字时，她觉得非常欣慰："看到他们懂了的眼神，我就觉得好感动，激动死了。他们写作文稍微提到我，我就感动了。看后面写得乱七八糟，但是想想能有个名字，我就已经感动得不行了。"（HT03）

第三节　聋生的手语习得与手语使用

在对学校聋生的访谈中，出于获取资料便捷性的考虑，我们在教师的推荐下，挑选年龄相对较大、表达能力相对较好、能够顺利配合的聋生进行访谈。需要说明的是，由于西藏自治区聋生入学普遍偏晚且年龄分布不均衡，因此所就读的年级没有参考价值。最终我们选出的访谈对象共计 22 名，分别来自 5 所不同的特殊教育学校的小学、初中和职高部，其中拉萨特殊教育学校最多，为6名，日喀则特殊教育学校、山南特殊教育学校、昌都特殊教育学校和那曲特殊教育学校各4名，男女人数相等。所有学生都有兄弟姐妹而非独生子女，总体入学年龄偏大。除1名学生为走读外，其他21名学生均住校。我们通过对学生本人和教师的简单询问，对其听力和语言状况进行了初步了解。具体情况在第三章中已有描述。

一、访谈结果编码

我们对22名聋人学生的访谈结果进行了自下而上的三级编码，结果如表4-4。

表4-4 学校聋生访谈结果编码表

第三轮选择式编码	第二轮关联式编码	第一轮开放式编码
语言习得	失聪经过	失聪的时间
		失聪的原因
		辅听设备情况
	口语康复情况	语言康复训练经历
		对语言康复训练的感受
成长体验	人际交往	亲子关系
		同伴交往
	就学感受	对学校的看法
语言态度	对手语的态度	是否喜欢用手语
		不同手语的区别
	对本民族语言文化的认同	对本民族文化的认知

由于学生相对社会聋人而言年龄较小，并非人人都有能力很好地描述自身的经历和感受，因此，我们的访谈时间总体上偏短，所获信息有限。但在对教师的访谈中，涉及很多关于聋生语言学

习、语言使用和语言态度的问题，受访者也提供了较为丰富的资料。下面将两种不同来源的访谈资料进行汇总分析。

二、访谈结果分析

（一）聋生的语言习得

1. 失聪时间和原因

总体上看，22位受访者的失聪时间整体偏早，大部分集中于0岁到6岁，即学前阶段。也有少部分人是在8岁到10岁这一时间段失聪。他们失聪的原因多是先天或者生病和打针吃药（药物性聋）导致，此外也有个别学生的失聪原因是外伤，如"3岁的时候因为爬楼梯不小心被别人推倒，之后头受了伤流了血，导致失聪"（DS17）。值得一提的是，一些受访者并不清楚自己的失聪原因和听力损失程度，由此可见其家庭对孩子的听能管理意识较为缺乏。

2. 语言能力

（1）口语康复情况

聋生的语言康复效果与其是否佩戴了助听器、是否进行过语言康复训练，以及语言康复训练的效果息息相关。大部分受访者表示失聪后没有佩戴过助听器，或者因为种种原因不能双耳同时佩戴，如有受访者表示"我从12岁开始戴助听器。其中左耳戴了助听器，右耳因为耳朵痒不能戴助听器"（DS21）。只有1名受访者表示植入了人工耳蜗，需要每年到内地去调机，很不方便。

听力补偿和听力重建是听障儿童习得口语的基础。辅听设备不普及，必然使口语康复训练的开展受到限制。只有少数受访者表示曾接受过语言康复训练，并且确认自己乐意进行语言康复训练。如"我从 15 岁开始在学校里面进行语言康复训练。因为我喜欢学习说话和练习说话。所以训练的时候我觉得很开心"（DS08）。但是大部分受访者表示没有进行过语言康复训练，对其缺乏认知和体验。可见西藏自治区的听力言语康复训练工作有待加强。

（2）手语水平

总体上，西藏自治区在校聋生以使用通用手语为主，辅以部分内地手势和自创手势。由于口语水平普遍不佳，他们通常不会口手同步、边说边打。据观察，西藏自治区聋生的手语较为自然，表情、体态等非手控特征运用较好，这和教师报告的情况相符。有教师对比了学生学习手语和有声语言的速度，"我觉得学生的手语进步得特别快，学汉语却很慢，在语文学习方面有难度"（HT09）。

对于西藏手语，不同学生的西藏手语水平不同，与社会聋人社群有更多接触的学生的西藏手语水平更高。

（3）书面语水平

据教师报告，整体而言，学生的口语（包括汉语和藏语）能力与残余听力开发状况和教师重视程度相关。而学生的书面语不管是汉文还是藏文都比较薄弱。一些教师认为学生的藏文好于汉语书面语，因为"学生有专门的藏语藏文课程，其藏语的掌握能力必然是好于汉族教师的"（HT03）。

3. 语言习得和语言使用

（1）口语的习得和使用

西藏自治区聋生学习的口语包括汉语和藏语。学生的汉语和藏语的水平存在较为显著的差异。藏语是民族语言，在生活中常见常用，故容易被掌握。"现在孩子更愿意就是跟家人接触，亲戚接触的都是藏语的，所以大家很喜欢写藏文。有时候看到他们藏文考试考得特别好的时候，基本上平均分都在70以上，我很羡慕的。"（HT03）相应地，学习汉语就存在难度："我昨天上课，问他们这是什么，他们说的是藏语，不知道汉语，我教他们说汉语。他们本身就会藏语，汉语本来教会了，提问的时候就忘了。感觉记忆力不好。"（HT01）

学生学习口语的主要途径有语训课、语文课、藏文课和日常生活中的自学和无意习得等。语训课的安排上，不同学校的情况不同，有些学校同时教汉语和藏语两种口语，有些学校则完全是汉语语训。学生学习口语的挑战是易忘、受限于听力的损失程度和错过了最佳的语言康复期。有受访者称"有残余听力的学生都使用藏族口语，学汉语比较难。有两个学生听不到，教口语，就需要让他们摸发音器官，练习发音"（HT13）。"很多元老级别的老师教出来的学生，口语都特别好，我们现在教的学生，口语都跟不上。跟老一辈比，我们不行，他们的学生已经有收成了，××等都特别棒，我们带的毕业生就不行，付出与回报不成正比。"（HT03）

（2）书面语的习得和使用

受访教师普遍觉得聋生学习书面语难度大，这很大程度上是由于家庭条件的制约。"从牧区来的学生会觉得语文特别难，不想学习语文，……刚开始学拼音，学生们特别不积极，每次考试都是0分。"（HT12）许多受访者报告学生对阅读不感兴趣，没有阅读的习惯，自觉性不足。"平时不读书，除了上课时老师给他们读的。"（HT01）还有受访者提到培养学生阅读习惯与教学时间不足的矛盾："有时候我拿纸给他们，我不站旁边他们绝对不会看，今天怎么发的纸，明天会干干净净送回来，如果培养这些习惯，教学进度赶不上；进度赶上了，这些习惯就没有了，这些习惯也不是用一个晚自习、两节课的时间就可以养成的，都是长时间的，学生也不一定配合，主要时间上也不允许。"（HT03）"学生的自觉性比较差，如果我没有要求，就不会课外去读，有些孩子喜欢看有图有字的绘本，而且是比较简单的字。"（HT09）

许多教师也看到了学生的努力：他们用种种策略去尽力学习书面语，在碰到困难时也会寻求老师的帮助。"对于图画、漫画比较喜欢，因为学生的知识积累量少，纯文字的比较少看，每个教室后面有小的图书角，会放一些图书、漫画，他们会看。高年级的可能会看图的意思，不理解会问，低年级的就只是看图。对字、词、句，特别是句的理解比较难，但我用手语打出来，他们可以很快地明白。"（HT11）"藏文课学习藏文，其他的课都是汉语，汉语基础会好一点，藏文基础会差，很少读藏文。读汉文书还可以，学校有图书馆，周一至周四开放，晚自习的时候学生轮流交换去看书。特别是低年级的学生看不懂，写句子、作文对他们来说难度太大。"（HT05）

在应对学生读写困难的对策方面，教师们也做了一些探索。有受访者总结汉语写作难的原因在于大环境对听障学生的低期待，以及教师的主观能动性不足。"这个受环境的影响，但是我们这里就是学生不愿意，有些老师的主观意识还是很欠缺。"（HT03）她尝试通过背诵作文提高学生的写作意愿和能力，取得了不错的效果。"他们从不愿意去接触，再到就是我让他们去背一些好词好句，再到去背整篇的作文。现在有两三个学生都能写出来自己的作文了，也愿意去写。我觉得愿意主动地去写这个就让我非常高兴。"有受访者报告了使用图片教学等方法促进学生语文学习的进步："从一年级开始，一直教，到现在有很大改变。""跟图片结合,或者到宿舍教,再或者让学习好的学生带学习差的,这样坚持下来,效果特别好,现在学生们的语文水平都可以。"(HT12)可见,西藏自治区特殊教育老师们在实践摸索中形成了一些有益的语言教学经验。

(3) 手语的习得和使用

虽然手语是聋人的主要使用语言之一,但聋人并非天生就会手语。而且,他们开始接触手语的时间甚至比常人接触口语更晚。多位受访者提到刚入学的一年级学生的手语是"零基础",一些孩子在家庭中使用家庭手势和家人沟通,这种家庭手势少则数十个,多则上百个,仅能基本满足日常生活及家庭成员指代等沟通要求。不同的聋童使用的家庭手势有所不同,因为聋童会根据人的外在特征赋予对象不同的手势,比如将食指放在嘴边"吃奶"表示妈妈;双手食指在鼻子与嘴唇之间摸一下用"胡子"代表爸爸;使用辫子代表女性;模拟老人拄拐杖的动作表示爷爷奶奶,等等。

但是,绝大多数学生真正的手语习得是在学校向教师和其他学生习得的。"刚来的学生完全不懂手语,只能懂家里父母用的自然手语,通过与老师、学生互相交流后习得。学前班的学生一点都不懂手语。"(HT02)有受访者回忆带刚入校学生的情况:"基本不懂,他们打的都是跟家人交流的手势,除非家人跟我们讲这个手势什么意思,我们就知道了。有些家人不会说,只能一个一个教,都是这样,教他们如何去表达,我们说的懂不懂,不懂就给我们反馈。"(HT03)"二年级聋生都是用《中国手语》,能说话的都会说话。刚来的时候都是用手指表达想要的,没有手语。"(HT11)

进入特殊教育学校后,聋生开始接触和学习真正的手语。小学低年级是他们的手语过渡阶段,逐渐放弃家庭手势而转用真正的聋人手语。有受访者认为"听力障碍学生学习手语有一种天生的能力,很快就可以学会,可能刚开始一两天不太会,大概一两周后他们的手语,特别是生活用语就很溜。我觉得更多的是向大孩子学习。老师上课的时候是中规中矩的手语,生活手语的使用就是一起吃饭、睡觉。一般小的学生来都是由大的学生带着,他们很快就学会了"(HT04)。一位受访者认为听障学生习得手语较快的原因是为了满足交流的需要:"因为如果你不表达就没有人理你,只能自己强硬地去融入,不融入的话,学生之间的交流互相都不懂,所以需要慢慢地、主动地去学习,向学生学习,或请老师教,更多的时候是他们自己互相学习,这是我自己的经验。"(HT03)另一位受访者也谈到了语境的重要性。"刚建校的时候,到学校学习的学生进步很慢,因为前面没有哥哥姐姐教,之后有高年级的新生、哥哥姐姐、同学教,进步较快,到了学校有环境,学得很快。"(HT05)聋人老师发挥了语言示范作用:"老师教得多,大部分都是《中国手语》,聋人老师教的《中国手语》。"(HT08)除了这些自然的习得方式之外,也有受访者提到"有的学生有残余听力,通过口语交流学习手语"(HT02)。但这样的手语学习通常进展较慢。

  有两位受访者报告说学校开设了专门的手语课程。HT10 和 HT11 都报告学校有专门的手语课程。"平时有两节手语课,从最基础教起,先词汇,年纪大一点后再教句子。"(HT10)"有手语课,一个班有一节。"(HT11)其他课程也都是使用手语进行教学:"现在不管是藏文、汉文、数学等课都是用《中国手语》,大的学生也会教小的学生,平时就是高年级学生教低年级学生。"(HT11)但尴尬之处在于在学校里学习了通用手语后,又没有办法与家人交流。"刚入学的时候,学生都是打自然手语,只有他们父母懂。来这里后才学习《中国手语》,回去跟父母沟通不

了。"(HT10)

受访者们表示，学生语言使用会根据不同的场景和对象而变，例如，在课堂上和跟教师沟通时，更多使用通用手语，但在课后与同伴交流时也会使用部分西藏手语中的手势或来自内地的手势。他们也会自创小团体内部通行的手势。这些手势一般很难被健听人教师看懂，除非教师平时和学生有极为频繁的接触，相当熟悉他们的手语使用情况。我们观察到，职高部的学生使用西藏手语相对较多，这可能是由于有一部分年纪大的聋生未接受过义务教育、直接从社会进入特殊教育学校职高部就读，把西藏手语带入有关系。特殊教育学校小学、初中的聋生一般都以国家通用手语和内地手语为主，西藏本地手语为辅。

有的健听人教师还发现了手语对汉语学习的促进作用，重视发挥聋人教师的作用："我教他们汉语，他们可能没有理解清楚，然后会去问××老师（聋人教师），这样效果很好。"(HT09)

（二）聋生的成长体验

我们从亲子关系、同伴交往情况、在学校中的感受三个方面入手，了解其成长体验。

1. 亲子关系

由于大部分聋生的家人是不会手语的听力健全者，因此，聋生同他们的沟通存在一定障碍。在与家人的沟通中，大部分受访者会选择使用手语、口语、书写三种方式进行沟通，但有的受访者提及父母会拒绝跟孩子沟通："我们之间没有沟通。"(DS03)有的受访者也表示没有朋友，但是"会跟妹妹们一起玩"(DS13)。

2. 同伴交往

大部分受访者表示在校与其他同学或舍友相处没有困难，都相处得较好。可见在与聋人同伴进行交往、沟通的过程中，聋生较少遇到障碍。但聋生普遍不喜欢与健听人沟通，"因为跟健听人朋友沟通困难，几乎没有沟通"（DS02）。

3. 在校感受

在课业学习方面，大部分受访者表示喜欢学校。职高学生普遍能回顾自己在职业技能课上习得了哪些技能："我已经学会了织毛衣和织纸巾盒子，是×××老师教我的。"（DS14）"我的职业课是学习编织地毯，这个活很难干，也很累。"（DS21）也有受访者表示将来不会从事这门职业，如"但是我以后不打算画唐卡，因为我害怕我的眼睛会瞎掉"（DS01）。可见职业培训和个人兴趣之间存在一定的不匹配。

所有受访者都表达了对老师的喜爱，但其原因呈现一定差异。有人认为"老师对我的学习给予了帮助""我以前学习基础比较差，跟不上同班同学，后来在×××老师的教导下我的学习进度跟上了他们"（DS02）。有人认为"老师自身情绪稳定、对学生有耐心"（DS10）。聋人教师得到了学生的喜爱。"与老师沟通顺畅。""我喜欢××老师，因为她跟我们一样是聋人，沟通起来比较方便。"（DS08）可见学生具体接触的教师个人特质，以及对学生的方式、态度等因素都会影响学生的就学体验。

（三）聋生的语言态度

所有受访者都表达了对于民族文化的喜爱和认同。藏族特有的文化风俗给他们留下了深刻的印象，谈起来有话说。在重要藏族节日的时候，孩子们通过穿新衣、打扫卫生、准备美食、收红包等行为来进行庆祝。"过年的时候桌子上会摆各种零食，我们会吃'切玛'、喝青稞酒还有'和酒汤'，亲戚们会给我发红包，我

觉得过年很开心、很快乐。"（DS06）"过年是最开心的事情，因为有吃的、喝的，有红包还有新衣服穿。"（DS13）

在西藏手语和内地手语的问题上，受访者普遍能意识到两者的区别："在学校里学的手语和在家里使用的手语是不一样的。"（DS02）"藏族手语和汉族手语不一样，就像用藏语或者汉语说话也是不一样的。"（DS16）

受访者普遍对内地手语持正面态度，认为其词汇丰富、使用方便、简单清楚等，一些学生明显表示出对《国家通用手语》及内地手语的偏好："因为藏语手语的词汇量比较少，而汉语手语的比较多，所以我们会比较喜欢打汉语手语。"（DS10）相比之下，他们对西藏手语持较为负面的态度，因为学校中使用《国家通用手语》作为教学语言，故而学生缺乏接触西藏手语的机会。有的学生甚至认为不需要学西藏手语，因为多学一些方言词语会加大学习的压力。对聋人协会骨干和对教师的访谈也印证了这一现象——"学生表示不喜欢藏族手语"。这可以用语言威望来解释：两种语言/方言接触的情况下，多数群体使用的语言通常被视为积极的，享有较高的威望，而非主导的少数群体的语言往往被认为是消极的。

与此形成对照的是，聋生普遍对作为有声语言的藏语非常认同。一位老师报告说："我们聋人的话，第一个他们觉得藏语是必须学好的，再加上家庭的观念，就是说我们藏族的一定要先把自己的母语学好，然后再加上我们平常环境接触得更多的（是藏语），因为好多都是农牧民过来的，孩子都是农牧民，爸妈也只懂藏文，没有几个是接受过教育的、学汉语的。汉语很难，真的是很难。……所以现在孩子更愿意跟家人亲戚接触，都是藏语的，所以大家很喜欢写藏文。"（HT03）

第五章
西藏自治区聋人社群的手语使用

西藏自治区的社会聋人大致可分两类。第一类是离群聋人，这类聋人大多家境贫困，没有接受过学校教育，从事简单的体力劳动。自出生起，他们就生长在健听人的世界里，不认识其他聋人伙伴。由于缺乏教育，他们的残余听力得不到开发，无法习得有声语言，同时又脱离聋人社群，没有和其他聋人同伴接触过，因此也不会手语。总体上说，这类聋人仅以自己创造的简单的"家庭手势"（home signs）作为沟通手段，这种手势并非成熟的语言体系，一般仅通行于家庭之内，外人所懂有限。第二类是社群聋人。无论是曾经就读于聋校，毕业后自主就业创业的聋人，还是没有受过教育，但同外界有一些联结、能够得到较多资讯的聋人，都呈现出较为明显的向城市集中的偏好。在西藏自治区聋人协会的引导下，拉萨以协会活动为契机，形成了较为典型的聋人社群。社群中的手语使用一方面受到聋校的法定教学语言——通用手语的影响，另一方面西藏本地的方言手势也被普遍使用。在国家的大力扶持下，西藏自治区与各地的联系渐趋密切，不同地区聋人之间的交流也随之增多，社会聋人掌握的不仅仅是西藏手语，也开始接触到内地手语，在碰到一些现代科技的词语时，他们会学习并借用内地手语现成的打法。一些有过内地生活经验的西藏聋人精通内地手语，与内地聋人交流频繁且不存在沟通障碍，能在交流过程中针对不同的交流对象切换手语模式，如与藏族聋人交流时使用西藏手语，与身为汉族人的研究者交流时又切换为内地手语。

龚群虎曾将聋人的基本沟通方式从表达和理解两个维度进行总结[①]，如表5-1所示。

表5-1 聋人的基本沟通方式

沟通类型	非语言沟通	准语言沟通		语言沟通		
沟通方式	视觉模拟	家庭手势	手语	有声语言		
具体形式	比划、绘画等	各种家庭手势	中国手语	汉语口语	汉语书面语	手势汉语
表达	据经验表达	打	打	说	写	打
理解	据经验理解	看	看	听、看话	看（阅读）	看

可见，聋人的语言沟通方式极为复杂。在本章中，我们将基于访谈对聋人社群的手语习得和使用状况、语言服务需求与服务提供状况进行分析，此外，还将对离群聋人的沟通状况进行简要描述。

第一节 成长经历与语言态度

为了解西藏社会聋人的语言使用状况，我们在长期固定参与聋人协会活动的聋人群众中，随机抽取了16名聋人进行现场访谈，其中男性6名，女性10名，藏族15名，汉族1名，年龄从

---

① 同《引言》注释⑧。

24 岁至 47 岁不等。他们均居住在拉萨，但籍贯不一。其中 6 名聋人在聋校任教，由于学历较高，在聋人协会活动中，他们也长期发挥着核心骨干作用。5 名聋人没有受过学校教育或没有完成义务教育。对他们的访谈聚焦于语言习得状况、失聪体验、教育和就业状况及语言态度等主题。

一、访谈结果编码

我们对 16 名社会聋人的访谈结果进行了自下而上的三级编码，结果如表 5-2。

表5-2　社会聋人访谈结果编码表

第三轮选择式编码	第二轮关联式编码	第一轮开放式编码
失聪体验	失聪的经过	失聪的时间
		失聪的原因
	所处的家庭环境	家庭经济状况
		亲子沟通状况
	对障碍的感受	遇到的障碍事件（学校、职场、社会）
		对障碍的心理感受
成长经历	教育经历	就学经历
		在学校中的感受
	就业经历	工作概况
		在职场中的感受
语言态度	对语言的态度	对西藏手语的态度
		对通用手语和内地手语的态度
		对有声语言的态度
	对本民族语言文化的认同	对本民族语言文化的认知
		对本民族语言文化的情感

二、访谈结果分析

(一) 西藏社会聋人的失聪体验

社会聋人的失聪体验与其失聪的时间和原因、家庭的经济情况、亲子之间的沟通情况,以及自身因为失聪而遇到的障碍密切相关。

1. 失聪经过和原因

总体上看,16位受访者的失聪时间整体偏早,大部分集中于0岁到6岁,即学前阶段。也有少部分人是在8岁到14岁这一时间段失聪。尽管失聪时间较晚,但他们基本仍以手语为主要沟通语言,可见西藏自治区的听力言语康复训练工作有待加强。

在本批受访者中,先天失聪者的比例并不高。根据受访者回忆,他们的失聪原因多是生病和打针吃药(药物性聋),此外也有少部分人的失聪原因是外伤,如"我两三岁时因为老家地震被东西砸到了头而失聪"(DA11),"我是14岁上小学六年级的时候失聪的;是被打伤的,当时并没有马上全聋,但是时间长了,听力变得越来越差"(DA13)。

2. 家庭经济情况

受访者的家庭经济条件普遍一般,父母多是农民,其他职业也以清洁工、驾驶员、挖矿等体力劳动为主,仅有极少数受访者的父母是教师、村干部等公职人员。所有受访者都表示,自己从小就需要帮家里承担力所能及的家务活或者农活。

3. 亲子沟通状况

手语是聋童的重要沟通工具,但手语的习得过程因人而异。每个受访者学习手语的时间、地点、契机各不相同。大部分受访者表示他们是在当地的特殊教育学校成立后入校学习手语。"我小时候不会打手语，邻居教我的是藏族自然手语，比如'招手''赶牛'这种简单的手势。我的手语是到××特殊教育学校让老师教的。"（DA01）少部分受访者通过"国际助残"组织培训学会手语。"2001年在×××上班，外国人得知我是聋人后就把我带到国际助残协会让我学手语。"（DA04）有的是在普通学校读书时，机缘巧合，由身边的老师或同学教的。"因为以前西藏没有聋人学校，所以老师带我去七中上学。在学校里我遇见了××同学，是她教我手语，慢慢地，我就学会了手语，当时我10岁。"（DA02）也有个别聋人的手语是由家人教的。"我没有上过学，但是我能看懂别人打的手语。因为我的妈妈会手语，所以我的手语是我妈妈教的。"（DA09）

大部分受访者会选择综合运用手语、唇读、书写三种方式与家人沟通。有的父母会排斥使用手语与孩子进行沟通。"我的爸爸妈妈都不太喜欢打手语，都以口语为主。当我看不懂口型的时候，我妈妈会写文字告诉我。他们不喜欢手语的原因是害怕我一直打手语会变成'哑巴'。"（DA03）相反地，有的受访者家人亲戚虽然不懂手语，但很乐意跟孩子学习手语，促进彼此的沟通。"跟父母沟通没多大的困难，但还是很难跟亲戚沟通，所以我会教跟我平时在一起的亲戚手语；他们对我的态度非常好。"（DA14）总体上看，受访者普遍表示不管使用什么方式与家人进行沟通，家人对受访者的态度都很好。但需要强调的是，这种良好的态度并无法实质性地消除客观存在的沟通障碍。

4. 对障碍的感受

大部分的受访者表示失聪导致自己的生活或多或少遇到了障碍，与外界沟通困难，感觉很不便。"我8岁时因为打针吃药失聪。听不见导致我办事不方便，比如他人说的话我听不懂，自己的语句有时又不通顺，说话说得不怎么好，跟他人沟通困难。"（DA01）除了沟通困难，还有就学困难。"我8岁时因为发烧、打针失去听力。生活中会遇到很多困难，最困难的是做事情没有人翻译。第一，和别人沟通有困难；第二，会受到邻居小朋友的欺负；第三，不能去上学，而且上学也会遇到种种困难。"（DA07）也有一位残余听力较好的受访者表示家人能保护他，消除所遇到的障碍，所以对于所遇到的障碍没什么感受。"没有困难，因为我现在还能听到汽车喇叭声，而且就算遇到困难也有我的哥哥妹妹他们帮我解决。"（DA11）

在社会生活中，大部分受访者表示受到过歧视。一些人对聋人有刻板印象。"有人知道我们是聋人就说我们是小偷。"（DA03）聋人在公众场合会受到他人嘲笑。"经常有的，比如在茶馆里边喝茶边聊天，很多人会嘲笑我们说'这里有一群哑巴'。"（DA13）有的聋人受到听人的欺侮："说我像头驴一样，还说我是傻子，我听着心里很不舒服。有一次，有个人让我帮他缝些家用装饰，说七天后结算。当时他发誓会按时结算的。但是现在已经过了三年，我也找他要了三次钱，一毛钱都没有给我。"（DA04）有些生意人认为聋人是没有经济能力的，聋人可能因此会失去消费的资格。"我去买东西的时候，问老板这个多少钱，老板刚开始不知道我是聋人，说个不停，我不理解，就跟老板说我是聋人。他首先惊讶了一下，然后对我上下打量，之后直接让我出去，表示不卖东西给我。好像老板就觉得我们聋人没有钱，买不起东西一样，每次遇到这种情况心里就很失望。"（DA01）这种歧视不仅伤及聋人自己，也伤害到他们的家人，让他们自己感觉到更内疚。"跟家人一起逛街的时候，我会跟妻子打手语交流，路人会好奇地说：'大家看，这里有哑巴。'因为我听不到，不在意，但是我父母会很生气地跟我说，'在家里可以打手语，但是在外面不要打手语了。别人嘲笑你们，我们做父母的心里也会很难受的'。还有我儿子上学时，其他学生会问我儿子：'你父母都是哑巴吗？'"（DA10）还有的聋人被其他聋人歧视："没有正常人歧视我，但聋人之间会相互歧视。"（DA11）

受访者在被歧视时的普遍感受是憋屈、生气，因为在遇到障碍时很难寻得他人的帮助，而自己又无能为力，只能默默忍受。"被歧视过很多次。在不知道的情况下挡住了别人，他会过来推我，并且表情很严肃地对我说一堆话，我当时很想自己说话或者找别人帮忙，但是没办法，只能自己忍着；有时候去买东西遇见戴口罩的老板，看不到他的口型，又没听懂他说的话，只能请求他写字，但是老板只是不耐烦地摇头，心里很难受，但是自己只能忍；有些人看到我们在打手语，会随便乱打以此来嘲笑我们，心里会很生气。"（DA02）

（二）西藏社会聋人的成长经历

就学和就业是个体成长经历中最重要的两部分，我们从聋人受到的教育、在学校接受教育的感受、进入社会所从事的工作、工作中的感受四个方面来入手分析。

1. 校园经历

由于西藏聋人协会的核心成员大部分为接受过一定文化教育的聋人，因此16名受访者中有相当一部分受教育程度较高。在当地的特殊教育学校接受了义务教育之后再到内地上中专、高中甚至大学，是他们接受教育的典型路径。"我8岁的时候在××特殊教育学校读书，读到了九年级，之后到上海读高中，读了四年。后来考上了南京特殊教育师范学院。"（DA01）也有一部分没有接受过正规学校教育的受访者。"我没有上过学。"（DA09）"我以前是在福利院里学习，除了我，福利院里其他人都是健听人。"（DA10）有人因为经济原因失去了上学的机会。"之前我奶奶把我送到西藏自治区人民医院语言训练部接受训练，后来经医院介绍把我们送到内地上学，但因为家境比较贫困，所以没能继续上学。很喜欢上学。"（DA08）

  在接受教育的过程中，受访者对于学校的感受截然不同。有人非常喜欢特殊教育学校，对这里有归属感。"我去过普通学校和××特殊教育学校读书。在普通学校因为没有人会手语，沟通交流很困难。但是在××特殊教育学校老师和同学之间都是使用手语进行沟通的，而且在××特殊教育学校不管是学习还是生活都觉得很舒服。所以我更喜欢××特殊教育学校。"（DA07）有的受访者感恩受教育让自己找到了好工作。"如果没有老师逼着我们读书，我想我们可能找不到这样好的工作。"（DA02）有人感受到随着时间推移，学校教学质量的变化。"学校刚成立那段时间教师对聋人教学工作非常地重视，后来没有以前好了。"（DA12）有人觉得特殊教育学校教学质量低，到内地读书的经历更加强化了这种落差感。"我觉得××特殊教育学校还可以，但是大部分老师上课不太行，导致我们很多时候都学不会。之后到内地读高中，我发现我们和汉族同学的学习基础根本没法对比，就像天和地。那段时间过得很辛苦，也哭过。"（DA03）"小时候在××特殊教育学校生活得非常开心，但到了上海后，由于西藏教学和上海教学的差距而开始感到有压力，那时候手语有点不通，而且经常补课，有许多作业。"（DA01）

  2. 职场经历

  西藏自治区除存在大量离群聋人之外，聋人社群成员主要集中于首府拉萨，这是因为拉萨具备更丰富的资源来提供更多、更好的工作，而且很容易和其他聋人见面交往，因此许多聋人想方设法来到拉萨定居。

16名受访者的职业类型多样，包括学校教师、残疾人工作者、个体户、自由职业，等等。他们的工作不完全固定，存在一定的流动性。教师、工人、残疾人联合会工作人员等"铁饭碗"较少。大部分人的工作是由身边的亲朋好友、老师等帮他们找到的；只有少部分人的工作是靠自己的努力获得，如参加事业单位招聘考试被录用。大部分受访者对自己的工作表示很满意，但也有两位受访者因为工资、工作量、工作性质等原因不满意自己当前的工作。

受访者的反馈显示，工作薪酬的差别大部分是由学历决定的，学历是主要因素。比如同为教师，"工资差不多，主要是看学历。刚参加工作的时候包括我有4个新晋老师。有一个同事他的学历是本科，而我是大专，所以他工资比我高一些"（DA01）。对学历无要求的技术性工作，基本按照多劳多得的原则进行分配。"工资很公平，属于多劳多得，但是我因为自己的身体原因，只能干一些简单的工作。"（DA06）但也的确存在聋人和健听人同工不同酬的现象。"在拉萨，周一到周五在协会缝纫厂学习缝纫技术，周末到协会学习手语，慢慢地国际助残领导就叫我到协会工作。因为我学历低，工作待遇相差大。正常人的工资是我工资的两三倍，而且他们的工作量比我少。"（DA13）"工资很少，不够日常开支。与正常人比工资差距大。"（DA10）

除了照顾好自己的小家之外，受访者们都渴望着能够运用自己的力量为社会贡献力量，希望自己能够更好地融入社会。其他聋人的生存状况唤起他们的同理心："同为聋人，我知道聋人将来要面临的困难。所以我想把我的所有的知识都传授给他们,让他们顺利地融入主流社会,让他们少受伤害。"(DA03)他们希望能够在自己发展得更好的同时,尽自己所能给予他人帮助。"我的愿望是,继续做缝纫,以后将我的手艺传教给更多的残疾人,发展自己的公司,因为缝纫这工作能挣很多钱,而且我也想帮助更多的残疾人。"(DA04)

(三)西藏社会聋人的语言态度

1. 对手语的态度

语言态度和语言习得经历是密不可分的。我们访谈的大部分西藏社会聋人都接受过一定的教育,他们在义务教育阶段接触手语、学习手语的主要途径是通过学校师生。部分聋人具备相对较高的学历,有的曾流动至内地进一步求学。而学历越低,越倾向于通过其他渠道学习手语,如"国际助残"的培训班、西藏聋人协会的扫盲班等,或通过和其他社会聋人的交流习得。

受访者普遍对手语抱有肯定、认可的正向态度,尤其是对西藏手语。所有受访者都明确表达了喜爱西藏手语、愿意学习西藏手语的意愿。有人认为学习西藏手语有利于沟通:"我愿意继续学习藏族手语。我用藏族手语跟正常人沟通的时候他们比较容易理解我想表达的意思。但当我试着跟他们打汉族手语,他们就不懂我要表达的意思了。"(DA04)有人认为西藏手语比较容易学习:"我喜欢藏族手语,藏族手语是必须要有的,因为藏族手语比较容易学习。《中国手语》很多的是手势汉语,藏族文盲聋人看不懂手势汉语。"(DA08)

在"藏族手语和汉族手语之间的区别"这一问题上,受访者基于自己的理解呈现了形形色色的观点。"汉族手语是一字一字打的,而藏族手语不一样,因为它是自然手语,所以它会很形象。"(DA01)"藏语手语和汉族手语的区别大,藏族手语大部分是根据本地的风俗文化习惯来打的。"(DA13)"藏族手语和汉族手语是有区别的,比如爸爸、妈妈、哥哥、姐姐的手语打法是不同的,我们打自己的名字是不打汉语拼音的,而是打手语名字。"(DA14)

但不难看出,受访者由于缺乏语言学知识,对手语的认知存在一定偏差。如有的受访者认为"区别在于藏族手语是可以随便打的,汉族手语要遵守汉语语句规则来打"(DA15),还有的受访者把身势语和"自然手语"相混淆,认为"聋人不用专门去教,也容易看懂自然手语。比如说饿了、想上厕所这些词,我们的一个肢体动作他们就会知道是什么意思"(DA13)。

2. 对语码转换的态度

大部分受访者都承认自己的手语会随着交际场合和交流对象的变化而变化。"对方打什么手语我就会跟着打什么手语。手语的变化要根据对方的需求。"(DA07)"我在拉萨跟这边的聋人聊天时会用藏族手语和汉族手语。到了内地,因为汉族聋人不会藏族手语,我就会跟着他们打汉族手语;跟年轻聋人聊天时手语速度会快一些,但跟年龄大的聋人聊天时手语速度需要慢一些,并且要加上口型和肢体动作;有些老师不懂手语,我们就需要慢慢地打并且重复几次,直到他弄懂。"(DA01)如果碰到不会手语的沟通对象,聋人会利用肢体动作来进行演示:"当我遇到一个不会手语的人,如果跟他说骑马,我就会用自然手语跟他展示骑马的样子,他就能理解我要表达的意思。"(DA04)

小部分受访者表示自己不会随着交际场合和交际对象的变化而转换自己的手语。第一个原因是"不会",自身的手语转换能力不足。"转换手语去沟通对我来说有点难。"（DA05）"我想我的手语水平没办法随着交际场合和交际对象的变化而变化。"（DA06）第二个原因是潜意识里认为大家都能看懂西藏手语。"我始终用藏族手语来沟通，因为藏族手语大部分是自然手语。"（DA08）

3. 对本民族语言文化的认同

西藏自治区共有7个地区（行政区）。大部分受访者都还记得自己的故乡特产和节日风俗，只有少部分人因为小时候就迁到拉萨，所以不记得具体细节。"我的老家是昌都，我很小的时候就跟我爸妈到拉萨，在拉萨长大，所以不知道昌都有什么特产或者节日风俗。"（DA06）

受访者普遍表达出对自己浸润其中的藏族文化的认同和情感依附。所有受访者都知道如何做西藏的特色小吃，并能用手语栩栩如生地描述制作的过程，在对调查结果进行整理和翻译时，我们深深觉得将这种视觉语言转换为书面语，让其魅力尽失。受访者普遍信仰佛教，他们认为做人要慈悲、要做善事："我是藏族的，我信佛。要多帮助身边的人，多做好事，这样会给自己来世带来好的运气。"（DA07）转山、转经等宗教活动也在他们的脑海中留下了深刻的印象："我不经常去，因为我的工作比较忙，但我在不忙的时候会跟家里人一起去转山。"（DA04）"每年藏历显示好日子的时候我们会很早起床，备点干粮，去转山、转塔。转山需要徒步四个小时，妈妈说早点去转不会热，太热了晒久了会头晕。所以我们半夜两点就起床带着手电筒去转经，转几次都是自愿的。但是不能转单数，必须要转双数。"（DA12）

但对于抽象概念的把握、抽象事物的认知，受访者普遍存在一定困难，例如，虽然受访者对西藏的著名景点如布达拉宫、大昭寺等非常熟悉，但大部分人并不清楚其历史渊源。这一方面是由于受教育水平的局限,另一方面也是由于生活阅历的缺乏,例如缺少出远门的体验。"我只去过山南,没去过别的地方,一旦我自己去了,我的家人会因为我听不见而担心我的安全。"(DA06)

由上可见,西藏自治区聋人共享相似的失聪体验,他们的失聪时间偏早,早期干预缺位,家庭普遍贫困,日常生活遇阻,无论在学校还是在职场中,他们作为少数群体,都不得不分外努力地直面和应对种种有形、无形的障碍,由此带来类似的心理感受。同时,作为藏族聋人,他们还共享沟通语言以及对民族的认同,具有相似的价值观。这些都成为西藏聋人社群的内在凝聚核心和联结各个成员的桥梁。

第二节 语言需求与语言服务

手语翻译是西藏自治区聋人群体的突出语言需求。尽管语音转文字技术对听障人士而言也是重要的无障碍支持手段,但鉴于西藏自治区聋人群众受教育程度普遍较低,且对汉语的读写能力掌握有限,因此无法很好地使用这项技术。真人手语翻译仍是西藏自治区聋人和健听人沟通时最亟需也最高效的辅助支持方式。无论是日常生活出行办事,还是发生紧急情况时的应对,手语翻译都是聋人生活中不可缺少的一环。

为系统地了解西藏自治区聋人群体在手语翻译方面的需求及相关服务的提供,本研究中,我们通过目的抽样选择了两位能为我们提供最大化信息的手语译员:一位是服务社会聋人的全职手语译员,她也是迄今为止西藏聋人协会聘请的唯一一名手语译员,另一位是兼职做手语翻译的聋校教师,以获得不同视角的观点。

两名受访者均为听力情况正常的藏族女性,译龄均超过 5 年。对她们的访谈聚焦于手语学习经历、工作体验、角色定位等主题。

一、访谈结果编码

我们对两名手语译员的访谈结果进行了自下而上的三级编码,结果如表 5-3。

表5-3 手语译员访谈结果编码表

第三轮选择式编码	第二轮关联式编码	第一轮开放式编码
语言学习	手语学习经历 从业动机	手语学习的途径
		手语学习的方法
		手语学习的经历
		手语学习中遇到的挑战
		从事手语翻译的原因
职业发展	工作场景 工作策略 角色定位	翻译场景
		翻译时长
		翻译频率
		对译员角色的理解
职业认同	职业声望 职业发展困境 对手语和聋人社群的情感	翻译报酬
		工作成就感
		手语翻译困难、原因以及应对
		对推广手语的建议
		对聋人就业的理解
		对聋人教育的建议

二、访谈结果分析

(一)手语译员的语言学习

手语译员的语言学习经历是决定其手语能力的重要因素,而手语能力高低和从业动机强弱又在很大程度上决定着译员的专业胜任力。

1. 手语学习经历

由于当前我国面向健听人的手语教学尚未形成完整体系，线上资源也不够丰富，因此两位受访者的手语学习途径呈现零散而多样的局面，包括大学课程学习、入职后培训、老教师传帮带和自学等。两名受访者都认为自己学习手语的强度很大。"一般没有（计划），但是第一次我学的时候，我们有这么厚一本书（《常用藏族手语词典》），每天好像是学 20 个左右的句子。"（SI01）"我们现在在学《国家通用手语》，每个人每周都有具体学习要求，一定要把这些都学完，学到哪做到哪。然后有专业考试，到了期末的时候，就得考多少页，几千字或者几百字的手语。"（SI02）

可想而知，由于这种学习处于自发的境地而缺乏专业指导，因此必然会遇到一些困惑。一位受访者这样回顾："大学时候学的是上海手语，在这里不能用，2010 年在这里真正地开始学习手语，学了《中国手语》、地方手语、藏文字母和常用语……现在学校里正在慢慢地学习国家通用的手语，很多地方都不一样，很难。"（SI02）她还指出在学校期间学习的手语不实用，且没有和聋人实际交流的机会。"上海手语是××学校老师教的，……学得不实用，只是教，却没有跟学生交流的机会。上海他们更国际化，和这里不一样，到这里之后需要重新学。"

针对遇到的困难，受访者们进行了自主思考，采取了相应的对策。SI01 学习手语的方法是聋人教和自学相结合的方式：一方面通过书面语向聋人请教，"想说什么我写下来，她识字就教我"（SI01）；另一方面通过看书上的图自学，"我一个人使劲地看，上面没有视频，都是图，非常难"。"我现在最困难的就是每天学新手语的时候,你们打一个新手语,我说什么意思,我使劲地问,我在家里面记,自己一个人在家里面学,因为手语每年都会出现新的词,我还是在继续努力地学。""先学单词,后面学句子。学手语的时候直接教句子的话好像困难一点。先学单词,然后自己要动脑筋,把单词加起来作为一个句子。自己动脑子想的话就好一点。"(SI01)

2. 从业动机

两位受访者的从业动机共性在于喜欢手语翻译这份工作。SI01说道:"我非常喜欢这个职业,他们如果再招手语翻译,比如说兼职那种半天的,我还是想去,但是现在他们也没有计划,我也不知道,我只是说什么时候需要,我什么时候随时到。"SI02也认为:"刚开始是因为安排,第二个是超喜欢。我觉得(手语)好有魅力。"她们都认为这份工作有意义。"我也喜欢这个职业,而且我愿意去帮助他们,我内心没有想要一个报酬的目的,我真的因为这个工作非常有意义(才去做)。他们遇到困难,我们健听人真的应该去帮助,这是我们的责任,对我来说是这样子,但是健听人不可能都跟我一样。"(SI01)

此外,SI01的一部分从业动机也源于她的信仰。"我们这边藏族人的话,看到残疾人他们的第一个反应,真可怜,我们必须去帮他们……他们不会说话,我们应该去帮他们,我们应该给他们让路。"(SI01)

(二)手语译员的职业发展

手语译员的职业发展离不开在各种工作场景中的翻译实践,离不开遇到困难后的工作策略的使用,以及对自身角色定位的理解和深化。

1. 工作场景

受访者工作的场景可分校园和社会两大类。其中，校园内的手语翻译仅由特殊教育老师担任。SI02 在校园内的第一次手语翻译实践是新入职时由领导安排翻译国旗下的讲话。"翻译学校里面的国旗下讲话，从那时才开始慢慢接触手语翻译。"（SI02）学校外的翻译需求一般存在于法庭、医院、各种会议活动和人力资源招聘会，这也是 SI01 和 SI02 共同面临的工作场景。

医疗场景和法律场景是手语翻译难度最大、最具有挑战的两个场景。SI01 的主要工作地点是医院，而 SI02 去医院翻译则纯属偶然帮忙："我们家的那个臭小子，他病了，刚好旁边有一个聋人，那我就顺带地做过那么一次手语翻译，就那么一次，就是有这个经验。其他城市有专门的医疗手语翻译，我们拉萨现在还没有。"此外，SI02 也曾受学校安排到刑警队、法庭等场合进行法律相关的手语翻译，SI01 则是受聋人协会邀请承担类似任务。由于法律手语翻译的特殊性，翻译时长通常是一天，远远超出其他场景的常规工作时间。"问完了以后再到看守所里去继续翻译，差不多就一天完了，晚上才回家。"（SI02）"其他翻译时间最长两个小时。"（SI01）受访者还提到，翻译的频率都是依据当地聋人群体的需求而定。"有的时候一个星期两次，有的时候一个星期里面三四次，有的时候一个星期都没有。他们经常跟我说是没有报酬的，我说没关系，反正我有时间我肯定会来的，不要在报酬上面计较。""就要看他们自己，如果发生案件的话就叫，没有案件的话就没事。"（SI01）

2. 工作策略

受访者表示，在校园之外的手语翻译专业性强，对自己的手语水平是考验。尤其是像医疗和法律这样的场景，责任重大，事关生命，更是感受到异乎寻常的压力。为此，除了加强学习之外，在实际翻译过程中还需要向聋人再三确认。一位受访者说道："特别害怕的是翻译翻错了，就死定了的那种感觉。……所以我每次去问的时候都会有肢体上的手语，再加上我们自己的手语，还有自然手语，我会问很多遍才能确定，不然我害怕。确实是害怕的，特别害怕，压力大。"（SI02）

由于翻译的直接目的是促成沟通，因此两位受访者的策略都是"选择聋人能看懂的手语"。在这种实用导向的理念之下，重视学习西藏本地聋人日常使用的语言，使手语翻译与之对接，成为一种必然的选择。尽管学校和聋人协会一直持续推广和普及国家通用手语，但真正被广大聋人群众接纳和使用仍有待时日。

3. 角色定位

在手语能力水平发展的不同阶段，手语译员对自身的角色定位不同。SI02 提到了从同步翻译到以聋人中心的转变，也就是由"传声筒"角色变为"沟通促进者"角色。"我是应该有个转变的，以前在手语不是特别好的时候，……当时的认知就觉得是，你说了多少，我要做到同步翻译，当时目标是这个。……慢慢地就发现不对，手语翻译是要给学生看的，要给聋人看的。"（SI02）两位受访者都认为手语翻译应该以让聋人看懂作为终极目标。SI02 提到，好的翻译应当是让聋人朋友可以理解的。"因为你面向的是他们，你翻译的对象是他们，而不是下面的健听人，健听人看不看得懂那是一回事，因为健听人已经听到了。我觉得更多的是下面的（聋人）小朋友，他们（聋人）听不听得懂才是我们作为手语翻译最专业的问题，他们（聋人）听懂了那就是好的翻译，他们（聋人）看不懂也听不懂你在说什么，你就是再好的同步翻译也是 0 分。再好看的手语，你打得再专业，就是把整个专业的词都打出来了,他们(聋人)看不懂就是看不懂,我觉得这不叫手语翻译。"(SI02)SI01 也认为翻译不能照本宣科,要进行再加工,翻译出主要的内容。"看他们说什么,……主要的内容不要落下就可以了。"(SI01)

在实际工作中,面临聋听冲突的情境,受访者选择忽视有可能会引起冲突的信息,是基于聋人利益的一种协调策略。"我就会想到他(聋人)是不知道才这样子说的,所以我会马上改的。然后正常人如果说那个聋人不好什么的,我不会直接翻译给他,不让他伤心,我就翻译好的内容,然后他说的不好的内容,我翻成好的。比如说有错误,那个(正常)人直接这样说了,我不会对聋人说你这样做不行、要改,他就不会看到对方有意见。我照这个方式来做,但是对不对,我也不知道。"(SI01)

(三)手语译员的职业认同

手语译员是否会长期从事手语翻译工作,并从中获得成就感,其职业认同起着关键作用。

1. 职业薪酬和职业声望

在从事手语翻译的过程中,两名受访者都报告职业声望得到提升。SI01 在聋人协会担任全职手语翻译有一定报酬,从业两三年来获得了聋人朋友们的感谢。"但是有的时候他们聋人也非常客气,认为没有报酬叫我的话会非常不好意思。"(SI01)SI02 作为学校教师,其兼职翻译的薪酬则较为复杂。"前面的三年是没有(薪酬)的,慢慢到了后面,因为有时候特别是刑警大队、公安里面一翻译就是一天,我们学校领导希望能考虑(薪酬),后面才开始慢慢有。一直以来是没有的,我们也没有去要求,后面是领导看我们好可怜,上课上完了跑过去,很辛苦,一天从早上、中午到下午一直都没有休息,连饭也没有吃,就跟着他们。""那些公安是都没有饭吃的,所以看他们的时候我就觉得我的累是小事,他们好辛苦。我就觉得他们比我更辛苦,所以不好意思再去拿。"(SI02)

2. 面临的困境

手语译员的工作会面临两类困境。一类是专业技能层面的,一些词汇尤其是专业词在手语中找不到对应手势,或者自己没有学过,这些都会影响手语译员的胜任力。"最困难的就是在会议上面,他们会用很专业的词。"(SI01)另一类是临场压力。在法庭的情境下,害怕犯错的巨大压力。"感觉那个压力好大,任务好重。特别害怕翻译翻错了,如果判的时候加刑的话怎么办?如果他表达的意思又是不一样的话怎么办?"(SI02)

3. 对手语和聋人社群的情感

两位受访者都直接表达了对手语的喜爱。SI01说"喜欢手语",SI02直言"我觉得会手语翻译的人好帅"。而且,她们都表示愿意帮助聋人社群,关心其发展,自己会尽可能地去提供手语翻译服务。"对我来说谁需要帮助,我就愿意去,我会把手机号码给他们加微信,比如说深更半夜我都愿意去。"(SI01)"他们打电话问老师有没有空,我绝对去。但是在小孩病的时候就有点难了。""如果西藏做一个医疗的手语翻译项目,我第一个参加,我举手报名。"(SI02)

SI01还基于自己和社会聋人打交道的体验,在聋教育方面发表了一些看法。她指出限制聋人发展的主要是家庭的传统观念,表达了对现状的担忧:"(父母)第一个以为特殊教育学校要收费不敢送(小孩去)。第二个就是说不知道有这种条件。第三个的话还有一个,他们认为小孩已经残废了,前途也不用去想,就让他们在家帮忙做各种事情。""孩子不知道自己生下来是残疾,未来怎么样,生活的困难是最大的一个问题,他们根本不知道。父母要有这个责任。"她还谈到父母学手语对家庭沟通的重要性。"父母学手语重要。因为父母不会手语,跟自己的小孩会有沟通障碍。我平时跟聋人在一起,我一个朋友他有一个听障的孩子,从特殊教育学校毕业了,他们两个沟通非常有障碍,因为父母不知道孩子内心在想什么,父母在想什么孩子也不知道,父母和孩子的关系很远。残疾孩子在一个房子里,父母在一个房子里面,他们根本没有沟通。"(SI01)

综上,两位手语译员的手语学习经历都是非正式的,以自学为主,都面临着诸多的职业挑战,但同时,她们都深切关心聋人群体的需求和生存状态,急切地寻找机会进行自我提升。这也折射出了整个西藏自治区手语翻译专业化和职业化的迫切需求。

第三节 离群聋人的沟通状况

一、离群聋人概述

据我们的观察和统计,集中在拉萨的聋人社群人数较为有限,大部分成年聋人分散在广大的农牧区,缺乏同聋人伙伴接触的机会。这一结论也从访谈中得到了验证。西藏聋人协会主席吾根卓嘎在访谈中表示,"西藏聋人协会会员总共有186人,现在每周参加活动的聋人有45—50人。因为残疾人联合会对活动人数有限制,不能太多。这一百多人都生活在拉萨,但实际上来自西藏各地市,聚在拉萨打工、上学。拉萨本地人并不多"。

如此少的数量提示我们两个基本事实:首先,西藏自治区大部分成年聋人，尤其是中老年聋人很可能并没有接触到真正的聋人社群，而是处于离群状态；其次，离群聋人多，意味着西藏手语的实际使用者数量极为有限。

近年来，随着特殊教育的发展，越来越多的聋童得以进入学校接受义务教育，但在广大农村地区，离群聋人仍不在少数。离群聋人是聋人群体中的特殊成员，堪称"少数中的少数"。他们没有接受教育，远离聋人同伴，无法习得正式的手语，且与身边的健听人难以进行深度沟通，缺乏足够的社会交流。因此，他们遭受严重的沟通剥夺，处于深度的孤立状态。

离群聋人能够使用简单的手势和人交流，但不具备真正的手语能力。他们自创的手势数量存在较大的个体差异，沟通能力高、中、低等层次均有。能力低者，仅会极少数手势甚至没有形成固定手势，同外界沟通存在极大的困难。在沟通中，他们一般仅能以身体动作示范来完成某事件的情景再现，沟通意向不清晰、不稳定，通常难以按时间轴表述事实。能力高者，自创手势数以百计，能够做到简单的日常沟通，也能进行简单的事件描述，但在需要深入沟通时仍存在很大局限。总体上，普通人和他们的沟通受到极大限制，即使是有经验的手语翻译员在很多情况下亦无能为力。长期与其共处的家人、邻居等或可提供一些有效信息。

对离群聋人研究最早、最深入的学者是法籍华裔语言学家游顺钊（Yau Shun-chiu）。在他看来，离群聋人的手语不同于受到口语和书面语影响的所谓"规范手语"，他认为后者是一种受到"污染"的手语，因此，对离群聋人的手语进行研究，对于揭示语言起源和演化规律具有重要意义。游顺钊在加拿大安大略省、魁北克省、中国的广东省、河北省、北京市经过艰苦的田野调查，搜集了若干个案，对离群聋人的家庭手势使用状况进行了详细的描写与分析，这些工作在该领域具有开创性的价值。

二、本研究中的离群聋人个案

（一）个案的寻找与调查的实施

不同于游顺钊所进行的准备周详、旷日持久的调查，我们在实地调查时同离群聋人的相遇纯属偶然。两名离群聋人中，一名女性（下记为离群聋人A）是我们在入住拉萨的宾馆时遇见的。由于该聋人是经亲戚介绍，刚从日喀则牧区前来打工，宾馆老板对她的情况也不甚了解，除了能看到她的身份证外，我们几乎无从获取她更多的个人资料。另一名男性（下记为离群聋人B）是我们在山南特殊教育学校无意中打听到的校外人员，校方得知我们的调查意愿后，非常热情地将该聋人叫过来配合我们进行调查。对这两名聋人，我们均采取付费调查的形式，劳务报酬和其他社会聋人完全等同。

对离群聋人的语料采集主要局限在单个手势的层面，我们为普通聋人设计的词表图片对他们而言也适用。但难点主要在于如何让调查对象明白自己需要用一个约定俗成的手势去概括画面上所看到的东西，而并非展开联想，讲述自己想到的一切。此外，离群聋人对许多事物习惯采取直接指点的方式，并未发展出真正的手势。因此，通过词表采集到的手势数量非常有限。我们在和他们的简单手势沟通中，也抓取到了一些手势，并当场记录下来。

但总体而言，由于无法通过常规的手语对话传递信息，语料采集极为困难。调查过程中，我们不得不寻求非语言的沟通渠道，综合运用简单手势、形象表演、实物、图片等手段达到沟通目的。即便如此，一般情况下这种非语言沟通仅能再现基本事实，难以作深层次的交流,特别在心理表达、事件时间轴、细节描述等概念化的抽象内容方面无能为力。由此可见,对听障者而言,掌握至少一门完整的、真正的人类自然语言何其重要。

(二)离群聋人的手势使用

调查发现,离群聋人A对部分熟悉的日常事物能运用固定的手势来进行表达,主要以模拟具体动作或描绘事物的显著特征为主。如"洗脸"的手势为模仿洗脸的动作;"吃饭"的手势为模仿吃东西的动作;"汽车"的手势为模仿开车的动作;"写字"的手势以左手作纸,右手执笔写的动作来表示;"闭口不言"以双手捂住嘴巴来表示。在数数上,离群聋人A只能数到6,具体方法是伸出对应的手指来表达,"6"就是一手五指加上另一手的食指。"好""不好"的打法则与《国家通用手语词典》中的打法完全相同。以上这些手势也都是不会手语的健听人完全能理解的。对于更多的日常事物,她主要以直接指点的方式来表达。

离群聋人A也创造出了一些独特的手势,其理据和真正的手语异曲同工,如"晚上",她的打法是手臂上举,微曲五指,从头顶右上方往下划九十度至手臂水平,明显是取"天黑了,太阳落山了"之意。

| 洗脸(L1) | 吃饭(L1) | (开)车(L1) | 写字(L1) |

图5-1 离群聋人A的手势表达

离群聋人B的手势表达相较A更为简单和混乱。他具有发音能力，能够发出若干不清晰的藏语音节，但旁人很难听懂。在手势表达上，他偶然能比划出模仿事物突出特点的形象手势，同时习惯地伴随口语发音。看到部分事物时，他甚至会直接说出含糊的藏语，如"玛瑙"和"藏医院"。由于他在不理解图片意思时习惯地挥动双手随意比划，令我们难以理解他的真正意图，给调查带来很大的困难。

我们所观察到的离群聋人 B 的少数手势中，以双手牵住缰绳的动作来表示马，以手掌从左肩向下划至右腹来表示斑马，以捏下巴来模拟长着胡子的山羊，也会直接用动作模拟藏帽的外形、藏戏的样态，以及拔河、制作氆氇的动作。

图5-2　离群聋人B的手势表达

总体而言，两位离群聋人的家庭手势打法均较为简单，手形也较为基础，多为单伸食指、拳头捏起、五指摊开这样的无标记手形。他们的家庭手势是基于事物外在视觉特征的视觉符号，仅能表达出日常生活中的常见事物，对于不熟悉的事物多以直接指点来代替，缺乏进一步进行语言学分析的价值。

对于离群聋人的手势使用，我们总结如下：

首先，离群聋人创造的手势数目极为有限。无论是健听儿童在有声语言环境里习得口语，还是听障儿童在聋校中习得手语，都以大量语言输入为前提，在这种自然的语言习得过程中，语言的发展速度是相当迅速的。国外研究显示,如果父母是聋人,在这样的聋人家庭中,聋童将手语作为第一语言习得,其过程大致和普通儿童的口语习得过程相仿。但对离群聋人而言,其家庭手势的创造和发展比常规的语言习得困难得多,而且,如果错过了语言发展的关键期,即使后面有机会进入学校,他们也很难完整掌握任何一种真正意义上的语言。

其次,离群聋人创造的手势以直接指示和肢体摹仿为主。鉴于直接指示和肢体摹仿在真正的聋人手语中也是重要的构词手段,因此,离群聋人所创造的大量手势具有很强的象似性和透明性,也易于被其他人看懂。我们调研的两名离群聋人对"吃饭""喝水""睡觉""好"等手势表达都和常人无异。有些虽和现行的通用手语有出入,但仍非常形象,一看就懂。因此,对于长期共处的家人来说,和他们顺畅地进行基础沟通是有可能的。

最后,离群聋人的日常手势表达总体上呈现高度不稳定的特征。对于触目可见、随手可及的人或事物,他们习惯通过直接指点来表达,但对于不在场、不可见的人或事物,为了令对方明白自己的意思,他们通常使用一系列连贯的动作比划也即手势串来进行表达。这种表达很大程度上是随机性的、偶然的,下次再提到该事物,具体的比划方式可能就会产生差异。这在我们的非参与式观察、直接沟通和词表调查中都得到了印证。使用词表对两名离群聋人进行调研时,尽管采取了隐去文字、只呈现图片的方式,但他们仍多次出现任意比划、随意发挥、对同一概念的表述前后不一致的现象,即使对常见的事物也如此,很难采集到固定化的手势表达。

第六章
西藏手语与内地手语的比较

无论是学校内的聋生还是走入社会的聋人,都是手语的使用者,但二者的手语使用呈现出不一样的面貌。由于在西藏自治区各特殊教育学校内部,既往的《中国手语》和当前的《国家通用手语词典》是手语学习的依据,因此,师生对通用手语的接纳度普遍较高,而西藏本地手语在校园中的实际应用较为有限。聋生在毕业进入社会之后,便和社会上的其他聋人汇合,其手语使用状况也逐渐同聋人社群的整体语言使用合流。与学校聋生相比,社会聋人的手语使用状况更为异质和多元,他们的手语也表现出更突出的特点,在语言学研究上具有不可替代的价值。

在本章中,我们依托实地采集的丰富语料,将西藏手语和内地手语进行对比,对其异同进行考察、描述与分析。由于社会聋人是较为稳定的西藏手语使用者,因此,我们本章所援引的语料以社会聋人为主,同时也采纳部分学校聋生的语料。

第一节 语音比较

对手语语音和音系的研究从手语语言学诞生之初即已开启。虽然手语是视觉语言,但研究者们借鉴有声语言的研究范式对其进行探究,产出了大量成果,并从中找到了手语和有声语言的诸多共性。

美国手语语言学奠基人 William Stokoe 提出,作为表义单位的手势并非一个不可分割的整体,而是可拆解的,可以分为手形、位置和运动三个基本参数,每个参数的变化都可以区分意义。[1] 后来的研究者又在此基础上添加"方向"即手掌朝向,以及"非手控信号"(non-manual signals)即面部表情、身体姿态、口动等,形成了手语的五大参数。

在手语的不同地域变体横向比较中,一般而言,最主要的差异并非在于语音层面。但由于西藏自治区语言生活的特殊性,我们仍然找到了一些值得关注的现象。

一、手形比较

在手语的五大参数中,手形的重要性位居第一,不仅数量远远大于其他参数的数量,而且也是手语中最复杂的组成单位。[2] 手形可以分为有标记手形和无标记手形。无标记手形通常从生理学角度更容易产出,更早被儿童习得[3],数量较少但成词能力强,如单伸食指、伸直五指、拳头捏合等。由于对手形的切分和界定很难做到完全客观,多少受到观察者本身的主观意志影响,因此,目前对手形数目的研究结论众说纷纭。以上海手语为例,复旦大学手语语言学团队成员衣玉敏曾对上海手语的语音进行全面考察,认为上海手语的手形数目是 69 个[4]。但也有不同的声音,如华东

---

[1] Stokoe, W. C, "Sign Language Structure: An Outline of the Visual Communication Systems of the American Deaf", *The Journal of Deaf Education*, No.1 (1960): 3–37.
[2] 张吉生:《上海手语音系》,上海:华东师范大学出版社,2019 年,第 5 页。
[3] 同上书,第 6 页。
[4] 衣玉敏:《上海手语的语音调查报告》,博士学位论文,复旦大学,2008 年。

师范大学张吉生团队就认为上海手语有"61个表层手形音段"⑤。但总体而言，诞生越晚、词汇量越小的手语，其手形数量也越少，反之，历史越长、越发达的手语系统，其手形数量也越多。

　　遵循这一原则，我们可以假定，西藏手语中使用的手形应远较内地手语更少和更单纯。但事实上，我们通过实地观察发现，西藏手语中恰恰存在一些内地手语不用或少用的手形，究其原因，基本可以归结为西藏手语对藏文字母的借用。如"肉""茶""盐""人""老家""安多""地方""是""利用"等，都用到了对应的藏手指字母：

表6-1　西藏手语中结合藏手指字母的手势

西藏手语"肉"	藏文写法	被选字母	藏手指字母
西藏手语"茶"	藏文写法	被选字母	藏手指字母
西藏手语"盐"	藏文写法	被选字母	藏手指字母

⑤　张吉生：《上海手语音系》，上海：华东师范大学出版社，2019年，第387页。

第六章　西藏手语与内地手语的比较

续表

	藏文写法	被选字母	藏手指字母
西藏手语"人"	མེ	མེ	
西藏手语"老家"	ཕ་ཡུལ	ཕ	
西藏手语"安多"	ཨ་མདོ	ཨ	
西藏手语"地方"	ས་ཆ	ས	
西藏手语"是"	རེད	རེད	

181

续表

| 西藏手语"利用" | 藏文写法 | 被选字母 | 藏手指字母 |

以上这些手形在实际使用过程中，也会受到内地手语的影响。一个典型的例子是"茶"。"茶"的西藏手语标准形式是在胸前直接打出对应的藏文字母，其指尖是朝向手语者身体左侧的，整个手势呈静止状态，并没有发生运动。但个别有内地学习生活经历的手语者受到内地手语/通用手语的影响，将其变为动态手势，其运动轨迹和指尖方向发生了改变，发音器官也由单手变为双手。就理据而言，这是将内地手语的"放茶叶泡茶"同藏文字母进行整合，如图6-1所示。

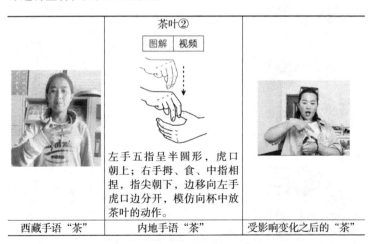

| 西藏手语"茶" | 内地手语"茶" | 受影响变化之后的"茶" |

图6-1 "茶"的不同手势变体

二、其他参数比较

对手语语音的比较不仅需要审视手势的静态结构,也需要考察其动态结构,即在句子和语篇中审视其语流音变对手语语音呈现的影响。在实地调查中,我们不仅通过词表来诱导出发音合作人的单个手势,而且还通过观察自然对话、给定话题独白、看图片或视频进行重述等方式获取语篇。但无论是词语还是语篇,我们都没有发现西藏手语在位置、方向、运动和非手控特征的运用上有不同于内地手语的特异之处。

西藏手语和内地手语同样存在语音层面的概念隐喻。内地手语中"想""思考""考虑""理想""梦""晕""无语"等手势的位置一般在太阳穴附近,而"幸福""高兴""伤心""愤怒""怀疑"等手势的位置一般在胸前心脏部位。西藏手语中也有类似现象。如在表6-1中,我们可以看到,同样是借用藏手指字母,"盐""肉""茶"等食物相关手势的位置明显更高,靠近面部,而其他手势如"老家""地方""利用"等则明显靠下,处于胸前的中性空间。这一事实更加证实了不同地域聋人手语的心理认知共性。

第二节 语汇比较

一、西藏手语的构词

(一)西藏手语的构词特征

对手语词汇的研究在很大程度上也可以借鉴有声语言词汇学研究的原理和方法,手语和有声语言的词汇有着诸多共性,如:词是能独立运用的最小语言单位;词由词素(也称语素)构成,一个词素可以成词，多个词素也可以组合成词。但由于手语是视觉空间语言，有双手、面部、躯干等多个发音器官[6]，因此，从构词法上考察，除了像有声语言那样通过序列性排列成词之外，也存在同时性构词。这一点在世界各地手语中都别无二致。

对西藏手语的语料进行考察，不难发现，"单纯词""合成词""序列性成词""同时性成词"的概念都同样适用，如：

由单个词素构成的单纯词：冬天，人。

图6-2　西藏手语中的单纯词

由多个词素构成的合成词：藏族人，牛粪。

图6-3　西藏手语中的合成词

---

[6] 手语虽然并非以声音为载体，但对手语的研究系统地借鉴了主流语音学、音系学的范式，故此处仍采用"发音器官"说法。——作者注

"牛粪"一词由五个词素构成,生动地再现了藏族人民将牛粪混合茅草制成饼状,贴到墙上晒干作为燃料的生产劳动过程。

序列性构词和同时性构词：序列性成词利用手势动作的先后变化构词,而同时性构词则利用双手同时比划出不同的动作构词,前者如"爸爸",后者如"批评"。

爸爸

批评

图6-4　西藏手语中的序列性构词和同时性构词

此外,我们也可借鉴传统的词类划分法对手语中的词进行分类。普通语言学对词进行分类的标准一般有三：意义标准、形态标准和功能标准。由于手语中存在大量兼类现象且缺乏屈折变化,所以对手语的词类划分以功能标准为主,结合形态标准,参考意义标准[⑦]。在西藏手语中,名动兼类、名形兼类等现象也普遍存在,如"牙刷——刷牙""足球——踢足球""帽子——戴帽子""糖——甜",等等,和内地手语完全一致。

[⑦] 吕会华：《中国手语语言学》,北京：知识产权出版社,2019年,第152—154页。

（二）西藏手语的构词理据

美国学者曾探讨过美国手语在不同历史阶段的形式特征，提出在过去两百年间，美国手语不断趋向系统化，成为一种严格的语言系统[8]。探究手语产生和发展的历史，可以发现，在某个手势刚诞生时，往往是具有高度象似性的甚至透明的，模仿是很多手势词产生的根源，但是，语言的历时演变会造成透明性的丧失和象似性的减弱，逐渐被任意性所取代。曾有研究者将美国手语中有视觉理据的手势分成两大类，即呈现式手势（presentation's signs）和描绘性手势（depiction's signs）。其中前者分为对物体的呈现和对行为的呈现：对物体的呈现一般使用直接指点的方法，对行为的呈现一般是直接把行为演示出来。后者包括虚拟描绘和替换描绘。虚拟描绘是指用手直接描画出物体的外形轮廓，替换描绘是指用手本身作为意象或工具来指代客观事物。[9]

中国本土研究者基于对我国手语语料的分析指出，中国手语方言常用词的构词理据分为四类：指示、模仿、借用和提取典型特征。[10]

1. 指点

西藏手语语料中可见到大量的指点手势，这些手势的出现与个体表达能力及词汇量相关。表达能力越有限，词汇量越小，则越倾向于使用指点手势。没有受过教育的离群聋人对这种方式极

---

[8] Edward Klima and Ursula Bellugi, *The Signs of Language* (Cambridge: Harvard University Press, 1979), p.69.
[9] Sutton-Spence and Rachel, *The Linguistics of British Sign Language: An Introduction* (Cambridge: Cambridge University Press, 1999), pp.174-175.
[10] 衣玉敏：《中国手语方言特征词调查研究》，上海：上海辞书出版社，2022年，第73—82页。

为依赖。手语是一种高语境语言,指点成词突出体现了这一特点。如果没有身临其境,不结合上下文和周边环境,就很难完整而准确地进行理解。

2. 模仿和提取典型特征

在表达有形可见的事物时,西藏手语大量运用了模仿和提取典型特征的方式。

模仿既可以是摹拟外形轮廓和存在状态,也可以是摹拟动作。有些名词也会用摹拟动作的方式表达,如"哈达"用敬献哈达的手势表达,"弦子"用跳弦子舞的动作表达等。

提取典型特征则是利用了心理联想的机制,通过相似性和相关性展开投射。

下面是一些西藏手语中的语例:

房屋——西藏自治区房子的样态及盖房子的动作。

天珠——基于外形的相似性,以眼珠代表天珠。

奶奶——提取"眼角的皱纹"和"转经筒"两个藏族老年妇女的典型特征。

图6-5 通过模仿和提取典型特征构词

3. 借用

语言的借用有三个层次：第一是借用词汇但改造发音和构词以适应本族语；第二是借用大量词汇但不一定改造发音和构词形式；第三是大量外来词进入本族语且改造了本族语的语音系统和语法规则。[11] 就某种特定的手语而言，可以借用有声语言，也可以借用其他的手语语种或方言。

（1）西藏手语向有声语言的借用

内地手语中存在为数不少的仿字、书空等现象，此外也会通过借整体或部分汉字字形、借音等方式来借用汉语。刘润楠（2015）将中国手语对汉语的借用分为两种类型：手势内部的借用和多手势手语词构词的借用。前者又分为借音型、借形型和手势参数借用型。多手势手语词构词借用分为全面借用型和借用结构型。[12]

西藏手语对有声语言的借用现象较内地手语少见，但我们仍能发现一些手势中用到了手指字母，除前面提到的藏手指字母外，还有一些手势中出现了汉语拼音手指字母和国际手语中的手指字母，如：

B超——借用汉语拼音手指字母B。

X射线透视——借用汉语拼音手指字母X。

艾滋病——借用国际手语手指字母HIV。

除了对有声语言字母的借用外，人名、地名等专有名词也倾向于借用。"名从主人"的原则在《常用藏族手语词典》中也有所体现，如图6-7中这些国家名均直接借用该国聋人习惯的打法。

---

[11] 孙宏开、胡增益、黄行：《中国的语言》，北京：商务印书馆，2007年，第2551—2565页。
[12] 刘润楠：《中国手语构词研究》，北京：首都经济贸易大学出版社，2015年，第187—188页。

第六章 西藏手语与内地手语的比较

图6-6 西藏手语对手指字母的借用

图6-7 西藏手语中专有名词的借用

这种借用向外拓展，就出现在表达非专有名词时也使用手势汉语的现象，如"牛肉干"。

一些内地手语中惯用的对汉语的借用，在西藏手语中不复存在，如"癌症"在内地手语中借用"癌"的部分字形，即"山"上有三个"口"，但在西藏手语中却以直接模拟肿瘤外形的方式来表达，更加直接和形象：

癌症

图6-8 西藏手语中的"癌症"

（2）西藏手语向内地手语的借用

曾有内地生活经历的西藏自治区聋人自然习得了内地手语，并将其带回西藏进行传播。一些内地聋人也到西藏自治区来旅游，并同当地的聋人聚会、交往。此外，便捷的媒体传播和不断发展的即时通信技术也让西藏自治区聋人能够方便快捷地同内地聋人朋友进行交流，从而发生自然的语言融合。

图6-9中是一些直接借用内地手语的例子。

一些合成词混合了内地手语和西藏手语的元素，如：

精子、卵细胞——这两个概念都用内地手势"虫子"的意象来表达，在"虫子"前面添加西藏手势"男"和"女"以示区分。内地手语中也有将"精子"打成"男/虫子"的，构词方式如出一辙。

第六章　西藏手语与内地手语的比较

图6-9　西藏手语借用内地手语词汇

藏文、汉文、英文——这三个概念都用内地手势"写字"来表达，在"写字"前面添加"藏族人""汉族人"和"外国人"的典型特征，即捏糌粑、解放军军帽和大鼻子。

图6-10　西藏手语中的内地手语元素

需要指出的是，像"写字"这种手势在全世界的手语中的形式都极为类似。因此，上面这种现象究竟在多大程度上是向汉语的借用，抑或只是不同地域聋人基于对同一事物的相似认知采取的取象手段的巧合，还值得进一步研究。

在特殊教育学校中，我们甚至观察到了家庭手势和内地手语词素的混用，如一个男孩对"哥哥""弟弟"的表达，既出现了内地手语的相关词素（图6-11中两个手语词的第一个词素），也用到了他之前在家中习惯用的比划方式（图6-11中两个手语词的第二个词素）：身高较高者是哥哥，身高较矮者是弟弟。

（3）西藏手语对抽象概念的表达

对于抽象概念的表达，西藏手语和内地手语类似，除了直接借用有声语言或用一句话或几句话来进行阐释之外，在词汇层面一般通过隐喻（metaphor）和转喻（metonymy）两种手段将抽象概念转化成形象的实物或动作意象来表达，其机制并无本质区别。

哥哥	弟弟

图6-11 家庭手势和内地手势的混用

如图 6-12：

外国人——以大鼻子这一外貌特征指代所有其他国家的人。

定做——以画线条和反复调整的动作来指代定做。

支援——用手掌将拳头托起，如同给其提供支撑。

本来——本来的意思是"从前、先前"，西藏手语中以按头顶的方式表达时间"从头开始"。

直接、间接——以运动轨迹的直线和折线来表达抽象的直接和间接。

上面这些语例中，"外国人""定做"运用了转喻的心理机制，其特征是相关性；而"支援""本来""直接""间接"运用了隐喻的心理机制，其特征是相似性。

外国人	定做

图6-12 西藏手语对抽象概念的表达

(三) 西藏手语构词同内地手语的差异

1. 不同的文化习惯

语言是社会的产物，必然受到语言使用者社会经验的影响。同一个事物在不同的地区，人们对它的认知可能迥异，体现在语言表达上，自然带来词汇层面的差异。我们在调查中发现对一些日常事物，西藏手语的表达方式和内地有很大不同，这主要是由于文化特色和风俗习惯的差异。如图 6-13：

灶——西藏的农牧区普遍使用柴火灶，因此聋人用"用嘴吹"加上"扇风"来表达这一概念。

太阳灶——西藏自治区阳光充足，太阳灶经济实惠，随处可见家家户户楼上天台都安装了太阳灶的聚光镜。西藏手语的打法即摹拟玻璃镜面的样子。

浴霸——高原地区早晚温差大，为防止感冒，晚上洗澡时必须开着浴霸，这一点和内地的生活习惯有很大差异。西藏手语中以"灯光"加"洗澡"来表达这一概念。

取暖器——西藏冬天比较寒冷，且持续的时间长。室内常以小型台式取暖器作为取暖手段。西藏手语中以"伸手烤火"加上"搓手呵气"来表达这一概念。

图6-13 西藏手语词汇的文化特色

此外，"藏"即捏糌粑的手势作为词素，成词能力较强。在调查所获语料中，我们找到了19个同其有关的描述藏族风土人情的手势：

表6-2 包含"藏"词素的手势

序号	词语	手语打法
1	糌粑	

续表

序号	词语	手语打法
2	藏面	
3	藏包子	
4	拉萨	
5	藏帽	
6	藏靴	
7	藏刀	

续表

序号	词语	手语打法
8	金	
9	菩提	
10	藏医院	
11	藏医生	
12	藏药	
13	高原反应	

续表

序号	词语	手语打法
14	藏戏	
15	藏历新年	
16	西藏	
17	藏獒	
18	藏羚羊	
19	藏族	

2. 不同的取象角度

在表达同一个概念的手势中，不同词汇变体之间的差异表现在词素的选择差异和词素组合顺序的差异两个方面[13]。在西藏手语中，一些手势理据和内地手语相仿，只是在细节上略有差异，如：

骆驼——国家通用手语以"驼峰"来表示骆驼，而西藏手语除了对驼峰的摹拟之外，也将骆驼的头部表现出来。

邻居——同样是表现住得很近的样子，内地手语以弯曲的五指来表达"屋子靠得近"，而西藏手语以双手食指相对来表示"两个人靠得近"。

摄像机——同样是扛摄像机的动作，西藏手语用双手Y手形来呈现。

做梦——西藏手语的"做梦"和内地手语一样打在太阳穴附近，但并没有使用Y手形，而是直接以食指作螺旋状运动并向上向外移动。

图6-14 西藏手语和内地手语的细节差异

---

[13] 同本章注释⑩，第51页。

一些手势从不同角度取象,如:

地图——内地手语的"地图"以在纸上画图的动作来表达,而西藏手语则以"查看"来作为典型特征。

请假——内地手语通过在圆圈上划斜杠的符号表达缺席,而西藏手语则以直接画叉的形式表达缺席。

多嘴——内地手语中的"啰嗦"以在嘴边反复说道1、2、3、4的手势来表达,而西藏手语则以鸟叽叽喳喳叫的样子来表达。

图6-15　西藏手语的取象角度

二、词汇差异比较

(一)基本词的比较

1. 学校聋生

由于教育系统中全面推广国家通用手语,因此学校聋生的基本词使用和内地差别不大。越是核心、稳固的词汇,越有可能被纳入通用手语体系,只有在表达相对边缘的概念、找不到通用手语对应手势时,学校师生才会借用手语方言或自创手势。

但在对低年级聋生的调查中,我们观察到了由家庭手势向真正的手语过渡的现象。对于词表中的一些概念,尽管通用手语中已有现成打法,但他们仍保留之前的表达习惯。图 6-16 中是一些例子:

爷爷——使用"长胡子"加"拄拐杖"的动作表达。

奶奶——使用"脑后发髻"加"拄拐杖"的动作表达。

妹妹——使用"怀抱小孩"加"脑后发髻"的动作表达。

弟弟——使用"婴儿吃奶"加"比划身高"的动作表达。

教师——使用"戴眼镜"的动作表达。

白——捏一下身上的白色衣服。

大便——模拟大便完后擦屁股的动作。

草——模拟草长满地面和割草的动作。

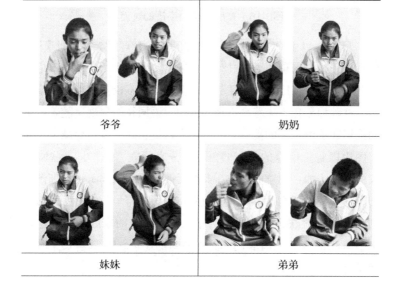

图6-16 家庭手势向手语的过渡

可见，以上聋生的手语中不仅带有家庭手势的鲜明痕迹，而且也开始向真正的语言过渡，如用"发髻"表示女性，不论其年老还是年少，用"拄拐杖"表示老年人，不论其是男性还是女性。这种抽象化意味着真正意义上的手语词开始出现。随着时间的推移和手语水平的提升，以指点表达概念的手段将会减少（如上图中以身上所穿的衣服的白色部分来代表"白"），一些哑剧式的表演（如：割草的动作、大便后擦屁股的动作）也会渐渐消失，透明性被任意性取代，成为真正的语言符号。这种手语习得的速度相当之快，往往在一两年之内，原有的家庭手势就已基本被真正的聋人手语取代，而这种新的手语，聋童家长又看不懂了。

随着年龄的增长，聋生越来越多地使用通用手语词汇和内地手语方言词汇，自然也会受到汉语的影响，使用汉语拼音手指字母、仿字或者仿译等手段。尤其是当老师使用手势汉语时，学生更容易受其影响。如：

兔子——T-Z

白天——白 -T

中国——中（仿字）-G

微信——W- 相信

| 兔子 | 白天 |
| 中国 | 微信 |

图6-17　聋生手语对汉语的借用

对于词表中一些未被工具书收录的词语，聋生则倾向于自创手势或使用内地手势，如：

塑料袋	快递	Wi-Fi

图6-18 聋生的自创手势和借用内地手势

我们也发现个别聋生会使用一些西藏手语中的词语，如：

男——使用"胡子"来表达。

女——使用"辫子"来表达。

奶奶——使用"眼角的皱纹"和"转经筒"来表达。

男	女

奶奶

图6-19 聋生使用的西藏手语方言词

对这名男生的访谈显示,他的这些手势是向学校中一名聋人教师习得的。可见,聋人教师是西藏手语进入校园的一个渠道,也是连接在校师生和社会聋人的一个桥梁。

2. 社会聋人

社会聋人的基本词使用大多和内地相仿,只有少数词语存在不同打法,较为集中地体现在称谓、职业、动物等几个范畴中。

社会聋人对称谓的表达主要抓住其最典型的外貌特征,也体现出浓厚的民族文化特色:

爷爷——以捋胡子的动作表示。

奶奶——以"眼角的皱纹"加"转经的动作"表示。

爸爸——以下巴处的胡子表示。

妈妈——以吮吸食指模仿吃奶的动作表示。

男——以胡子表示。

女——以辫子表示。

| 爷爷 | 奶奶 |
| 爸爸 | 妈妈 |

男	女

图6-20　社会聋人对称谓的表达

对职业的表达，则抓住典型的动作行为和着装特点，如用切菜和高帽代表厨师，搭脉和口罩表示医生等。内地手语的职业词常在末尾加上"人""员"的手势，而西藏手语中也会使用"人"，此词素在合成词中多前置，符合藏语主题优先的语序。如图6-21所示：

工人——人+铲沙石+盖房子

司机——人+开车

猎人——人+持枪瞄准

解放军——敬礼+人

厨师——切菜+高帽

医生——搭脉+口罩

一些手势的取象角度和内地手语不同，如图6-22所示：

农民——以牛和牛犁耕地的动作来表示。

蜜蜂——模仿蜜蜂在花中采蜜的动作。

毛巾——模仿拧毛巾的动作。

此外，还广泛存在内地手语和西藏手语并行使用、一个概念多个手势打法并存的现象，具体采取何种打法，因聋人的成长背景、语言习得和受教育状况而异。图6-23列举了一些例子进行展示，左边为西藏手语，右边为内地手语。

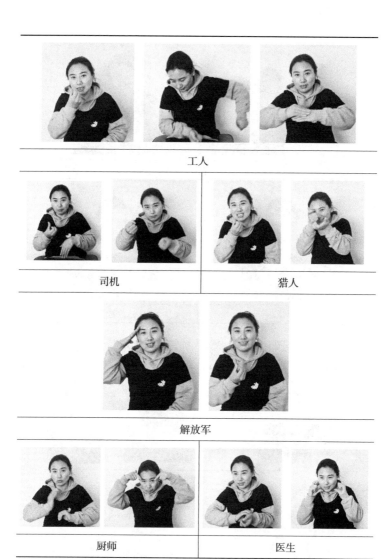

图6-21 社会聋人对职业的表达

农民	

蜜蜂	毛巾

图6-22　社会聋人独特的取象角度

教师	

猫	

作业本

病人

图6-23 西藏手语和内地手语并用

（二）民族文化词的比较

调查显示，无论是学校聋生还是社会聋人，其民族文化词的表达理据、表达特点和表达习惯基本一致。这可能有以下几方面原因：

第一，手语本身的象似性特点。由于听觉通道受限，聋人主要依靠视觉通道接受信息，对事物、行为的特点进行观察，选取具有代表性的方式进行表达，因此，手语的象似性特点符合聋人的表达习惯。根据跨语言的观察，几乎所有手语都有大量对现实事物进行形象摹拟的手势词，西藏手语也不例外。

第二，通用手语方案的局限。无论是《中国手语》还是《国家通用手语词典》，其收录的词汇数量都很有限，而且几乎未收录任何藏族民族文化相关词语，远远不能满足教学需要，因此聋人自然会创造本地打法并在民间传播。

第三，西藏聋人协会的整理和宣传。西藏自治区聋人协会多年来一直致力于采集、整理、编写、宣传西藏手语，在西藏手语推广中发挥了重要作用。他们还曾进入拉萨各特殊教育学校宣传西藏手语，师生习得了一些手语词。此外，很多学校有掌握西藏手语的聋人教师，一些大龄聋生与社会聋人也有接触，这些都会造成学校聋生和社会聋人的手语使用在一定程度上趋同。

下面按不同概念类别分析西藏手语的表达特点。

1. 对食物的表达

西藏自治区聋人在表达民族特色食物时以食材的外观、食用的动作或制作食物的过程来表示，如糌粑以手捏糌粑的行为动作来表示。

糌粑——用手捏糌粑的动作。

酥油茶——捣制酥油的动作。

青稞酒——向客人敬酒祝福的动作。

甜茶——品尝到甜味的动作。

风干牛肉——"肉"的藏手指字母加上悬挂牛肉的动作。

| 糌粑 | 酥油茶 |
| 青稞酒 | 甜茶 |

风干牛肉

图6-24　西藏手语对食物的表达

2. 对生活用品的表达

这类手势的理据多为摹拟事物外形、阐明用途或者描述制作过程。

藏帽——比划帽子的形状。

菩提——手腕处戴菩提串的动作加上比划菩提子外形的动作。

氆氇——编制氆氇的动作。

金——用"西藏""咬一咬""手指上的金戒指"三个动作来表达。

藏帽

图6-25　西藏手语对生活用品的表达

3. 对服饰的表达

西藏的民族服饰丰富多样，各具特色。对7个地区的民族服饰，聋人都有形象的手势来表达。

4. 对地名景观的表达

对西藏7个地区的表达基本已形成较为统一的手势，如图6-27所示。

我们也发现有个别聋人在表达地名时会用到手势汉语，如山南、阿里，如图6-28所示。

对寺庙、风景名胜的表达则直接摹拟其视觉特征，如"八廓街"以转经路线来表达，"雍布拉康""桑耶寺"以建筑形状来表达等。有的聋人以所在的位置来表达，如那曲的孝登寺打成"那曲-寺庙"，如图6-29所示。

第六章 西藏手语与内地手语的比较

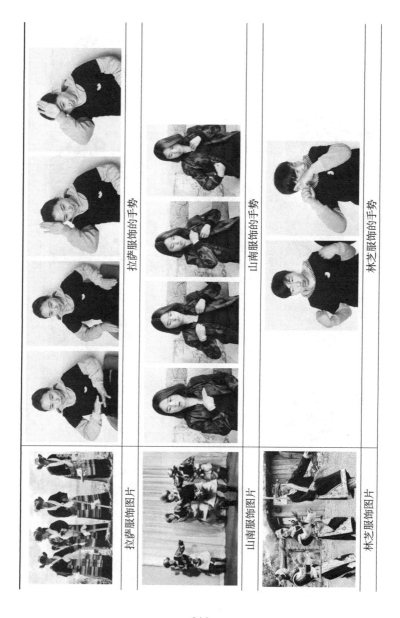

拉萨服饰的手势

山南服饰的手势

林芝服饰的手势

拉萨服饰图片

山南服饰图片

林芝服饰图片

第六章 西藏手语与内地手语的比较

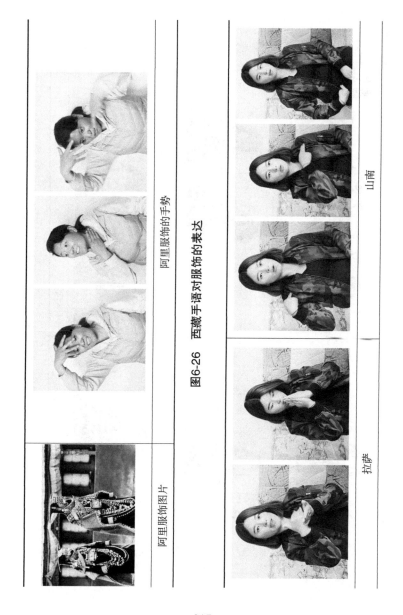

图6-26 西藏手语对服饰的表达

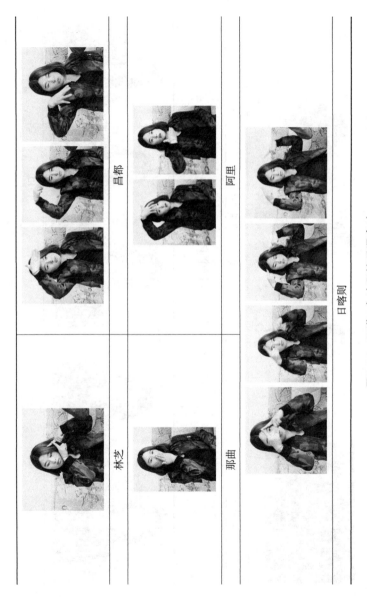

图6-27 西藏7个地区的手语表达

第六章 西藏手语与内地手语的比较

图6-28 "山南"和"阿里"的手势汉语表达

图6-29 西藏手语对景观的表达

5. 对动作行为的表达

西藏自治区聋人通过直接模仿动作来表达一些日常行为、风俗习惯。如：

玩骰子——以盖上骰碗的动作来表达。

藏戏——以戴上面具起舞的动作来表达。

坤加——以拔河的动作来表达。

抱石比赛——模仿费力举起石头的动作。

图6-30 西藏手语对动作行为的表达

6. 对动物植物的表达

西藏自治区聋人通过摹拟动植物外观区别性特征来表达这类概念，但有些词语也借用手势汉语，如：

藏红花——红-花。

藏獒——巨大的头颅和伸出爪子的样子。

藏羚羊——尖尖的角和迅速奔跑的样子。

红景天——红-风景-天。

冬虫夏草——模仿冬虫夏草的外形。

图6-31 西藏手语对动物植物的表达

第三节 语法比较

手语作为视觉语言的共性鲜明地体现在语法规则上。世界各地的手语很大程度上共享一套相似的认知机制和语法体系。因此，我们在对比西藏手语和内地手语时，所发现的语法差异较为有限。

一、语序的比较

手语是典型的话题优先语言，常见"话题+陈述"的语序，这一语言现象也称为"话题化"。话题化是一种语法操作，它通常会影响句子语序，即将一个成分，通常是名词短语，作为话题放在句首，也称为"左移位"。话题通常伴有特定的非手控语法标记，如眉毛上扬、头部倾斜等。此外，话题之后通常还有一个短暂的停顿。⑭

我们在学校聋生、聋人教师和社会聋人的语料中都观察到了话题化现象。

表6-3　西藏手语中的话题化现象

	汉语原句和手语转写	话题化现象	语料来源
1	我的老家是安多。 我/老-家/安多/是。	安多/是	聋人学生
2	明天在什么地方见? 明天/地方/什么/见?	地方/什么	
3	我会使用很多藏文。 我/藏文/多/利用/知道。	藏文/多 利用/知道	
4	要喝酥油茶吗? 酥油茶/喝/要?	酥油茶/喝 喝/要	聋人教师
5	饭没有放盐。 吃饭/盐/没有。	盐/没有	
6	对着树上的靶子开枪,子弹掉在了地上。 靶子/开枪/(子弹下落状)。	靶子/开枪	社会聋人
7	老鼠准备偷面包。 老鼠/面包/(跃跃欲试状)/偷。	面包/偷	
8	(爸爸)指了指站在树下的孩子的头顶,把钉子敲在树上的相应位置。 孩子/树/指(头顶位置)/钉子/敲++。	钉子/敲	

可见,话题化现象会造成语序的一些调整,如述宾结构的宾语前置、定中结构的中心语前置等。但这些现象也广泛存在于世界各地手语,并不存在显著差异。

二、方向性动词的比较

动词是手语本体研究的热点之一。对动词的分类,目前的主

---

⑭ 安·贝克等编著,刘鸿宇等译:《手语语言学引论》,北京:知识产权出版社,2022年,第144—145页。

流观点是分为普通动词、一致动词和空间动词三类，这也是《国家通用手语词典》采纳的分类法[15]。

普通动词（plain verbs）指空间上手势动作不发生方向变化的动词，如：想、喜欢、我喜欢你、笑、哭、知道、死、是。

一致动词（agreement verbs）指手语中含有主语、宾语、人称及数的信息，通过动作方向的变化，反映主语和宾语的人称等不同语义关系的动词。如：给（递）、教、帮助、欺负、打、看、告诉、问、开除、支持。

空间动词（spatial verbs）指手语中通过运动方向和空间轨迹的改变，表示物体位置及移动变化的动词。如：去、到、来、送、搬、放、拿。

以上三类动词中，普通动词不涉及空间位置关系的变化，因此我们将一致动词和空间动词合称为方向性动词。

在语料中，我们观察的方向性动词用法和内地手语相似，如：

朝树上开枪——枪口上指。

（猫）看——在"猫"的手势基础上加方向，目光和面部朝向"看"的目标。

朝树上开枪	（猫）看

图6-32　西藏手语中的方向性动词

---

[15] 中国聋人协会、国家手语和盲文研究中心：《国家通用手语词典》，北京：华夏出版社，2019年。

三、类标记的比较

（一）类标记研究综述

类标记是手语能够生成新手势的重要途径之一[16]，也是手语视觉性的精髓所在。对类标记的称呼还有量词、分类词等。关于类标记的定义、数目和分类，手语语言学界众说纷纭。当前较为广泛采纳的是这样一个定义："类标记指的是结合位置、方向、运动及表情体态而构成一个谓语的某种手形，是某一类客体的符号。"[17] 关于《中国手语》中类标记手形的数目，复旦大学研究团队不同成员进行了不同研究，得出的结论有 27 种、24 种不等，但皆非穷举。《香港手语词典》将香港手语的类标记（该书称为"量词"）分为六类：语义类标记、状标类标记、描摹类标记、操作类标记、触碰类标记、身体类标记等[18]。当前被广泛采纳的类标记分类源自对 Supalla（1986）分类体系的改良[19]，一般分为四类：语义类标记（Semantic Classifiers）、尺寸和形状类标记（Size and Shape Specifiers, SASS）、工具类标记（Instrumental Classifiers）和身体部位类标记（Body Part Classifiers）。

《国家通用手语词典》的附录《手语语法特点例举》中列出了基于语料采集结果总结出的 26 个内地手语的类标记手形[20]，如表 6-4 所示。

---

[16] 邱云峰等：《中国手语语言学概论》，北京：中国国际广播出版社，2018 年，第 88 页。
[17] Clayton Valli, Ceil Lucas, *The Linguistics of American Sign Language* 3rd (Washington: Gallaudet University Press, 2000), p.79.
[18] Gladys Tang：《香港手语词典》，香港：The Chinese University Press, 2007 年。
[19] Ted Supalla, "The Classifier System in American Sign Language," in *Noun Classes and Categorization*, ed. C. Craig (Philadelphia: John Benjamin, 1986), pp.184-185.
[20] 同本章注释[15]。

表6-4 内地手语的类标记手形

类标记手形名称	具体解说
A手形	1. 人、物、组织（机构）。2. 拇指按压的物体或痕迹。
1手形	1. 棍状、线状的物体。2. 人及其他生物。3. 爬行、蠕动的生物（手指反复弯动）。
9手形	弯钩形的物体。
L手形	1. 手枪状的物体。2. 带边角的物体。3. 大小不等、有边框的物体（双手）。
6手形	1. 人和动物的整个身体。2. 长尖角的动物。3. 壶状的物体。
V手形	1. 有两条平行线的物体。2. V形的物体。3. 生物的双腿、双眼。
H手形	1. 窄长的物体。2. 人的双腿。
X手形	1. 绞状的物体。2. 锥形的物体。
W手形	1. 带有三个支点的物体。2. 齿牙状的物体。
C手形	1. 手握的圆柱形物体。2. 管状、棍状、柱状的物体（双手）。
D手形	1. 手握的物体。2. 石头或星球体。3. 人的头部。
T手形	某些口鼻部凸出，有双耳或触角的动物。
掌手形	1. 扁平的工具。2. 人或动物的手、足。3. 平面的物体。
匚手形	窄长、条状的物体。
半圆手形	1. 较宽的条状物体。2. 长方形的物体（双手）。
CH手形	1. 有厚度或箱形的物体。2. 柔软、有弹性的物体（通常有开合动作）。
小圆手形	1. 圆形、球形、环形的物体。2. 棍状、管状的物体（双手）。
捏合手形	1. 尖嘴状的物体。2. 手指拿捏着的细小物体。
火车手形	1. 带双钩或双齿的物体。2. 弯曲的双腿。
小三指手形	摄像器材。
山手形	1. 飞行物。2. 某些长角的动物。
爪手形	1. 有爪的凶猛动物。2. 多齿的工具。3. 散乱分布的小斑点。4. 块状的物体。
O手形	小的球形、块状物体。
拱手形	凹陷或凸起状的物体。

续表

类标记手形名称	具体解说
撮合手形	细微颗粒或粉末状的物体（有手指互捻动作）。
5手形	1. 平行的条纹。2. 排列的物体。3. 较多的人、生物、物体（手指可微曲）。4. 树冠状的物体（手指可微曲）。5. 较大的球形物体（双手微曲）。6. 网格状的物体（双手相搭）。7. 花、菜类或光线、发光类（五指先撮合，然后张开）。

需要说明的是，这 26 个手形仅仅是国家通用手语课题组在研究过程中觉得较为明确、无争议的，并非囊括《中国手语》类标记手形的全貌。

此外，类标记手形必须在语言使用中才能表现出其作用，否则它就只是一个孤立的手形，什么事物都不代表。使用中的类标记结构是由手语中类标记手形与手的动作、空间位置等词素结合构成的，以此来描述什么样的事物，在什么空间位置，做哪些具体动作，叙述事件发生发展的过程，而且这种结合经常是同时性的。[21]

（二）对西藏手语语料的分析

我们运用 33 张图片作为诱导材料，邀请 22 名西藏特殊教育学校聋生、16 名西藏社会聋人和 8 名内地聋人（其中 7 名为汉族，1 名为哈萨克族）对画面进行描述，并且进行了对比。统计结果显示，在国家通用手语课题组列出的 26 个类标记手形中，只有 X 手形和 W 手形没有在西藏手语中被使用。反过来，西藏手语用到的类标记手形，无论是否被收入 26 个手形，在内地聋人的语料中基本也都有出现。可见，二者在类标记手形上并不存在太

---

[21] 吕会华：《中国手语语言学》，北京：知识产权出版社，2019 年，第 140—143 页。

大差异。

西藏手语和内地手语使用相同类标记的情况见表6-5（左列图片为内地手语，右列图片为西藏手语）：

表6-5　西藏手语和内地手语相同的类标记手形

		内地手语	西藏手语
	西藏手语和内地手语都使用三个手形表达跨坐，表达方式也都分为三种。		
跨坐	第一种：使用身体部位类标记。		
	第二种：使用V手形作为腿的类标记。		
	第三种：使用Y手形作为人的类标记。		
边骑车边打电话	西藏手语和内地手语都使用手形指代打电话和骑车，模仿骑车的动作和打电话的姿态。		

续表

铁轨	西藏手语和内地手语中都使用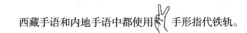手形指代铁轨。 	
台阶	西藏手语和内地手语中都使用手形指代台阶。 	
船	西藏手语和内地手语中都使用手形指代船。 	

续表

浪	西藏手语和内地手语中都使用 手形指代浪。 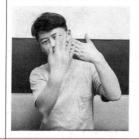
树	西藏手语和内地手语中都使用 手形指代树。 
相机	西藏手语和内地手语中都使用 手形指代相机镜头。 

	西藏手语和内地手语中都使用手形指代车窗。	
车窗	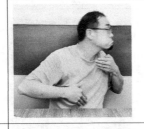	
	西藏手语和内地手语中都使用 手形指代盖被子。	
盖被子		

还有一些事物，西藏手语除了使用和内地手语相同的类标记手形外，也有自身独特的类标记手形，如：

人/动物——西藏手语和内地手语一样都使用 Y 手形，该手形非常直观地表现出人/动物的头和躯干以及腿部，能够直接展示出人/动物在空间位置以及行动轨迹等方面的关系。但西藏手语还用更为简洁的 1 手形表示生命体。

火车——西藏手语和内地手语一样都使用弯曲的 V 手形（Bent-V），但西藏手语中也会使用手背甚至整条手臂表达火车车身。"汽车"的类标记手形也是如此。

鹿角——西藏手语和内地手语一样都使用山手形和 WC 手形，但西藏手语中还会使用更多形形色色的手形来表达鹿角的不规则形状。

"人"的两个类标记手形

"火车"的三个类标记手形

"鹿角"的四个类标记手形

图6-33　西藏手语中丰富多样的类标记手形

个别新颖的类标记使用方式也给我们留下了深刻的印象，如一位聋人这样表达"多人抱团"：

多人抱团

图6-34　"多人抱团"的类标记手形

然而，值得注意的是，类标记手形使用的多样性也提示我们西藏手语的历史尚短，手语使用更多地表现出随意性、差异性而未通过自发走向统一。相比较而言，内地的类标记手形则呈现出较为一致的面貌。这很大程度上可以归结为西藏自治区聋人聚集机会的有限和教育水平的不足，从而令手语缺乏在碰撞交融中走向相对统一的机会。

另一个值得关注的现象是，身体部位类标记在西藏手语中的出现较为频繁。身体类标记指手语者全身及身体其中一部分成为独立的词素以作为物体的指称对象。我们猜想，这一现象可能与西藏聋人习惯在讲述时将自己直接代入故事现场有关。如：

一人跨坐在另一人头顶——以自身作为"另一人"，别人跨坐在自己头顶。

边骑摩托车边接听手机——将自己代入其中，一手按摩托车车把，一手拿着手机放在耳边。

人躺在地上——以自己的身体做出仰面朝天躺下的动作。

大象被杀死倒下了——将自己作为"大象"，做出仰面朝天倒下的动作。

　　大象仰面朝天躺着——将自己作为"大象",做出仰面朝天倒下的动作。

　　孩子从铁轨上跳开——将自己作为"孩子",做出跳跃的动作。

　　小汽车车顶被撞到了——将自己作为"小汽车",自己的头顶受到撞击。

　　狗从车窗里探头看外面——直接模仿狗举着前爪看外面的样子。

　　枝头上攀着一个人——直接模仿双手攀住树枝的动作。

　　熊猫抱着树干——直接模仿抱树干的动作。

一个人跨坐在另一人头顶。	边骑摩托车边接听手机。
	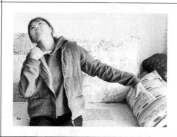
人躺在地上。	大象被杀死倒下了。

	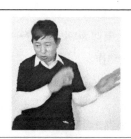
大象仰面朝天躺着。	孩子从铁轨上跳开。

小汽车车顶被撞到了。	狗从车窗里探头看外面。

枝头上攀着一个人。	熊猫抱着树干。

图6-35　西藏手语中的身体部位类标记

在本章中，我们通过多个语例对西藏手语的概貌进行了纵览，分析了其中一些典型的语法现象，对比了西藏手语和内地手语的异同。在下一章中，我们将对西藏手语的语言接触及语言保护进行探究。

第七章
语言接触视域下的西藏手语保护

第一节 语言接触及其结果

一、语言接触的定义

人类社会性的本质决定了任何一种语言都不是孤立存在的,不同民族、不同社群在社会活动中生存,从而造成语言之间发生不同形式、不同程度的接触,语言接触(language contact)从而成为一种很普遍的现象。

语言接触是社会语言学中的重要概念。20世纪60年代,魏因赖希(Weinreich)在其著作《语言接触:发现与问题》(*Language in Contact: Findings and Problems*)中正式提出了这一术语,并重点论述了语言接触与语言结构的关系,推动了对语言接触的深入研究。[①]

当前学界对语言接触的定义尚无统一的界定,我国学者主要

[①] Weinreich, Uriel, André, Martinet, *Languages in Contact: Findings and Problems* (Paris: Mouton & Co, 1968), pp.1-4.

有以下几种观点：戴庆厦（2004）认为语言接触是"不同民族、不同社群由于社会生活中的互相接触而引起的语言接触关系"[②]。贾晞儒（2006）认为，"语言接触是指不同的语言或方言在一定的环境中，经过长期的或短期的频繁交际而相互影响、互相渗透的一种语言现象。这种接触是通过语言的载体——中介人的相互往来而实现的"[③]。张兴权（2012）则认为，语言接触是指使用两种或多种不同语言或变体的个人或群体，在直接或间接接触过程中所发生的各种语言使用现象及其结果所产生的各种变化情况。[④]

总之，语言接触是一种不同语言之间经过交流和融合，相互影响、相互渗透的语言现象。只要人类社会存在，人口流动存在，语言接触就会持续存在。在当代社会中，这种实际流动现象甚至都不需要真实发生，网络上的资讯传播和虚拟社交就足以促成语言接触。

手语中自然也广泛存在着语言接触，包括手语和有声语言的接触、通用手语和手语方言的接触、同一手语内部不同方言变体的接触、不同手语之间的接触，等等。由于手语的载体不同于有声语言，因而对涉及手语的语言接触应作专门的考察与探究。

二、语言接触的结果

语言接触是语言演变的重要原因，只要两种语言发生接触，双方在语音、词汇、语法等层面都会有一定的彼此影响。其中以词的借用和交换为主，如果这种接触更加持续深入下去，也可能

[②] 戴庆厦：《社会语言学概论》，北京：商务印书馆，2004年，第111—142页。
[③] 贾晞儒：《语言接触中的汉语青海方言词》，《青海民族学院学报》，2006年4月第32卷第2期，第108—113页。
[④] 张兴权：《接触语言学》，北京：商务印书馆，2012年，第5—6页。

会引起形态和句法层面的借用和交换。语码转换、语言融合与转用、语言竞争、语言濒危、语言混合、皮钦语和克里奥尔语的出现等都是语言接触的结果。

语言接触对具体语言产生的影响，既有表层的影响，也有深层的影响，特别是在我国这样一个多民族共存的国家，各民族之间长期交往，彼此杂居，语言接触带来的影响更加复杂而深远。汉语与少数民族语言之间、各少数民族语言之间都存在普遍的语言接触现象。随着国际化进程的加速，汉语与外语之间的语言接触也逐渐增多，汉语与外语相互影响、相互渗透。我国社会语言学界和民族语言学界对语言接触的机制及后果有不少研究。如罗美珍（2000）分析了语言接触引起的三种结果，即语言替换、语言影响、语言混合和融合。[⑤] 袁焱（2001）以阿昌语为对象，把语言接触引起的各种变化作为一个系统来研究，提出语言接触会引起语言影响、语言兼用和语言转用等三种结果，这三种结果是语言接触引起的语言变化链。[⑥] 黄行（2007）认为，语言接触有三个层次，由浅及深分别是语言借用、语言融合和语言混合。[⑦] 冯广艺（2012）总结了语言接触对语言生态的 8 个方面的影响：形成语言兼用、促使语言转用、争取语言保持、发生语言混合、造成语言濒危、导致语言消亡、优化语言功能以及和谐语言关系。[⑧]

汉语和藏语是西藏自治区并行存在的两种有声语言。在语言

[⑤] 罗美珍：《论族群互动中的语言接触》，《语言研究》2000 年第 3 期，第 1—20 页。
[⑥] 袁焱：《语言接触与语言演变——阿昌语个案调查研究》，北京：民族出版社，2001 年，第 1—215 页。
[⑦] 孙宏开：《中国的语言》，北京：商务印书馆，2007 年，第 2551—2565 页。
[⑧] 冯广艺：《论语言接触对语言生态的影响》，《中南民族大学学报（人文社会科学版）》2012 年 9 月第 32 卷第 5 期，第 138—142 页。

接触的视角下,汉语和藏语都在一定程度上影响了西藏手语。关于西藏手语向有声语言的借用,已在第六章中进行论述。

西藏手语还会借用其他手语语种和方言。在实地观察中,我们发现了许多西藏本地手语和内地手语接触、混合、交融的现象:首先,从词汇层面上,存在大量共用词汇和借用词汇的现象(具体分析见第六章);其次,在句法层面上不存在显著差异,无论是作为内地手语熟练使用者的研究人员,还是调查期间偶遇的内地聋人旅行者,同当地聋人社群成员沟通均较为顺畅,即使遇到看不懂的手势,稍加解释和演绎即可相互理解;再次,西藏自治区聋人自身也有着了解外界、学习外界的意识,如《常用藏族手语词典》中收录的"法国""比利时""英国""尼泊尔"等多个国家名均为当地惯用手势,"艾滋病"(HIV)甚至用到了国际手语中的手指字母拼法。

第二节 语言濒危与语言保护

一、语言濒危的定义与成因

(一)定义

20世纪70年代,随着社会语言学学科的不断发展,人们对濒危语言的认知逐渐清晰,"濒危语言"(endangered language)这一概念被正式提出,但至今,濒危语言尚无统一的界定。2003年3月,联合国教科文组织在巴黎召开了濒危语言国际专家会议,会上通过了专家组提交的题为《Language Vitality and Endangerment(语言活力与语言濒危)》的报告,该报告后来成为联合国教科文组织保护濒危语言的纲领性文件。报告中指出,语言濒危即某种语言正在走向灭绝⑨。当一种语言逐渐失去使用者,使用的交际领域越来越少,并停止代际传递时,该语言就处于危险之中,这种语言即濒危语言。我国学者徐世璇、廖乔婧(2003)认为"濒危"一词具有广泛的含义,包括语言使用功能衰退的不同类型、不同阶段和层级⑩,其中语言使用功能衰退包括使用人数减少、适用范围受限和语言结构停止发展三种类型。他们提出,语言功能退化乃至消失是一个复杂的、渐变的过程,这个过程中可以依据其活力状况将语言分为不同的层级。

(二)分级

对濒危语言的分级,国外学者涉足较早。Bauman(1980)最早对语言的生存状况进行分级,分别是繁荣兴旺、保持现状、衰退、正在被遗弃、灭绝5个层次。⑪Fishman(1991,2000)将濒危语言称为"受到威胁的语言",他认为受到威胁程度最高的语言是那些与社会隔绝的老年人所使用的语言,其次是那些已经融入社会但已经失去生育能力的人所使用的语言,最后是那些只用于口头交际而没有书面文字的语言。⑫—⑬Michael Krauss(1992)提

---

⑨ 联合国教科文组织. 语言活力与语言濒危, https://ich.unesco.org/doc/src/00120-EN.pdf. 2003-03-12/2023-08-21.
⑩ 徐世璇、廖乔婧:《濒危语言问题研究综述》,《当代语言学》2003年第5卷第2期,第133—148、189—190页。
⑪ Bauman J, *A guide to issues in Indian language retention,* (Washington D. C: Center for Applied Linguistics, 1980), p.6.
⑫ Fishman, J. A, *Reversing language shift: Theoretical and empirical foundations of assistance to threatened languages* (Bristol: Multilingual Matters, 1991), p.81.
⑬ Fishman, J. A. (ed.), "Can Threatened Languages be Saved?: Reversing Language Shift, Revisited: A 21st Century Perspective," Multilingual Matters Ltd, (2001).

出了4个层级,分别是安全、濒危、垂危与灭绝。[14]Wurm（1998）将濒危语言划分为五个等级：具有潜在危险的语言、濒危语言、严重濒危的语言、垂危的语言和灭绝的语言。[15]

语言是一个动态系统,语言灭绝的现象在历史上一贯存在,但现代经济全球化的趋势极大地推动了语言之间的接触与影响,从而加速了语言的消失速度,如今语言灭绝已成为普遍性问题。据Ethnologue网站统计,当前全球约有7 168种存活的语言[16],其中3 045种语言濒临灭绝[17]。语言濒危意味着文化或种族认同的丧失[18]和历史知识的遗忘[19],同时也是语言多样性的损失[20]。因此,语言濒危现象引起了社会各界的广泛关注。

（三）成因

语言濒危的成因可归结为两种,一是军事、经济、宗教、文化和教育等外部因素,二是社区对语言的消极态度等内部因素。内部压力往往源于外部压力,而外部压力和内部压力都阻碍了语言和文化传统的代际传递。

---

[14] Krauss, M, "The World's Languages in Crisis," *Language,* No.68 (1992): 4-10.
[15] Wurm, S. A, "Methods of language maintenance and revival with selected cases of language endangerment in the world," In K. Matsumura (ed.) Studies in Endangered Languages, (1998).
[16] Eberhard, David M, Gary F. Simons, and Charles D. Fennig (eds.), "Ethnologue: Languages of the World. Twenty-sixth edition," SIL International, (2023).
[17] 民族学. 多少种语言面临濒危 https://www.ethnologue.com/guides/how-many-languages-endangered.
[18] Tsunoda T, *Language Endangerment and Language Revitalization: An Introduction*, (Berlin, New York: Mouton de Gruyter, 2006), p.161.
[19] Evans, Nicholas, "Dying words: Endangered languages and what they have to tell us," (2010).
[20] Hale, Kenneth, "Language endangerment and the human value of linguistic diversity," *Language*, No.68 (1992): 35-42.

1. 外部因素

（1）使用人口减少

人口流动、自然灾害、战争等因素都是引起语言使用人口减少的重要因素。人口流动的直接后果是原居住地的人口急剧下降，为了适应新的生态环境，流动人口必须学习、适应新语言，减少使用或抛弃原有语言。各种自然灾害，包括地震、旱灾、传染病等，会直接威胁人类生命，进而减少语言使用者数量。此外，战争对人类文明的破坏是直接的，会导致某一群体人口迅速减少，甚至灭绝。

手语在历史上一直面临使用人口渐少的局面。究其原因，主要是由于手语是聋人的沟通语言，近年来随着科技和医疗的发展，尤其是用药的控制与基因检测的普及，聋童的出生率不断下降，手语的使用者自然随之减少。

（2）政策支持力度偏弱

语言地位的强弱与国家实力、国家政策密切相关。语言的传播需要政府政策的支持，法律、经济、功能、实用、道德、惯例和技术等因素都会影响政策对语言的支持力度。[21]但是，世界上只有将近200个国家保持着一种或几种具有国家职能的语言，仍有不少语言由于缺乏政府支持面临灭绝的威胁。[22]

（3）科研工作不足

从研究层面进行反思，语料记录不足和研究分析工作不足也是一些语言濒危的重要成因。濒危语言调查、研究需要国家政

---

[21] Berezkina, M, "Managing multilingualism on state websites: how institutional employees explain language choice," *Current Issues in Language Planning*, No.1 (2018): 98–116.
[22] Brown J, Levinson, "SC Politeness: Universals in Language Usage," Studies in Interactional Sociolinguistics, (2009): 31.

府的支持、语言学家和语言社区积极参与、专家学者的深入研究，以及充足的资金和技术保障。在濒危语言大规模调查兴起之前，难免存在一些地区由于地理位置较偏远、政府和人民语言保护意识不足，从而存在语言研究与记录工作不足等问题，甚至有些语言在被研究之前就已经灭亡了。另外，拥有自己的文字和相应的传统文学是让一种语言充满活力的重要因素[23]，我国部分少数民族语言由于缺失文字和书面语而难以记录，从而加速了濒危过程。

手语也是一种无法用书面形式完整记录的语言，唯有靠摄像机才能够保存其原貌。因此，对手语的完整记录是在进入20世纪、录像技术问世和普及之后才做到的。而且，相较于有声语言，手语的研究工作起步很晚，从美国手语语言学问世至今不过半个世纪的时间，我国的手语语言学研究更是仅有20年历史，专业人才稀缺。总之，高度依赖视觉的传播模式、有限的记录材料、薄弱的手语语言学研究，都加速了手语的濒危。

2. 内部因素

（1）语言态度导致用户减少

语言态度属于社会心理范畴。态度本身具有复杂性、动态性和不稳定性，作为决定语言发展的重要因素之一，语言态度在很大程度上影响着语言使用者对语言的选择和使用倾向，从而也关系着语言自身的活力与发展。

手语是一种语言，这是学界公认的事实，但是手语的使用范围基本限于聋人群体内部，社会健听人对手语的接受度普遍低于

---

[23] 白瑞斯、王霄冰、刘明：《世界濒危语言的抢救和复兴——以美国南加州卡维亚语的记录与分析为例》，《江西社会科学》2009年第3期，第251—256页。

有声语言,甚至一些听障相关的从业人员也不认可手语的价值,认为使用手语会影响听障儿童的言语康复效果,这种语言态度会直接威胁到手语的传承[24]。

(2)实用主义导致语言转用

现代世界语言濒危的主要机制是语言转用(language shift)[25]:年轻父母的态度发生了变化,他们在抚养孩子时,优先选择社会上有声望的语言如英语,而非自己民族的语言。当语言转用遍及整个语言社区时,语言的代际传递被中断,该语言只需几十年就会灭绝。[26]语言转用是多因素共同作用的结果,其中影响较大的是经济因素,这是多种少数民族语言被放弃的主要原因。随着全球化的出现,以及通信和交通方面前所未有的发展,世界各地的互动日益增加,出于实用主义,少数民族语言社区成员倾向于选择主流语言,牺牲影响力较小的语言[27]。

英语作为一种全球兴起的语言导致了许多土著语言和少数民族语言的消失[28]。相应地,美国的文化霸权也体现在聋人社群中。美国手语不仅在北美地区广泛使用,也深刻影响了非洲和亚洲多个国家和地区的手语,并成为其他国家多语言生态的一部分[29]。

---

[24] Charroó-Ruíz LE, Picó T, Pérez-Abalo MC, et al., " Cross-modal plasticity in deaf child cochlear implant candidates assessed using visual and somatosensory evoked potentials," *MEDICC Rev*, No.15 (2013): 16-22.

[25] Weinreich, Uriel, "Languages in Contact," Findings and Problems," *The Modern Language Journal*, No.8 (1953): pp.429-430.

[26] Fishman, Joshua, *Reversing language shift: Theoretical and empirical foundations of assistance to threatened languages* (Bristol: Multilingual Matters, 1991), p.81.

[27] Mohanty, P. A. K, "The Multilingual Reality: Living with Languages," Channel View Publications, (2018).

[28] Ajepe, I, Ademowo, A. J, "English Language Dominance and the Fate of Indigenous Languages in Nigeria," *International Journal of History and Cultural Studies*, No.4 (2016): 10-17.

[29] Braithwaite, "sign language endangerment and linguistic diversity Language," *Language Baltimore*, No.1 (2019): 161-187.

总之，导致语言濒危的原因错综复杂，且往往是多种因素综合作用导致语言灭绝。在制定语言保护规划时应综合考虑多种因素。

二、语言濒危的评估

（一）常规评估工具

1. 代际中断分级量表（Graded Intergenerational Disruption Scale）

Fishman 于 1991 年开发的代际中断分级量表是评估语言活力的一个重要工具，这是一个八级量表[30]，将语言濒危过程分为八个阶段，其具体内容见表 7-1：

表7-1　代际中断分级量表

第八阶段	主要剩余使用者是与社会隔绝的老人。
第七阶段	主要使用者是社会融合和民族语言活跃的人群，但已超过生育年龄。
第六阶段	在代际之间实现非正式口头传承。
第五阶段	在家庭、学校和社区进行教育，但不在社区外加强这种教育。
第四阶段	在符合义务教育法律要求的初等教育中使用。
第三阶段	在区域性的工作领域（社区之外）使用。
第二阶段	在区域性的政府部门和大众传媒中使用，但不会出现在高级领域中。
第一阶段	在更高一级或国家范围内的教育领域、政府部门和媒体工作中使用。

该表强调代际传承在语言发展中的关键作用，始终是语言濒危评估的开创性框架，为大多数语言复兴的实践者提供了理论支撑。

---

[30] Fishman, J. A, *Reversing language shift: Theoretical and empirical foundations of assistance to threatened languages* (Bristol: Multilingual Matters, 1991), pp.88-107.

2. 扩展分级代际中断量表（the Expanded Graded Intergenerational Disruption Scale）

2010 年，Lewis 和 Simons 在 Fishman 量表的基础上开发了扩展分级代际中断量表（EGIDS: the Expanded Graded Intergenerational Disruption Scale）[31]。这是一个更有区别性的 13 级量表，同样重视代际传承保持语言活力的重要性，其具体分级与描述见表 7-2：

表7-2 扩展代际分级量表

等级	描述
0=国际的	该语言在国际上用于广泛的功能。
1=国家的	该语言用于全国范围内的教育、职业、大众媒体与政府事务。
2=区域的	该语言用于地方和区域大众媒体和政府服务。
3=行业的	该语言用于内部人员和外部人员的本地和区域工作。
4=教育的	该语言正在通过公共教育系统进行传播。
5=书面的	该语言被各代口头使用，并在某些社区以书面形式使用。
6a=有活力的	该语言被各代口头使用，并且被儿童作为第一语言学习。
6b=受威胁的	该语言被各代口头使用，但只有育龄人口将其传给孩子。
7=转变中的	育龄人口非常了解这种语言，彼此使用这种语言，但没有人将其传给孩子。
8a=垂危的	只有祖父母一代的成员活跃地使用这种语言。
8b=濒临灭绝的	仅剩的语言使用者是祖父母一代或更年长的成员，但他们几乎没有机会使用该语言。
9=休眠的	该语言提醒着一个民族社区的遗产身份。
10=灭绝的	即使是出于象征目的，也没有人保留与该语言相关的种族认同感。

---

[31] Lewis, M. Paul, "ASSESSING ENDANGERMENT: EXPANDING FISHMAN'S GIDS," *REVUE ROUMAINE DE LINGUISTIQUE-ROMANIAN REVIEW OF LINGUISTICS*, No.2 (2010): 103-120.

其中，6a级是语言的"正常"状态，从0级至第5级，语言的活力逐渐增强，从6b至第10级则逐渐降低。EGIDS将语言活力和语言濒危划分得更为清晰、全面。这也是目前在评估语言活力和濒危程度工作中最常用的量表。

3. 联合国教科文组织的评估工具

2003年，联合国教科文组织开发的"语言活力与语言濒危指南（Language Vitality and Endangerment）"是评估语言活力和濒危程度的另一个重要工具。该指南包括9项指标，具体内容见表7-3。其中6项指标用于语言活力和濒危状况评估，2项指标用于语言态度评估，1项指标用于语言记录的紧迫性评估。

表7-3 语言活力与语言濒危指南

指标1	语言代际传承
指标2	语言使用者的绝对人数
指标3	语言使用者人口占总人口的比例
指标4	语言使用领域的走向
指标5	对新领域和新媒体的适应
指标6	语言教学资料和读写资料
指标7	官方语言态度和语言政策
指标8	语言族群成员的语言态度
指标9	语言记录资料的数量和质量

2005年，联合国教科文组织研发了针对语言活力与语言濒危的"数据采集调查问卷"，该问卷由两部分组成：第一部分是"参考社区内语言活力与语言濒危"，要求学者们运用上述9项指标对语言做出评估，具体评估原则为：每项指标从0至5赋分，然后计算这九项指标的平均分，按照平均分评估语言的濒危等级，0=灭绝，1=极度濒危；2=严重濒危；3=濒危；4=脆弱的/不安全

的；5=安全。第二部分为"语言多样性",包含一系列旨在调查参考社区的语言环境信息。为了确保回答者数据的可靠性,学者们在调查问卷中开发了一个 0 至 3 分的"信度指数","0"意味着没有可靠数据,"3"意味着来自田野调查或直接观察,从 0 至 3,可靠性逐次渐高。当前,该工具广泛用于各国有声语言濒危现象的研究中。

（二）手语评估工具

    1. 改编的扩展代际分级量表

    开发扩展代际分级量表的本意在于评估所有自然语言的活力,以便了解全球语言发展和濒危情况,但是在制定时只考虑了口语,忽略了对手语活力评估的适用性。原表中一些表述如"口头使用""语言读写能力"等并不适用于手语。因此,Lewis 和 Simons 于 2013 年对其进行了部分调整,使其适用于手语[32],其具体改动见表 7-3：

    可以看出,这些改动首先是修改了特定聚焦口语的措辞,如将"说话人"(speaker)改为语言的"使用者/用户"(user);将"口头交流"(orally)的提法改为"面对面交流"(face-to-face communication),这种"面对面"的表达不仅展示了聋人手语用户在交流中依靠唇读的特点,也对手语和书面语做出了区分;其次是考虑到手语不存在书面表达形式,其书面转写系统也未普及,问卷强调了教育机构、文学材料和手语标准化对手语保护工作的支持;最后,由于聋童往往是从寄宿制聋人学校、聋人协会等聋

---

[32] Bickford, J. A, Lewis, M. P. & Simons, G. F, "Rating the vitality of sign languages," *Journal of Multilingual and Multicultural Development*, No.5, (2014): 513-527.

表7-4 改编的扩展代际分级量表

0—2	无改动。
3=广泛交流的	这种语言用于工作和大众媒体,没有官方地位。
4=教育的	语言使用十分活跃,通过广泛的机构支持教育系统,语言的标准化和文学得以持续。
5=发展中的	语言的使用十分活跃,一些人正在使用标准化的文学形式,尽管这种形式还不普遍,也不具有可持续性。
6a=有活力的	世世代代都在使用这种语言进行面对面的交流,这种情况还在持续。
6b=受威胁的	世世代代都在使用这种语言进行面对面的交流,但正在失去用户。
7=转变中的	育龄一代可以在他们之间使用这种语言,但却无法将其传递给子女。
8a=垂危的	目前,只有祖父母辈及以上的人还在使用这种语言。
8b=濒临灭绝的	仅存的语言使用者是祖父母辈或更年长的成员,但很少有机会使用。
9—10	无改动。

人聚集地方的同龄人处习得手语,问卷将原始版本中"(父母)将其传递给子女"(transmit it to their children)改为"(语言)没有传递给儿童"(it is not transmitting to children),将侧重点置于传承本身,而不必说明是从哪里习得手语。

2. 经过调整的联合国教科文组织评估工具

2010年,由世界聋人联合会和欧洲聋人联盟组织的濒危手语会议在挪威举行,中央兰开夏大学国际聋人和手语研究所(iSLanDS)与手语专家委员会合作,改编教科文组织的调查问卷,使其适用于手语评估。改编过程中,寻求了全球众多同行的反馈与意见,调整了原有指标和具体描述,改编后的问卷包括10

个评估指标：社群内手语使用者的比例；手语的代际或年龄群组使用；语言使用的领域；语言使用的新领域；语言传播与教育的材料；政府和机构的语言态度和语言政策；目标手语在聋教育中的使用；社群成员对自己手语的态度；文献的类型与质量；语言项目的地位。

此外，对问题的一些具体描述也进行了修改：由于研究人员难以获取聋人手语用户的精确数据，新问卷将"说话者的绝对人数"改为"社群中手语者的比例"；因为手语难以像口语一样得到代际传承，之前的"代际传承"被改为"代际或年龄群组的语言使用"；为了体现两种语言的模态差异，将之前版本中的所有"说话者"的表述改为"使用者"，将"说"改为"使用"。其评分标准和信度指数保持不变。

（三）对西藏手语的评估

1. 国外研究者的初步评估

特蕾西娅·霍费尔（Theresia Hofer）是迄今唯一对西藏手语进行过实地调查和较为深入研究的国际学者，《拉萨藏手语是新兴的、濒危的，还是两者兼有？》（*Is Lhasa Tibetan Sign Language emerging, Endangered, or Both?*）是其代表作[33]，该文以拉萨聋人社群使用的手语作为对象，运用联合国教科文组织和中央兰开夏大学国际聋人和手语研究所（iSLanDS）分别研发的工具对其进行了语言活力评估，其结果表明西藏手语似乎处于"严重"和"绝对"的濒危之中。

---

[33] Hofer, Theresia, "Is Lhasa Tibetan Sign Language emerging, endangered, or both?" *International Journal of the Sociology of Language*, No.245, (2017): 113-145.

特蕾西娅是一名 CODA (Child of Deaf Adult), 她的父亲是聋人。她于 2007 年在西藏大学留学期间在拉萨聋人社群内进行了为期 3 周的民族志研究。当时正值西藏聋人协会进行手语采集和整理工作期间,特蕾西娅同他们建立联系,参与了多次团队聚会,参观聋人工作地点和拉萨特殊教育学校的手语课程,了解到了"国际助残"组织西藏手语采集整理项目的详细情况,获取了许多正式和非正式的访谈材料。此外,她收集了一些官方文件和相关的手语资料。作为长期居住在拉萨的外国人,她的藏语口语流利,这为其研究创造了便利条件。此外,她还学习了一些基本的西藏手语。她对西藏手语的评估建立在这些工作的基础之上。

特蕾西娅对西藏手语进行评估的方法虽然在广义上遵循联合国教科文组织模式,但是在具体的评分定级上,事实上更为依赖 iSLanDS 的改编版,她将这种方法称为适应/改编调查 (adapted survey)。对代际传递、使用者的绝对数量、使用者的相对比例、语言使用的领域、新的领域和传播媒介、语言教育和识字材料、政府的语言态度和政策、社群成员的语言态度、文献记录的类型和质量等九个因素进行考察之后,特蕾西娅得出了这样的结论:

在上面讨论和评估的 9 个教科文组织因素中,有 5 项因素得分在 1 到 3 之间。这在等级上是相当低的,表明该语言"绝对地、严重地或极度地濒危"。得分略高的分数仅涉及代际/年龄组使用、语言使用领域和官方政策 (被评为 4) 或"脆弱/不安全"。经 iSLanDS 调整后的 9 个教科文组织因素中减去手语使用者的数量,剩下的 8 个因素的综合得分为 2.75,即在"严重濒危"(2)和"绝对濒危"(3)之间。当考虑到新增加的两个 iSLanDS 子因素再次减去"手语者的绝对数量",使总数达到 10 个因素时,得分是2.6。这些分数及此处的讨论均基于初步研究,更明确的评估需要将来进一步的研究。

特蕾西娅还对西藏自治区聋人的整体语言状况进行了描述。据她报告,她在2007年和2014年遇到的许多聋人都是为了寻求更好的工作和社交机会而搬到拉萨,因为只有在那里才能与其他聋人联系上。在老家时,他们使用有限的手势与家人或邻居进行日常交流,这种聋听之间的交流很大程度上是建立在共同肢体语言的基础上,因此相对有限。她还指出,西藏自治区聋人的交流手段包括手语交流,通过口语和唇读(有时借助助听器)进行交流,用藏文或中文书写,用身势语交流,等等,以上方式也可能结合。换句话说,交流是复杂和多模态的。

2. 对国外结论的批判性反思

首先,特蕾西娅的文中存在一些由于对中国国情和西藏自治区区情的不了解而造成的知识盲区,以及基于意识形态的偏见。例如,文中这样表述:"在西藏手语(TibSL)中,'中国人'的手势是一个人的手在头前盖上盾牌,大概指的是国家警察和军事人员所戴的帽子。"我们基于实地调查的见闻是,藏族聋人以"军帽"这个手势表示同"汉族"相关的概念,多用于和"藏族"对举,如藏人和汉人、藏医院和汉医院、藏族服装和汉族服装、藏面和汉族面条、牦牛肉和汉族牛肉等。而"中国"另有其手势打法,即《国家通用手语词典》中规定的手势。

其次,特蕾西娅实地探访西藏自治区特殊教育学校的时间较为有限,而且仅通过非正式观察和访谈方式获取资料,未能对学校的教学进行深入了解,从而使其得出一些主观的、不符合事实的结论,例如,完全罔顾西藏特殊教育学校的课程设置中藏语文和语文课时量相等的事实。此外,她在"手口之争"的问题上也表现出对手语的绝对维护和对口语的绝对排斥,观察到拉萨特殊教育学校的藏语教学"由普通的健听人老师讲授,侧重于口头解释和发音",就武断推论"因此,藏族儿童很难跟着学习并从中受益"。

最后,对于特蕾西娅对西藏手语进行的语言活力与语言濒危状况评估,我们认为:西藏手语是一种新近出现的、使用范围极其有限的手语方言,且对其的采集和推广过程缺乏真正语言学的介入,部分手势有"自创"之嫌,因此,很难说西藏手语是一种成熟的、完全成型的方言。对西藏手语的使用状况与发展趋势尚待进一步监测。对西藏手语的理解必须紧密结合西藏自治区的区情、语情,而且不应脱离整个国家手语政策与规划的大框架,否则,就无法全面而深刻地理解西藏自治区手语使用状况的本质。可见,在不完全了解我国及西藏自治区历史及现状的前提下,随意使用西方研发的评估工具直接对西藏手语进行语言活力评估及分析,是很难得出公正客观的结论的。

三、手语保护的国际经验及启示

语言是对人类世界经验的独特表征,语言构成了人类文化的多样性,每种语言的灭都是人类文化和历史不可承受的损失。为了促进语言多样性的发展,各国深入探索了语言保护的有效途径,产生了不少可资借鉴的经验。

(一)手语保护的国际经验

1. 依托教育传承手语

语言振兴的重点在于培养语言的使用者,使用者是语言社区的活力来源。手语与口语之间最显著的差异在于手语通常不会在家庭内部传播，因为近九成的聋童生于健听人家庭[34]，健听人家长之前并未接触过手语。因此，寄宿学校作为聋童和同伴接触的主要场所，是手语和聋人文化传播的重要空间，同时也承担着维持濒危语言活力的重任。国际上已有一些成功范例，如：冰岛手语是冰岛本土的自然语言[35]，但是其使用者数量不足1 700人，主要被聋人使用，聋人群体内部的手语水平有所不同，冰岛手语的发展面临困境。为此，冰岛在立法上采用了积极的双语制，规定所有聋生都有资格接受双语（冰岛语口语与冰岛手语）教学。在实践中，学者得出结论：双语教育取得成功的前提之一是濒危语言至少得到与主流语言一样多的时间和关注。

2. 通过立法提升手语地位

来自世界聋人联合会的数据显示，截至2023年8月，已有77个国家和地区通过立法手段承认本地手语的语言地位，其中亚洲10个，欧洲37个，北美洲9个，南美洲11个，非洲6个，大洋洲4个[36]。立法类型包括宪法（如新西兰、芬兰）、一般性语言立法（瑞典、冰岛）、手语专门法律或法案（乌拉圭），涉及手语和其他交流方式的法律（西班牙、哥伦比亚）以及通过立法将手语纳入国家语言委员会的管理职能（智利、墨西哥）等[37]。诚然，

---

[34] Mitchell, R. E., Karchmer, M. A. "Chasing the mythical ten percent: parental hearing status of deaf and hard of hearing students in the United States," *Sign Language Studies*, No.2 (2004): 138–163.

[35] Humphries, Tom, Poorna Kushalnagar, Gaurav Mathur, Donna-Jo Napoli, Carol Padden, Christian Rathmann, and Scott R. Smith. 2012. Language Acquisition for Deaf Children: Reducing the Harms of Zero Tolerance to the Use of Alternative Approaches. Harm Reduction Journal 9:16.

[36] https://wfdeaf.org/news/the-legal-recognition-of-national-sign-languages/.

[37] Meulder, M. D, "The Legal Recognition of Sign Languages," *Sign Language Studies*, No.4 (2015): 498–506.

并非所有立法的动机都在于拯救濒危语言，但不可否认，通过立法保障手语地位的确是避免加重语言濒危程度的最有力手段。

3. 通过记录保存濒危手语

记录是应对语言濒危问题的一项重要举措，也是语言保护的一个主要目标。在联合国教科文组织与世界各地语言学家的号召下，许多国家和地区都成立了专门的濒危语言资源档案馆、濒危语言研究机构或专项基金会，如英国伦敦大学东方和非洲研究院濒危语言学术项目、德国大众汽车基金濒危语言记录资助计划和美国国家科学基金会濒危语言记录项目等，这些机构和基金大力开展濒危语言的研究和记录工作，推动了濒危语言的传承发展。

由于手语属于视觉空间语言，难以用文字记录，因此一般以视频形式保存。随着科技的发展，从大量手语使用者处收集机器可读的语料、建设具备一定规模的语料库，成为记录和研究手语的重要途径。目前，美国、英国、德国、芬兰等国都建设了较为系统和完善的本国手语语料库，为濒危手语保护工作提供了丰富的参考资料和坚实的工作基础。

（二）国外经验对我们的启示

近年来，党和国家在语言资源保护工程中越来越重视手语工作，在手语研究、手语保护、手语推广等领域取得了诸多成就，切实推动了手语"规范化、标准化、信息化"的目标实现。在宣传和推广国家通用手语的同时，相关部门也采用多种形式保护各地手语方言的发展。在未来工作中，我们可以在借鉴国际经验的基础上，在以下方面加强手语保护工作：

1. 加强语言规划，落实语言政策

在语言地位上，我国亟须通过专门立法的形式确认手语地位以及国家通用手语完善的重要性，切实回应广大听障群体和手语工作者的需求和建议，提升社会大众对手语的认同感。此外，有关部门应为手语工作提供足够的人力、物力和财力支持，保障各级主体顺利落实手语规划与手语政策。

2. 发展双语教育，保障手语传承

手语与口语不同，难以通过家庭实现代际传承，主要通过有组织的教育系统传播。因此国家和社会应加大对手语教育的投入，将手语纳入特殊教育学校甚至普通学校的课程标准，明确规定各个年级的手语课时数和评价标准。此外，社会应利用多种媒介向家长解释手语对聋童认知发展的重要性，消除社会对手语的偏见，推动手语纳入聋童早期干预体系。

3. 统筹研究机构，整合专业力量

由教育部、国家语言文字工作委员会和中国残疾人联合会主管的国家手语研究机构"国家手语和盲文研究中心"，承担着主导开展科研、整合全国研究力量、优化手语资源配置的任务。当前，全国各地、各高校相继成立了一些手语研究组织，但总体上缺乏统一管理和有效的监督体系。建议充分发挥国家手语和盲文研究中心的领导地位，统筹社会力量，建立有效的工作机制，协同并进开展手语保护工作。

4. 重视人才培养，培养聋人学者

聋人群体是传承手语、维持手语活力的主体力量，然而当前的手语研究工作中往往忽视这一群体的重要性。为防止聋人群体在手语研究中的"缺位"现象，可以依托各地手语研究组织和特殊教育院校等相关主体，有针对性地加大对聋人研究者的培养力度，打造精通手语研究的聋人骨干队伍，积极招募聋人研究者参与研究，只有这样，才能切实回应聋人群体的语言治理与语言发展需求。

5. 利用多种媒体,提高公众认知

广播、电视等主流媒体和抖音、快手、B 站、小红书等自媒体是现代社会信息传播的重要媒介,可以帮助我们以丰富多样的形式加大对国家手语政策和手语服务的宣传力度,提高公众对手语的社会认知;另一方面,也要积极利用数字经济的红利,拓宽科技助力手语保护工作的道路,依靠信息化建设推动手语保护和推广工作。

第八章
研究结论及建议

第一节 结论与反思

至此,我们对西藏自治区手语的使用状况及其与内地手语的异同已经有了一个大致完整的认识,构建了一个较为清晰的图景。

首先,我们介绍了西藏自治区的区情、语情,这是当地聋人群体所生活的大背景;其次,我们对国家通用手语的过去和现在,以及西藏手语采集整理工作的过程进行了综述;然后,我们从整体上阐述了研究思路及语言调查的设计和执行过程;接下来,我们分别针对校园师生和社会聋人社群两个目标群体进行了语言使用状况分析,并基于语料对西藏手语和国家通用手语/内地手语的异同进行了比较;最后,从语言接触的视角探讨西藏手语的保护,并针对民族地区的语言政策与规划提出实践建议,而这些观点建议又能反过来促进西藏自治区国家通用手语推广工作和手语方言保护工作的开展。整体框架和脉络如图 8-1 所示。

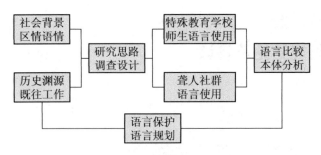

图8-1 整体研究框架及脉络

一、研究结论

总体上看，西藏自治区呈现国家通用手语、西藏手语方言和内地手语方言并行使用的态势。但由于西藏地广人稀，特殊教育学校数量较少，聋人整体文化程度偏低，相当一批聋人分散在各自家中，仅使用家庭手势沟通，和群体缺乏连接。因此，无论是国家通用手语还是手语方言，其使用范围均有限。

特殊教育学校和聋人协会是西藏自治区聋人主要的两大聚集地，也是手语使用的主要场所。特殊教育学校师生以使用国家通用手语为主，辅以部分西藏方言手势和内地方言手势以满足沟通所需。聚居于拉萨的聋人协会会员以使用西藏手语为主，兼用部分国家通用手语手势和内地方言手势。整体上看，西藏自治区聋人接触的语码包括汉语口语、藏语口语、汉语书面语、藏语书面语、国家通用手语、西藏手语方言、内地手语方言等，此外还有家庭手势和身势语等沟通体系，个别特殊教育学校也会开设英语课程，从而形成了多种沟通手段碰撞交融、并行使用的局面，也使其语言使用的复杂性、语言生活的多样性远超我国其他地区。这也意味着作为聋人个体，接触和习得的沟通形式更多，语码转换和语码混合的能力也更强。

我国特殊教育学校使用官方推行的通用手语作为教学语言,既往的《中国手语》和当前的《国家通用手语词典》是教师学习手语的依据,但由于缺乏专业培训和必要的学习资源,其手语水平受到制约,导致和学生之间的沟通产生障碍,书面语教学有效性也不尽理想。健听教师采用的主要教学语言模式为手口同步,其中手语部分以手势汉语和手势藏语为主。聋人教师则能较好地在手势汉语和自然手语、内地手语和西藏手语之间转换。学生手语习得开始时间晚但速度快,能在短时间内达到较为娴熟的手语水平,相较而言,口语和书面语的学习对他们是巨大的挑战。在西藏自治区各特殊教育学校内部,师生对通用手语的接纳度普遍较高,仅在涉及藏文字母和通用手语未收录的词目时采用西藏本地手势。师生普遍认为西藏手语可以用来表达通用手语未覆盖到的概念,是对通用手语的补充,但在教学中无法取代通用手语本身,总体上持较为消极的态度。以上因素造成西藏手语在聋校教学中的实际应用较为有限。

　　西藏自治区社会聋人大致可分两类,第一类是未接受过教育的离群聋人,多从事简单的体力劳动,以使用家庭手势为主,其中一部分人通过到城市务工而接触到其他聋人,从而习得手语;第二类是曾经就读于聋校,毕业后自主就业或创业的聋人,这类人群呈现出较为明显的向城市集中的偏好,在西藏自治区聋人协会的引领下,以协会活动为契机形成了较为稳定的聋人社群。一方面,社群受到聋校教学语言——通用手语的影响,另一方面,通过群体交往,西藏本地的手语方言也逐渐成形。个别聋人由于有到内地求学、就业的经历,精通内地手语,也将一部分内地手势带到西藏。总体上,西藏社会聋人的语言能力呈现多样化面貌,其具体语言选择依赖于交际场合和交际对象等诸多因素。尽管语言使用状况各不相同,但西藏社会聋人共享相似的失聪体验和价值观,普遍对手语尤其是西藏手语怀有深厚的情感,认同其背后的聋人文化和民族文化。由于沟通障碍的存在和无障碍支持的不足,他们迫切需要得到更好的语言服务。

西藏手语是我国西藏自治区聋人群体使用的沟通语言,是中国手语独特的方言变体,主要通行于拉萨等城市的聋人社群。西藏手语的采集、整理工作迟至21世纪初才启动。在"国际助残"组织的资金支持下,西藏自治区聋人协会深入城镇和农牧区收集了一批藏族聋人普遍共用的手势,并推出了系列成果。由于其过程缺乏语言学的专业介入,这些成果中有多少是真正通行于西藏自治区聋人群众中的手势,多少是人为设计的手势,尚不明确。由于在聋校持续推广遇到困难,西藏手语实际上仅通行于拉萨一带的聋人社群中,使用人数较为有限。

由于西藏自治区地处高原,在相当长的历史时期中同内地往来受限,因此西藏手语和内地手语的面貌存在一定差别。对实地调查所获的语料进行分析,可以判断这种差异主要存在于词汇层面,在语音、语法上体现并不明显。观察结果显示,这种词汇差异并不会从根本上影响西藏自治区聋人和内地聋人之间的沟通交流。西藏手语的词汇体现了鲜明的藏族特色,深深打上了西藏人民生活习惯和文化习俗的烙印,其中的一些手势,尤其是民族文化词,有望成为通用手语的有益补充甚至在未来进入通用手语体系。

从语言接触的视角看来,西藏手语持续和国家通用手语、内地手语方言发生接触并受其影响,但也容易在语言竞争中走向濒危。西藏自治区聋人群体的语言政策和语言规划工作事关国家安全和社会稳定,具有特殊重要的意义。进一步对西藏手语进行深入研究、科学开发和合理引导，使之服务于我国语言文字工作和民族工作的全局，是非常有必要的。

二、研究局限

西藏手语虽历史较短、词汇量有限，但对其进行较为全面的调查和研究仍是一项浩大工程。无论是从本体研究，还是从语言政策与语言规划、语言教学、语言态度等应用角度入手，都非常值得探讨，其内涵之丰富也非一个科研项目所能及。在为期5年的研究中，我们对其进行了初步调研和了解，对所采集到的大量资料进行了整理和分析，从而勾勒出了西藏手语的全貌。这张西藏手语的"速写图"必然是不够精细和完美的，但它作为一个开端，有助于我们建立对西藏手语的初步认知，继而去深入探索西藏手语的相关细节。

回顾我们的研究，有几个遗憾之处，需要假以时日进行完善：

首先是对西藏手语的本体研究可以继续深化。我们通过多次实地调查采集到了海量语料，但本体研究并非本项目的重点，因此，我们仅对西藏手语同内地手语的主要异同之处进行了横向比对及分析。事实上，类标记结构的运用、藏语对西藏手语的影响、少数民族人群语言心理认知机制等问题都充满趣味，值得深究。

其次是对语料的分析缺乏量化指标。我们遵循质性研究范式对访谈结果进行了较为细致的主题分析编码，但由于人力和时间的有限，对采集到的大量语料仅进行了初步整理、目视分析和直接描述，没有应用Elan、SPSS等软件进行进一步标注和统计，导致无法得出更为深入的研究结论。

再次是对语言社区的民族志研究没有条件开展。对于西藏自治区聋人这样一个超多元语言社区，语言民族志是非常适合的研究方法，而且研究者已经和西藏当地的残疾人联合会、聋人协会和特殊教育学校都建立了极为融洽的关系，有利于深度研究的开展，但由于受到当时种种客观条件的影响，我们只能采取多次、短时的调查策略，无法一次性在西藏停留足够长的时间，和社会聋人深入接触。

在本书依托的科研项目结项后，我们将基于采集的材料继续进行后续研究，以期填补这些缺憾。

第二节 建议与对策

一、在西藏自治区高质量推广普及国家通用手语

（一）从基层入手提升西藏自治区聋人手语水平

调查中发现，部分西藏自治区聋人群众对国家通用手语的认知和运用技能有待提升。有些聋人对国家通用手语的相关理论知识知之甚少，存在"通用手语和西藏手语无任何相通性""通用手语就是手势汉语""通用手语不是自然手语"等误解；有些聋人接纳并学习国家通用手语，但在运用的过程中会出现一些错误，影响交际实践。此类现象表明我们有必要进一步扎根基层做好工作，改变聋人群众的传统认知，激发其学习动机，并为其提供优质足量、便捷可用的国家通用手语教学资源。

基于西藏社会聋人对通用手语仍存在不少误解，西藏自治区残疾人联合会和聋人协会在今后应继续加大对国家通用手语的宣传力度，通过丰富多样的形式普及手语基础理论知识，进行通用手语教学。可以通过拍摄示范视频、开展集体学习、请内地手语专家传经送宝等途径深化聋人群体对通用手语的正确认知，及时纠正错误打法，进一步将国家通用手语落实到西藏自治区聋人群众之中。

（二）多措并举提高特殊学校教学质量

在聋教育界，我国自20世纪50年代以来曾长期实行"口语为主，手语为辅"的教学政策，教师在教学过程中使用口手同步的方式进行教学，聋教育质量多年来未取得实质性突破。20世纪80年代，欧美国家陆续开始进行双语双文化教学实验，手语的地位得到了前所未有的重视和强调，面向健听人的手语习得研究也蓬勃发展。以美国为例，一些基层聋校设立了帮助教职员工熟练掌握美国手语的项目。除了高校、职业康复机构和国家委员会外，许多学校也对外提供手语技能的培训，帮助社会人士学习和掌握美国手语，从而营造更好的手语大环境。在我国，面向聋校的手语培训由国家手语和盲文研究中心等专门机构和各地残疾人联合会负责，但总体来说培训频率低，人员名额少，覆盖面有限。不少聋校教师在教学生涯中几乎从未接受过关于手语的专业培训，多是通过工具书自学或跟同事、学生进行非正式学习，其效果较为有限。对于西藏自治区的特殊教育教育工作者而言，专业研修的机会更难获取。

西藏特殊学校师资结构同内地相仿，以健听人居多，聋人教师只占少数，有的学校甚至没有聋人教师。聋人教师是聋生的语言榜样和人格榜样，具有现身说法的示范效应，能对聋生的语言使用和身份认同形成深远影响。由于手语是聋人教师生活和工作中都需使用的语言，其手语水平往往高于健听人教师，对自然手语运用娴熟；而健听人教师不具备这种语言优势，大部分健听人教师的手语水平相对较弱，在课堂中更倾向于使用手势汉语，从而造成聋生的理解障碍和教学有效性的低下。相比于健听人教师，聋人教师的数量寥寥无几，自然手语因而也成为教学中的弱势语言，难以满足学生的需求。因此，特殊学校应当重视聋人教师作用的发挥，有意识地起用聋人教师承担语言教学任务，以改变当下的困境。

此外，还需要高度重视学前聋童语言教育。当前除拉萨特殊教育学校外，西藏自治区其他特殊教育学校并未开设学前班，聋生在进入一年级时，往往处于语言习得的空白状态，错过了语言发展的关键期。这种早期语言剥夺会使大脑结构发生永久性的改变，日后对任何语言的学习都难以达到母语的精熟度。可见，尽早为聋童提供足够的、可理解的语言输入至关重要。由于当前早期干预服务和听力口语康复服务在西藏自治区有待普及，因此，早期的手语学习是让聋童接触语言的最经济也最可行的手段。发展学前特殊教育在西藏大有可为。

二、加大对西藏手语的研究和保护力度

戴庆厦（2008）在《构建我国多民族语言和谐的几个理论问题》中提出，语言和谐是社会和谐的组成部分，认为语言和谐是指"不同的语言在一个社会里能够和谐共处，互补互利，在和谐中各尽其责，在和谐中发展"，并指出"语言互补是构建语言和谐的重要途径"①。《联合国残疾人权利公约》《岳麓宣言》《2010年温哥华世界聋教育大会决议》等国际文件规定，手语是聋人的语言，聋人社群的手语是语言文化多样性的体现，聋人使用手语应当得

---

① 戴庆厦，《构建我国多民族语言和谐的几个理论问题》，《中央民族大学学报（哲学社会科学版）》2008年第2期第35卷（总第177期），第100—104页。

到保护。当前,许多国家和地区已从法律上认可手语的语言地位,手语研究也不断拓展和深化。在这样的背景下,少数民族地区的手语开始进入我们的研究视野。但无须讳言,目前我国手语语言学的研究仍处于起步阶段,且多聚焦东部大城市如北京、上海等地的手语方言,对民族地区的手语缺少关注,即使是得到学界关注相对最多的西藏手语,在研究深度和成果产出数量上都极其有限。为此,我们需要从以下方面做出改进:

(一)坚持以我为主,防范外部势力干预西藏手语研究

西藏聋人协会在"国际助残"组织的资助下对当地手语进行采集和整理,虽然全程外方未公开介入我方的工作流程,但只要进行国际交流,就必然存在意识形态的碰撞甚至斗争。由于很少有健听人懂得聋人手语,这一领域容易成为缺少监控的盲区。中国的语言研究主导权必须牢牢把握在我国学者自己的手中,学术研究必须和党中央的政策大方向保持一致,坚决为国家利益服务,杜绝任何可能对国家安全造成风险的漏洞。

(二)引入专业力量,优化西藏手语的采集和整理工作

在过去的西藏手语采集、整理过程中,缺少手语语言学专业人员的参与,从而影响了工作的专业性和规范性。无论是西藏本地的聋人协会骨干,还是中国聋人协会派来进行指导的工作人员,均不具备语言学基础,虽掌握手语技能,但却缺少提炼形成理论并进行阐述生发的能力。而科班出身的健听手语研究者则情况相反,掌握语言学理论而缺乏手语技能。可见,亟须培养理论与实践兼通的手语研究人才,以承担起民族地区手语研究与手语政策规划工作的重任。

（三）推广国家通用手语的同时，科学保护西藏手语方言

推广国家通用语言文字和科学保护民族语言与方言是我国一体两翼的语言政策，二者并行不悖，互相补充，并不存在本质的矛盾冲突。目前西藏自治区仍然存在国家通用手语普及情况不理想、群众手语掌握不到位的状况，而西藏手语的采集整理工作仅对部分词语进行了处理，缺乏系统而持续的高质量成果输出，仍然未能改变西藏自治区聋人手语差异大的现状。为此，推广国家通用手语和保护西藏手语方言这两方面的工作今后都需要加强，坚持"两条腿走路"。西藏手语承载着丰富多彩的藏族民族文化，因此，西藏手语中的一些文化词也可以经过整理、讨论、研究之后纳入国家通用手语体系，以填补缺位、完善体系。

三、顺应西藏自治区聋人语言生活需求，全面打造语言服务体系

（一）优化语言教育体系

语言是表达思想观点的载体，是学习各科知识的基础。但语言也要通过教育去学习和掌握。在调研中，我们深切地感受到，手语本身的差异不是最重要的，真正限制西藏自治区聋人表达的是文化水平的局限。由于受教育不足，许多人在叙事时无法充分展开想象、进行拓展，也无法生动、细致、有条理地表达自我想法，这让他们的语料从丰富性上整体弱于内地聋人。

对聋生而言，手语是其最容易掌握和最快习得的语言，不仅关系到其日常沟通成效，也是协助学习其他所有课程的重要工具。对于听力补偿和听力重建不到位、错失早期干预时机的聋童而言，手语的介入更为重要。目前，西藏自治区家庭教育、学前教育与高中及以上教育尚不完善，不利于聋生的全方位发展。在内地，

很多聋童可以借助辅听设备进行口语康复训练,而西藏自治区由于康复机构的缺乏、家长对聋的错误认知等因素,使得聋生失去接受适切教育的机会。因此,加大对特殊教育的宣传,构建从早期教育、学前教育到高等教育的完整链条,有利于扩大聋人群体受教育的机会,从而提升其生活质量,改善其社会地位。

(二)完善手语翻译体系

手语译员肩负着为聋人扫除沟通障碍、促进社会融合的使命,良好的手语翻译体系建设对营造无障碍环境具有重要意义。我国的手语翻译专业化和职业化起步较晚,在少数民族地区更为薄弱,难以满足聋人的沟通需求。为此,西藏自治区应当充分发挥残疾人联合会带头作用,设立专职手语翻译岗位,并联合高校进行相关人才培养,满足手语翻译的供需缺口。在此过程中需要得到可靠的经费保障,需要得到专业研究人员的指导,也需要建立有效的监管机制,为手语翻译服务在正确轨道上运营保驾护航。

(三)丰富聋人精神生活

语言的主要功能之一在于通过文学艺术作品的创作与传播丰富人类的精神文化生活。在手语和聋人文化的传承中,学校和聋人协会扮演重要角色,而大众传媒的助力也不可忽略。西藏自治区残疾人联合会和聋人协会可有效发挥互联网优势,利用微信公众号、微博、B站、抖音等传播手段向公众科普和传播关于国家通用手语和西藏手语方言的相关知识,使更多健听人了解聋人群体,感受聋人文化和民族文化的魅力,也使聋人群众感受党和政府的温暖,有效参与社会,促进残健融合。

致　谢

西藏自治区的手语使用状况和聋人语言生活，是一个极其有意义但长期以来少人关注的话题。我有幸依托国家社会科学基金课题"西藏地区手语使用状况调查及汉藏手语的语言比较研究"，深入这一领域，进行了逾六年的调查研究。在此过程中，我得到了许多人的帮助和支持，在本书付梓之际，我要向他们表达我最深切的感谢。

首先，我要感谢我的导师、中国手语语言学研究奠基人龚群虎教授。我是他唯一的聋人学生，我深深感受到他对聋人自主从事手语研究的信任和支持。他鼓励我去代表聋人群体发声。

我也想感谢曾与我共同为这本书的面世而努力的学生和同行朋友：董玉媛、董卓林、梁玉音、丁金花、彭盈雪等研究生同学克服重重困难，和我一起亲赴藏区调查；陈雅清、马运怡、刘鸿宇等同样对西藏手语感兴趣的同道曾和我相互切磋，相互鼓励；张慧琴、范娇娇、侯文龙、张亚菲、赵雅娴、贡桑巴宗、其麦拉姆、张梦雨、苏井、宋越、王盼宁、古冰彩、胡利玲、邱雨欣、吴冰冰、孙婷、宋文婷等同学和吾根卓嘎、边珍、德曲、白玛等藏族朋友参与了本书的语料整理工作和后期校对工作。

特别感谢自治区残疾人联合会，自治区聋人协会，拉萨、日喀则、山南、那曲、昌都五所特殊教育学校等单位为我们的调研工作提供了巨大的支持。感谢自治区聋协主席吾根卓嘎女士、西藏大学藏学研究所的利格吉女士、拉萨特教学校的林利华老师夫妇、聋人导演余阳女士作为朋友鼎力相助。感谢藏族聋人兄弟姐妹们和自治区特教同行朋友们对我们的信任，他们与我素昧平生，但心却紧密相连，我也尝试以力所能及的方式予以回报。感谢来自全国各地的所有的访谈对象和发音合作人，没有你们提供的宝贵的第一手资料就没有这本书。

还要感谢复旦大学出版社，以及和我同为复旦校友的本书责任编辑张雪莉女士。既理解、抱持而又严谨、求精，是我和她的合作感受。期待今后我们能继续联手推出更多的精品图书。

最后，我要感谢我的先生徐先金和儿子徐墨，他们对我的无条件的爱和接纳是我投身事业的最坚强的后盾。

请允许我再次向所有在这段旅程中给予我帮助的人表示最诚挚的感谢。

郑　璇

2024年9月9日于北师大英东楼

附 录

附录一 《中国手语的汉语转写方案》
附录二 调查工具汇总
附录三 课堂观察记录汇总
附录四 访谈逐字稿(节选部分)
附录五 藏文手指字母和汉语拼音手指字母对比
附录六 藏族文化特色词的手势变体
附录七 西藏与内地手语的词序对比
附录八 西藏与内地的手语类标记对比
附录九 语言活力与语言濒危评估工具(手语适用)

附录一 《中国手语的汉语转写方案》

龚群虎、杨军辉　于 2003 年制订

郑　璇　于 2023 年修订

《中国手语的汉语转写方案》是以手语语言学基本概念为基础设计的用汉语书面语记录中国聋人手语的转写体系。本方案适用于手语研究者和与聋人相关诸领域的研究者或教育工作者。欢迎使用并提出宝贵意见。

一、转写表

手语类别	汉语转写法说明	汉语转写示例
普通词	记作汉语释义词。在文中单独举例时可外加双引号，以示区别。复合词（包括仿译的汉语成语）各语素间可用"-"连接。	中国手语，或：中国-手语 狐假虎威，或：狐-假-虎-威
词界	记作"/"。	学习/中国-手语
手指拼写	记作相应的小写汉语拼音字母和相应的汉语字词，后者写在"（）"里；外文单词字母、科学公式符号和数字记作相应符号或数字，转写法以相应书写习惯为依据。	zhe（着） David H_2O 2+3=5
词头起首字母缩略语	记作相应的大写汉语拼音字母，后加"（）"，内写所代表的汉语词；非专指时，注明"指某人（或某事物）"。	LL（理论） YW（因为） MZD（毛泽东） ZH（指张老师）

续表

手语类别	汉语转写法说明	汉语转写示例
仿字（含仿字兼书空、省形的仿字）和书空	记作相应汉字，外加单引号；可后加"（ ）"说明。如需区别仿字和书空，后者可在字后加上小写"s"。如需区别仿字兼书空，可在字后加上小写的"fs"。	'工人'，或：'工-人' '厂'房 '王'（指王老师） '了'，或：'了s' '厅'，或：'厅fs'
借字音	写作被借音字，释义附后"（ ）"中。	某些手语方言词： 下五（午） 一四（意思） 主一（义）
重复	表示长期、反复、持续动作或名词的复数的重复，后加"++"；重复两次以上，则记作"+++"。	来++ 读++ 椅子+++
手势的保持或拖长	记作后加的"---"，如过长则记作"------"。	风景 / 美--- 慢------
指示词	指人、事物或方位，用"指"后加带"（ ）"的注释。	指（自身）、指（对方，复数）、指（第三方）；指（这个）、指（那些）；指（这里），指（那里）；指（上），指（下），指（前），指（后）。
方向	记在动词后的括号"（ ）"里，必要时用"→"标明起点与终点。	"看（自身←对方）" "帮助（对方→第三方）"
句子	句子外加"[ ]"，常用的"陈述""疑问"和"祈使或语气加重"可分别用汉语标点符号"。""？"和"！"表示；复合句内部单位可外加"[ ]"分句间可用"，"分隔。句（或词组）中的词界用"/"。可省"[ ]"。	[踢足球/喜欢，打篮球/不喜欢］。 或：踢足球/喜欢，打篮球/不喜欢。 译文：（我）喜欢踢足球，不喜欢打篮球。
类标记（Classifier）	类标记必要时可注明手形。手形优先选用手指字母及仿字，其次为语言描述。	"拿杯子（C手形）" 病人/倒下（侧Y手形）

271

续表

手语类别	汉语转写法说明	汉语转写示例
区别性面部表情或体态等标记	在"[ ]"右上角,用相应的上标文字标出("陈述""疑问""语气加重""否定""话题""设问"等),也可直接用"点头""摇头""扬眉""皱眉""睁眼""眯眼"等)。常用的"陈述""疑问"和"语气加重"可分别用汉语标点符号"。""?"和"!"表示,"[ ]"省略。	1. 女人/长/头发/ 指(第三方),认识? (汉译:你认识那位长头发的女人吗?) [帮助(自身→对方)/不]^否定 (汉译:不帮你。) 2. [长鼻子]^话题/奇怪。 (汉译:长鼻子,大家觉得奇怪) 3. [买/干什么]^设问,送/朋友。 (汉译:为什么买?是要送给朋友。)
姿势动作	描述动作,外加括号"( )"	(耸肩) (摆手) (双手交替拨开人群)
口型动作	描述口型,外加括号"( )"	(张口,同时摊开双手) ("去"口型,同时扬起头) ("呸"口型,同时低头)
视线变换	用语言描述,外加括号"( )"	(视线左移) (视线下移) (视线及上体左移)

例句(或词组)
1. 女人/长/头发/指(第三方),认识?
   或者:[女人/长/头发/指(第三方)]^话题,认识?
   (汉译:你认识那位长头发的女人吗?)
2. 彭-浦-'区'/电影-院/没有?
   (汉译:彭浦区没有电影院吗?)
3. '介'(自身→对方),指(自身)/虹口-'区'/残-联,指(第三方)/FD(复旦)-大学/教。
   (汉译:给你介绍一下,我在虹口区残疾人联合会(工作),他在复旦大学教书。)
4. 指(对方)/接近/聋/做/什么?
   (汉译:你为什么接近聋人?)
5. 中国-手语/语-言-学/研究
   (汉译:中国手语语言学研究)
6. 老师/批评+++/指(第三方)。
   (汉译:老师狠狠地批评了他/她。)

二、说明

1. 宽式转写法可不注明指拼、仿字、书空及复合词等。

2. 区别性面部表情体态（nonmanuals）的标记法在括号后，主要考虑书写排印的方便；如希望用学界习惯标记法，也可记在该行的上方（另占一行，用下划线表示作用域）。

3. 主要参考文献：

［1］傅逸亭、梅次开. 聋人手语概论［M］，北京：学林出版社，1986.

［2］史文汉、丁立芬. 手能生桥：第1册［M］，台北：手语研究会，1989.

［3］中国聋人协会（编）. 中国手语［M］，北京：华夏出版社，2019.

［4］Edward S. Klima, Ursula Bellugi et al. (ed). 1979, *The Signs of Language*, Harvard University Press.

［5］Rachel Sutton-Spence & Bencie Woll, 1999, *The Linguistics of British Sign Language: an Introduction*, Cambridge University Press.

［6］Clayton Valli and Ceil Lucas. 1992, *Linguistics of American Sign Language: a Resource Text for ASL Users*, Gallaudet University Press.

附录二 调查工具汇总

1. 调查对象信息登记表

教师基本信息表		
姓名：	性别：	民族：
出生年月：	籍贯：	
聋听状况：		
专业背景：		
教龄：		
教授科目及年级：		
备注：		

学生基本情况表		
姓名：	性别：	民族：
出生年月：	籍贯：	
是否有兄弟姐妹：		
家庭是否有特殊情况（隔代抚养、单亲家庭和家庭成员聋人等）：		
听力损失程度：		
失聪时间：		
失聪原因：		
佩戴听力辅具情况：		
听力补偿效果：		

续表

学生基本情况表	
是否有其他并发疾病：	
语言接收方式：	语言表达方式：
口语水平：	手语水平：
入学年龄（年月）：	寄宿还是走读：
学业成绩：	
既往教育经历：	
备注：	

社会聋人基本情况表		
姓名：	性别：	民族：
出生年月：		籍贯：
听力损失程度：		
失聪时间：		
失聪原因：		
佩戴听力辅具情况：		
听力补偿效果：		
是否有其他并发疾病：		
家里是否有聋人：		
沟通方式：		
汉、藏口语水平：		
汉、藏书面语水平：		
手语水平：		

续表

社会聋人基本情况表

既往教育经历:
工作经历:
备注:

2. 课堂观察记录表

科目名称			
教学内容			
学　　校		年级	
教师情况			
学生情况			
观察所得			

3. 访谈提纲

教师访谈提纲

1. 您觉得自己的藏语、藏文水平如何？

2. 您觉得自己的汉语、汉文水平如何？

3. 您觉得自己的手语水平如何？学生在课外用手语聊天，您能看懂多少？

4. 您是什么时候开始学习手语的？如何学习手语的？

5. 您是否会自然手语？您是如何处理自然手语与手势汉语的关系？

6. 刚入学的新生，手语情况是什么样的？他们是如何习得手语的？进步得有多快？

7. 您对语训的态度是怎样的？

8. 您是否会西藏手语？您对它了解多少？

9. 西藏的特殊教育存在哪些不同于内地的情况？您在教学中主要有些什么困惑？

10. 工作中是否感觉到和其他同事、学生之间有汉、藏文化冲突？请列举具体事例。

（以下问题针对汉族老师）

11. 学生喜欢阅读吗？喜欢读哪些书？在阅读方面主要存在哪些困难？

12. 您觉得学生对学习汉语兴趣大还是对学习藏语兴趣大？他们有必要学习西藏手语吗？

13. 家长是否配合学校的教学？和孩子的亲子沟通情况如何？

14. 根据您的了解，学校有"回流（从普校到特殊教育学校）"的学生吗？这些学生在学校的情况怎么样？

（以下问题针对藏族老师）

15. 藏手语的词汇是否有借用藏语的现象？请举几个例子说明词汇差异。

16. 藏手语的语序是什么样的？与汉语、藏语的顺序一样吗？请举例说明。

17. 藏文课上如何使用手语讲解藏语或藏文化特色？

18. 您觉得学生有必要学习藏文和西藏手语吗？为什么？

（以下问题问聋人老师）

19. 谈谈您的教育背景。您为什么会当老师？

20. 您在课上课下使用的手语有差异吗？如果有，是怎样进行转换的？

21. 您觉得在学校里能够从领导、同事那里得到自己所需要的支持吗？

22. 您觉得和学生相处融洽吗？他们眼中的你是什么样子的？

23. 您觉得教学中最有成就感的是什么？最难处理的是什么？

学生访谈提纲

1. 何时失聪？失聪的原因是什么？

2. 有没有使用助听器？戴了多久？戴着助听器是否习惯？是否会定期对助听器进行调试？助听器效果如何？

3. 有没有进行语言康复训练？什么时候开始的？怎样训练？喜欢这种训练吗？

4. 你和家人（父母、祖父母、兄弟姐妹）的关系怎么样？与家人使用什么方式沟通？

5. 除了家庭成员，在家的时候你有其他的玩伴吗？跟他们使用什么方式沟通？

6. 到学校后，想家吗？如果想家，是怎么克服这种思念的？如果不想家，原因是什么？

7. 和同学、舍友的关系如何？最好的朋友是谁？喜欢他哪一点？

8. 最喜欢哪个老师？为什么？

9. 在职业课中学习到了什么技能？你喜欢职业课吗？谈谈你的感受。

10. 在学校里最喜欢做的游戏是什么？

11. 谈谈重大节日（藏历新年、雪顿节……）的时候都做些什么。

12. 谈谈印象深刻的一次外出游玩的经历。

13. 喜欢打手语吗？觉得汉族人打手语和藏族人打手语有区别吗？

社会聋人访谈提纲

1. 何时失聪？何种原因引起的失聪？听不见，你的生活中有哪些不便？

2. 您什么时候学会手语的？怎么学会的？

3. 您的父母是做什么的？小时候您是怎么帮他们干活的？

4. 您之前在哪所学校上学？还记得当时的情况吗？喜欢那所学校吗？

5. 您现在从事什么工作？每天的具体工作内容是什么？当时怎么找到这份工作的？对这份工作满意吗？工作报酬和健听人同事一样吗？

6. 您和健听家人（父母、配偶、子女、亲戚）如何沟通？他们对您的态度如何？

7. 您是否曾感受到歧视？举几个例子说明。

8. 您觉得内地手语和西藏手语有区别吗？你各掌握多少？

9. 您觉得西藏自治区聋人应该学习藏族手语吗？你愿意学习西藏手语吗？

10. 您的手语会随着交际场合和交际对象而变化吗？试举几

个例子。

11. 您的老家在哪里？有什么特产和节日风俗？

12. 您会做西藏著名的小吃（如糌粑、藏面、甜茶等）吗？怎么做？

13. 您信佛吗？藏传佛教的教义是什么？

14. 讲讲您的转经／转山／朝圣的经历。

15. 介绍一个西藏著名的景点（如布达拉宫、色拉寺、纳木错湖等）。

16. 您对未来有什么梦想或心愿？

手语翻译访谈提纲

1. 您是从什么时候开始做手语翻译工作的呢？是因为什么缘故让您做手语翻译工作的呢？

2. 当时他们招手语翻译有没有报酬，是以什么形式招？

3. 那您主要是帮他们处理哪些事情？可不可以说一些具体的，比如说帮他们买东西、去医院、去打官司这些？

4. 您翻译得最长的一次是几个小时？

5. 平时联系您让您帮忙翻译的人多吗？大概是一个什么样的频率？比如说大概几天会去帮忙翻译一次？

6. 在做翻译的过程当中，您觉得最大的困难是什么？

7. 您翻译是用国家通用手语还是西藏手语呢？

8. 您是如何学习手语的，遇到困难吗，怎么克服的？

9. 在翻译中您觉得自己应该扮演什么角色，传声筒还是文化协调者，或是聋人的盟友？

4. 调查材料

• 无字漫画

《父与子》第7话：正中靶心

《父与子》第26话：一年之后

《父与子》第32话：指责也该有限度

《父与子》第40话：误把光头当球踢

- 动画视频

《鸟的故事》（*For the Birds*）

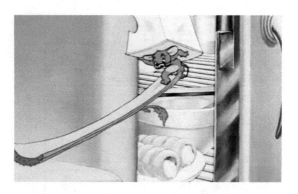

《猫和老鼠》（Tom and Jerry）第068话：午夜小点心

- 词表
  - 基础词词表（497 词）

0—9	10—19	20—90	100 （一百）	3 000 （三千）	50 000 （五万）
七亿	第一、二、三	十岁	三楼	63.9元	一半
A—Z	zh	ch	sh	ng	
爷爷	奶奶	外公	外婆	爸爸	妈妈
儿子	女儿	哥哥	弟弟	姐姐	妹妹
女	男	结婚	怀孕	生宝宝	
农民	牧民	工人	厨师	服务员	裁缝
司机	教师	学生	医生	护士	病人
警察	解放军	领导	老板	猎人	乞丐
苍蝇	蚂蚁	狮子	蜜蜂	鸟	鹰
老虎	鸡	鸭子	鹅	青蛙	鱼
乌龟	兔	猫	猪	鼠	蛇
蝴蝶	狗	山羊	绵羊	狮子	熊
奶牛	牛	猴	熊猫	马	大象
狼					

续表

0—9	10—19	20—90	100 (一百)	3 000 (三千)	50 000 (五万)
树	叶子	草	白花	黑花	红花
绿花	黄花	紫花	蓝花		
馒头	包子	米饭	粥	面条	鸡蛋
牛奶					
苹果	梨	香蕉	葡萄	桃	西瓜
橘子	橙子				
白菜	白萝卜	黄瓜	西红柿	肉	葱
姜	蒜	辣椒			
碗	筷子	盘子	脸盆	毛巾	牙杯
钟	手表	锁	钥匙	手机	Wi-Fi
微信	二维码	塑料袋	纸袋	布袋	垃圾桶
平房	楼房	床	沙发	电视	空调
电冰箱	洗衣机	桌子	椅子	衣柜	吊扇
落地扇	快递	ATM机	取款	存款	
黑板	灯	钢笔	中性笔	铅笔	橡皮
转笔刀	书	本子	助听器	人工耳蜗	
自行车	摩托车	三轮车	出租车	公交车	小汽车
大卡车	火车	飞机	轮船		
走	跑	坐	站	躺	睡觉
流鼻血	摸	跳	跳舞	游泳	洗头
洗澡	吹风机	化妆	小便	大便	开门
关门	擦窗户	扫地	拖地	教	学习
游戏	排队	吃饭	考试	领奖	表扬
批评	迟到	惩罚	开会	检查	砍柴
买菜	卖菜	藏	等	过马路	红绿灯
斑马线	摔倒	帮助	吵架	打架	修理
偷	抢	有	没有	想	喜欢

续表

0—9	10—19	20—90	100（一百）	3 000（三千）	50 000（五万）
讨厌	准备	开始	结束	知道	不知道
同意	不同意	相信	不相信	愿意	不愿意
记得	忘记	希望			
大	小	多	少	长	短
粗	细	高	矮	胖	瘦
厚	薄	重	轻	直	弯
软	硬	快	慢	远	近
深	浅	光滑	粗糙	空	满
干	湿	松	紧	热（天气）	冷
热（水）	冷	冰	好	坏	酸
甜	苦	辣	咸	臭	香
新鲜	腐烂	脏	干净	新	旧
整齐	乱	碎	模糊	清楚	美
帅	丑	年轻	老	便宜	贵
富	穷	强	弱	简单	难
累	精神抖擞	忙	闲	成功	失败
一样	不一样	真	假	普通	奇怪
熟悉	陌生	著名	聪明	笨	合适
喜	怒	哀	惧	兴奋	惊讶
害羞	积极	谦虚	骄傲	善	恶
嫉妒	孤独	幸福	不幸	疼痛	幽默
自私					
太阳	月亮	星星	云	白天	黑夜
晴天	阴天	风	下雨	下雪	彩虹
冰	雾	水	火	石头	灰尘
山	倒影	江	湖	海	
11时43分26秒	清晨	上午	中午	下午	晚上

续表

0—9	10—19	20—90	100 （一百）	3 000 （三千）	50 000 （五万）
半夜	星期一至星期天	三月三日	年	月份	12个月
暑假	寒假	春	夏	秋	冬
5个小时	前天	昨天	今天	明天	后天
一个星期	七年				
东	西	南	北	中	里
外	上	下	地球	中国	五星红旗
各省份	西藏	拉萨	山南	林芝	日喀则
那曲	昌都	阿里			
汉族	藏族	外国人	尼泊尔	印度	西游记

➤ **精简版基本词表（272词）**

称谓	我、自己、谁、爸爸、妈妈、儿子、女儿、丈夫、妻子、人、男人、女人、小孩、聋人
日常行为	唱歌、吃、和、生（孩子）、看、听、问、哭、笑、说、睡觉、死、数、走、站、坐、躺、拿、给、挖、扔、咬、缝、飞（鸟飞）、住、杀、玩、洗、来、去、工作、呕吐、病、知道、要、不要、不、不是、是、能/可以、没用
常见物品	绳子、家/房子、门、船、路、名字、手语、蛋、衣服
身体部位	背、鼻子、肠子、耳朵、肝、骨、脚、皮肤、肉、乳房、舌头、身体、手、头、头发、腿、尾巴、膝盖、心、血、牙齿、眼睛、羽毛、嘴
事物性状	坏、白、黑、红、黄、蓝、绿、紫、灰色、高、薄、厚、小、大、长、短、尖、窄、宽、圆、对、干、光滑、好、多、浮、活、近、旧、快、老、热、冷、亮、落/掉、满、慢、没有、少、湿/潮、新、有、远、脏、直（的）、重、爱、想、高兴、害怕
常见动物	动物、虫子、狗、猴、鸡、马、猫、鸟、蛇、鼠、羊、鱼、猪
常见植物	树根、草、花、森林、树、叶子
自然气象	海、河、湖、火、沙子、山、石头、水、太阳、天空、土、星星、月亮、云、白天、夜晚、风、雾、雪、烟、雨

续表

常用数字	一、二、三、四、五、六、七、八、九、十、二十、十一、十二、十三、十四、十五、十六、十七、十八、十九、百、千、第一、第二、第三、第四、第五、第六、第七、第八、第九、第十
时间日期	什么时候、以前、现在、时间、以后、年、一个月、二月、三月、四月、五月、六月、七月、八月、九月、十月、十一月、十二月、古代、星期一、星期二、星期三、星期四、星期五、星期六、星期天、一年、一天、昨天、今天、明天、上午、中午、下午、一月、一星期、小时、春、冬、秋、夏
空间	左、右
常用词	什么、哪里、怎么办、怎么样、其他、全/都、和、如果、因为

➢ 民族文化词表（134 词）

人文地理	西藏、拉萨、山南、林芝、日喀则、那曲、昌都、阿里、藏族人、汉族人、外国人、尼泊尔、印度
食物	糌粑、藏面、人参果米饭、包子、面包、饼子、酥油茶、甜茶、青稞酒、奶条、干奶酪、牛肉、风干牛肉、石锅鸡
服装、配饰	拉萨服饰、山南服饰、林芝服饰、日喀则服饰、那曲服饰、昌都服饰、阿里服饰、氆氇、藏帽、藏靴、金、银、菩提、藤条、天珠、牦牛骨、玛瑙、绿松石、珊瑚、蜜蜡、辫子
器物、风俗	帐篷、牛粪、藏医院、藏医生、藏药、高原反应、鼻烟壶、藏刀、哈达、面具、酥油灯、酥油、唐卡、切玛盒、嘎乌、佛经、转经筒、转经、烧香、煨桑、活佛、灵童、喇嘛、辩经、磕长头、朝圣、转山、经幡、风马旗、玛尼堆、放生
节日	藏历新年、新年、雪顿节、展佛节、望果节、燃灯节、天母节
娱乐、赛事	茶馆、玩骰子、酒吧、藏戏、弦子、锅庄、踢踏、赛马节、赛牦牛、斗牦牛、抱石比赛、拔河（押加）
景点、景观	布达拉宫、大昭寺、小昭寺、色拉寺、哲蚌寺、八廓街、罗布林卡、（山南）桑耶寺、（山南）雍布拉康、（山南）羊卓雍错、（日喀则）扎什伦布寺、（那曲）孝登寺、（那曲）白塔、（那曲）纳木错、（阿里）玛旁雍措、林芝桃花、唐古拉山、雪山、珠穆朗玛峰、喜马拉雅山、雅鲁藏布江
动物	鹰、秃鹫、藏獒、狗、藏羚羊、牦牛
植物	格桑花、雪莲花、藏红花、红景天、冬虫夏草

- 图片：
  > 类标记图片 33 张

图1　　　　　图2　　　　　图3
图4　　　　　图5　　　　　图6
图7　　　　　图8　　　　　图9
图10　　　　图11　　　　图12
图13　　　　图14　　　　图15

图16　　　　　　图17　　　　　　图18

图19　　　　　　图20　　　　　　图21

图22　　　　　　图23　　　　　　图24

图25　　　　　　图26　　　　　　图27

图28　　　　　　图28　　　　　　图30

图31　　　　　　图32　　　　　　图33

附录三 课堂观察记录汇总

序号	教学内容	学校与年级	教师情况	学生情况	教学过程	教学语言使用状况
1	语文课《游览动物园》	拉萨特殊教育学校四年级	健听人，女，藏族	男生4名，女生4名，共8名。无多重障碍学生。	一、课前手指操 二、复习导入：呈现动物图片，引导复习图片中动物的样子，并说该章节什么动物。（利用提问，激发学生的表达兴趣，回顾旧知） 三、授新 1. 带领学生复习文章中动物的手语，引导学生回忆归纳第一自然段大意，强调归纳段意的关键。 2. 引导打出第二自然段，鼓励学生按照归纳方法思考第二自然段段意。分析段落中重点词语，呈现图片，引导学生按图说词。 3. 提出问题：大象是什么样子？引导学生概括。讲解第三自然段：大象的样子。要求：快速通读（口语＋同步手语、汉语）第三自然段，回答问题。	教师： 教师授课时口手同步，边打边说。授课过程中会根据需要进行口语与书面语的转换，比如：教师在引导学生归纳大象的样子时，会配合使用书面语，将大象的样子特点记录到黑板上以示强调；教师在拓展延伸环节，为了类出多音字"长"，将其板书。另外，由于学生打手势汉语时会颠倒顺序，教师在纠正学生时，会只打手语，便于学生注意力集中到教师手上以作纠正。教师手语较为流利，在整个课堂活动中有较为积极的师生互动，没有长时间沉默。

续表

序号	教学内容	学校与年级	教师情况	学生情况	教学过程	教学语言使用状况
1	语文课《游览动物园》	拉萨特殊教育学校四年级	健听人，女，藏族	男生4名，女生4名，共8名。无多重障碍学生。	四、巩固练习 呈现大象的图片，学生说一说，打一打对大象身体的各部分以及特点。 五、拓展延伸 讲解多音字"长"。 六、回顾总结 1. 大象是什么样子的？ 2. 大象是怎样吃草的？ 七、布置作业 1. 读第四自然段，理解句式"有的……有的……"。 2. 归纳第四自然段主要内容。	学生： 四年级学生课堂注意力集中时间较长，大部分学生打手势汉语的同时能够用口语或回答问题。一些学生单独用口语回答（喜欢什么动物？大象喜欢是怎样吃草的？）时只打手势汉语而不喜欢出声，教师会特别强调出声朗读。
2	语训课《认识水果》	拉萨特殊教育学校学前班	健听人，女，汉族	男生6名，女生2名，共8名。无多重障碍学生。	一、复习 复习拼音字母"a"（手语+口语），引出词汇"爸爸"，通过教具（纸巾、图片）结合齐读、跟读、个别指导复习词汇"爸爸、外婆、阿姨、老师、娃娃"。 二、授新 1. 新课引入 电脑展示水果商店图片，学生认读，激发兴趣。	教师： 教师在词汇教学引导中使用手语口语结合，手口同步，词汇口语教学时为引导学生集中注意，引导学生单独使用口语，引会强调发音的气流来找到发音部位（纸巾放在嘴前发音时被吹动，靠近学生耳朵听发音的动作）。在学生看清舌头和嘴唇的动作，让每个学生口点名环节。

续表

序号	教学内容	学校与年级	教师情况	学生情况	教学过程	教学语言使用状况
2	语训课《认识水果》	拉萨特殊教育学校学前班	健听人，女，汉族	男生6名，女生2名，共8名。无多重障碍学生。	2. 新课讲解使用纸巾吹气教发音的发力点，结合水果图片引导学生齐读、跟读、个别指导学习词汇："菠萝、葡萄、梨子、柚子"，学生上台在黑板上认读水果图片，齐读复习。三、布置作业词语抄写5遍。	语言回答"到"，并对未能清晰准确说出"到"的同学进行单独指名。在授课环节，针对学生的发音情况对其进行纠正。教师授课时手语较为流利，有较为积极的师生互动。
3	语文课《爬山虎的脚》	日喀则特殊教育学校六年级	健听人，女，藏族	男生9名，女生3名，共12名。无多重障碍学生。	一、作者介绍——叶圣陶二、复习重点字词，展示实物帮助学生理解字词，提问学生读字词：叶柄、蜗牛、细丝、波纹、重叠、茎、铺。三、视频导入播放爬山虎生长的视频，教师介绍爬山虎生长的重点变化部分。	学生：学生在课堂过渡环节使用少量手语，点名和词汇发音学习环节使用口语学习读法。学生注意集中讲台认读词汇。学生在指导上中时间较短，特别是在指导上讲台做题的学生时，教师容易注意不到台下学生的小动作和聊天行为。教师：教师授课时口手同步，边打边说，采用实物展示讲授，授课过程中会根据需要进行口语与书面语的转换，比如：老师在讲解课文"叶各向我们介绍了爬山虎的哪些方面"的部

293

续表

序号	教学内容	学校与年级	教师情况	学生情况	教学过程	教学语言使用状况
3	语文课《爬山虎的脚》	日喀则特殊教育学校六年级	健听人，女，藏族	男生9名，女生3名，共12名。无多重障碍学生。	四、授新 思考：叶爷爷向我们介绍了爬山虎的脚的哪些方面？ 1. 展示第一自然段配图，请学生边打边读第一自然段，带领全体学生说出爬山虎在第一自然段中描述的特点。出示图片，引导学生说出爬山虎在第一自然段中描述的特点。 2. 标出第二自然段大意，引导学生归纳段意，理解第二自然段中的重点，帮助学生理解段意。 3. 引导学生自己归纳第三自然段的主要内容——爬山虎的脚。 五、拓展延伸 画一画爬山虎的脚，教师进行个别指导。根据画面解释第三自然段对爬山虎的脚的位置描述，引申到生活中我们要做一个爱观察的人。 六、回顾总结 我们知道了爬山虎的脚上长的位置，颜色。现在请学生上台填写。 七、布置作业 观察身边常见的植物，把它生长的位置，颜色、样子描述出来，写一篇短文。	分时，边讲边板书；讲解段落中重点字词时，老师将其再次书写到黑板上，帮助学生回忆；在讲解第三自然段爬山虎的脚时，为帮助学生理解爬山虎的脚的特点，要求学生画一画爬山虎的脚，老师进行个别指导。教师手语较为积极的课堂互动，课堂中有较为积极的重点，老师在讲解对于段中的重点时用手指住。 学生： 学生边打边说重点字词，段意，积极配合理解课文内容。另外，在参与课堂活动中，有口语，手势与汉语转换为书面语的情况，比如：在回顾总结的时候，学生通过书写我们知道了爬山虎的脚的位置，样子，颜色三方面回忆课文重点。

294

续表

序号	教学内容	学校与年级	教师情况	学生情况	教学过程	教学语言使用状况
4	语文课《小壁虎借尾巴》	山南特殊教育学校 五年级	健听人,女,汉族	男生6名,女生3名,共9名。无多重障碍学生。	一、授新 1. 新课引入：学习词汇"壁虎""掌握""蹭"。 2. 新课讲解 （1）提出问题，视频动画朗读课文，学生观看+回答问题。 （2）齐读课文（手语+口语）。 （3）理解课文：分组回答问题（加分），学生上台朗读，全班齐读，比较句子（学习礼貌用语），小组讨论（教师指导）。 二、巩固练习 1. 看图写句子，学生根据图片在黑板上书写面语描写图片内容。 2. 练习，填空。 3. 情景表演。 三、课后作业	教师： 教师使用视频激发学生兴趣，视频中口语速度发音清晰，速度较慢。使用分组回答问题积极性。结合提问，分段带领学生用手语和口语齐读课文，分点讲解课文内容。教师授课时手语非常流利，手语和口语同时使用，并伴随恰当的表情和肢体语言来吸引学生注意和激发兴趣，有较为积极的师生互动。 学生： 学生使用手语结合口语学习，齐读，跟读和单独练习手语，口语部分强调较好，部分学生口语能力较弱，在老师的指令下上黑板带领其他同学用手语+口语读课文。在练习部分学生上黑板使用书面语描写图片内容。

续表

序号	教学内容	学校与年级	教师情况	学生情况	教学过程	教学语言使用状况
5	语文课《草原上的鹰》	那曲特殊教育学校 四年级	健听人，女，藏族	男生5名，女生11名，共16名。无多重障碍学生。	一、复习 复习词汇：学生口语+手语认读，手语部分使用拼音拼读字词。 二、授新 1. 新课引入 提问草原上面有什么，引出课题。 2. 新课讲解 齐读课文标题，在老师带领下手语+口语齐读课文，老师提问，学生回答问题，加深对课文内容的理解。 三、练习 学生练习，教师巡回指导。 四、布置作业	教师： 教师强调运用口语把拼音读出来，带领学生口语结合手语把拼音字母读出来。在课文学习引导阶段，带领学生使用口语（手语未知）齐读课文，因视频灵活制缺少教师手语使用情况，无法观察到教师手语和口语的使用，教师强调口语的使用，学生注意力集中。 学生： 从学生角度观察到学生使用手语+口语进行课堂学习，发音和口型有模仿动作，学习积极性较高。
6	语文课《试卷讲解》	昌都特殊教育学校 四年级	健听人，女，汉族	男生4名，女生3名，共7名。无多重障碍学生。	一、词汇填空讲解，举例讲解。 二、近义词讲解，学生上黑板填写近义词，其余学生判断并讲解。 三、句子题讲解，举例说明。 四、练习，对比纠正错别字，个别指导。	教师： 教师使用手语和口语，每个手语动作配合口语，但对学生的口语关注部分较少。举例部分使用书面语写在黑板上。选学生上黑板使用书面语做题。

续表

序号	教学内容	学校与年级	教师情况	学生情况	教学过程	教学语言使用状况
6	语文课《试卷讲解》	昌都特殊教育学校四年级	健听人，女，汉族	男生4名，女生3名，共7名。无多重障碍学生。	一、词汇填空讲解，举例讲解。二、近义词讲解，学生上黑板填写近义词，其余学生判断并讲解。三、句子题讲解，举例说明。四、练习，对比纠正错别字，个别指导。	教师授课时手语较为流利，手语为标准中国手语，手语和口语同时使用，并伴随恰当的表情肢体语言来吸引学生注意和激发兴趣，有较为积极的师生互动。 学生： 学生使用手语结合口语学习，模仿老师的发音和口型。
7	藏文课《骄傲的孔雀》	拉萨特殊教育学校五年级	健听人，女，藏族	男生4名，女生6名，共10名。无多重障碍学生。	一、视频导入 呈现各种鸟类的图片，引导学生说一说这些鸟的名称，引出孔雀，标出孔雀的藏文，引导学生观看骄傲的孔雀的视频，铺垫引出课题——《骄傲的孔雀》。 二、授新 1. 初读课文 （1）引导学生朗读课文，边打边说，对重点词语进行突出强调，引导学生说一说孔雀的外貌。（说一说孔雀有哪些外貌？）	教师： 教师授课时口手同步，边打边说，并伴有自然的面部表情与肢体语言，授课过程中会根据需要进行藏文口语与书面语的转换，比如：教师在讲解段中重点字词时，将重点字词标注在黑板上；为了帮助学生更好地理解孔雀的特点，将故事关键写在黑板上。

297

续表

序号	教学内容	学校与年级	教师情况	学生情况	教学过程	教学语言使用状况
7	藏文课《骄傲的孔雀》	拉萨特殊教育学校五年级	健听人，女，藏族	男生4名，女生6名，共10名。无多重障碍学生。	（2）讲解第二段重点字词、段意。遇花喜鹊不理，花喜鹊对花喜鹊遇到孔雀的态度与孔雀对花喜鹊的态度形成对比帮助学生感受孔雀的特点。通过角色扮演帮助学生理解段意，通过动作表现孔雀的骄傲。通过课文填空，回答清晨孔雀散步发生了什么？学生交换纠正修改。（3）边打边讲第三段重点字词，段意——竟然，昂首挺胸。（4）讲解第四段段意。2.视频再次感受故事 播放与故事对应的视频，再次感受。3.授理 引导学生回顾故事，谈一谈感受，学生说一说这个故事收获的道理——戒骄戒躁，谦虚、尊重他人。	教师手语较为流利，课堂中有较为积极的课堂互动，没有长时间的沉默，教师在讲解课文时会用手指住PPT，帮助学生确定位置。 学生： 学生边打边说段意，上台书写段中重点字词，再讲解故事每点段落——遇花喜鹊不理，根据故事内容填空回答清晨孔雀散步发生了什么？
8	语训课《藏语语训》	拉萨特殊教育学校学前班	健听人，女，藏族	男生8名，女生0名，共8名。无多重障碍学生。	一、直接导入 呈现第一个手势汉语卡片，示范发音，指明对应的藏文，并问学生说明本节课要学内容。	教师： 教师授课时口手同步，边打边说，授课过程中根据需要进行藏文口语与书面语的转换。

续表

序号	教学内容	学校与年级	教师情况	学生情况	教学过程	教学语言使用状况
8	语训课《藏语语训》	拉萨特殊教育学校学前班	健听人，女，藏族	男生8名，女生0名，共8名。无多重障碍学生。	二、授新 1. 学习第一个藏文字母，出示带手语打手语卡片。 （1）领读并示范打手语。 （2）纠正个别学生手语，辅助学生感知教师发音（摸喉咙，纸片感知气流强度），用手感知气流强度）。 2. 学习第二个藏文字母，出示带手语的卡片。 （1）领读并示范打手语。 （2）纠正个别学生手语，辅助学生感知教师发音（摸喉咙，纸片感知气流强度），用手感知气流强度）。 3. 学习第三个藏文字母，出示带手语的卡片。 （1）领读并示范打手语。 （2）纠正个别学生手语，辅助学生感知教师发音（摸喉咙，纸片感知气流强度），用手感知气流强度）。 三、巩固练习 请学生上台发音，复习巩固所学藏文。	比如：教师在引导学生学习藏文字母时，会配合使用书面语，便于藏文字母与发音、手语一一对应，以示强调。教师引导藏文字母发音时，用手指住黑板上的重点内容，在整个课堂活动中有较多教师指导学生的活动，师生互动较少。 学生：学生课堂注意力集中时间较短，大部分学生打手势汉语的同时能够用口语或口型跟读，但单独回答问题时只打手势汉语，教师特别强调出声朗读。

续表

序号	教学内容	学校与年级	教师情况	学生情况	教学过程	教学语言使用状况
9	藏文课《猴子捞月》	日喀则特殊教育学校三年级	健听人，女，藏族	男生3名，女生6名，共9名。无多重障碍学生。	一、复习导入 引导学生复习生字词，区分生字词字母的手语。 二、授新 1. 呈现月亮的图片，出课题——《猴子捞月》。引出课题——《猴子捞月》。 2. 分析段意 （1）边打边说第一段，什么时间，主人公，发生了什么事？引导学生归纳段意。 （2）边打边说第二段，引导学生说出在第二段中发生了什么事情？ （3）边打边说第三段，引导学生归纳段意，说一说讲了什么故事？ （4）播放视频，再次回顾故事内容。 3. 角色扮演 请三位学生，其中一位扮演老猴，一位扮演大树，学生一起演绎猴子捞月故事，在演绎的过程中进行表达，更加深刻地理解故事，为揭示故事背后的道理奠定基础。	教师： 教师授课时口手同步，边打边说，并伴有自然恰当的面部表情与肢体语言。授课过程中会根据需要进行汉口语与书面语的转换，比如：在引导学生复习藏文生字时，为帮助学生区分藏文字母，会边打边说并在黑板上书写，帮助学生对藏文字母进行区分。另外，《猴子捞月》的重点：时间、地点、人物、事件会单独在黑板上进行书写，帮助学生记《猴子捞月》的故事。教师在讲解每一段段意时，也会在黑板上写出重点词语，再次帮助学生记忆。教师手语较为积极流利，课堂中有较为积极的课堂互动，教师在讲解藏文课文会用手指点，帮助学生确定位置。

续表

序号	教学内容	学校与年级	教师情况	学生情况	教学过程	教学语言使用状况
9	藏文课《猴子捞月》	日喀则特殊教育学校二年级	健听人，女，藏族	男生3名，女生6名，共9名。无多重障碍学生。	三、回顾总结 1. 制作故事盒子，帮助学生回顾《猴子捞月》的故事，学生之间进行交流。 2. 回顾《猴子捞月》故事内容进行课文填空。	学生： 学生在课堂中边打边说，积极学习课文内容，在回顾总结《猴子捞月》故事内容转换为书面语时，将口语、手语转换为汉语语表达时，也有手势汉语表达发生。另外，也有手语的情况发生，比如：学生在进行段意表达时，根据词打出，老师进行纠正，使得学生打出的段意更具语意。
10	藏文课《乌鸦喝水》	山南特殊教育学校二年级	健听人，女，藏族	男生5名，女生6名，共11名。无多重障碍学生。	一、词卡复习 学生用手语和口语念出词卡词汇，教师及时数励肯定给予强化。 二、授新 1. 讲解乌鸦词汇的手语和藏语。 2. 呈现乌鸦图片，提问学生乌鸦的相关问题。 3. 用"口渴了会做什么"引出主题。 4. 讲解课文。 5. 学生上讲台使用手语口语同步读课文。	教师： 教师使用手语和口语授课，表情和肢体语言丰富。教师授课时手语使用非常流利，口语同步使用，手语随伴随肢体语言和相关表情和激发兴趣，有较为积极的意师生互动。

续表

序号	教学内容	学校与年级	教师情况	学生情况	教学过程	教学语言使用状况
10	藏文课《乌鸦喝水》	山南特殊教育学校二年级	健听人,女,藏族	男生5名,女生6名,共11名。无多重障碍学生。	三、巩固练习 1. 情景表演,使用乌鸦、水瓶、石头的道具。 2. 教师戴上乌鸦面具示范表演《乌鸦喝水》的情景,使用肢体动作和表情和手语讲述故事情节。 3. 学生在教师的指导下模仿表演《乌鸦喝水》的故事情节。	学生: 大部分学生口语能力较薄弱,主要使用手语和模仿老师的嘴型发音,手语能力较好。大部分学生注意力集中时间长,学习积极性较高。
11	藏文课《动物过冬》	那曲特殊教育学校五年级	健听人,女,藏族	男生4名,女生5名,共9名。无多重障碍学生。	一、学生上台带领同学做口腔操。 二、授新 1. 学习词汇:斑鸠。在黑板上和课件中呈现动物的图片,讲解动物的特点。 2. 分段讲解课文内容(因藏语讲解过程无法解读),同时将对这段讲解过的藏文板书到黑板上,提问重点词汇相关的问题并对学生的回答进行解答。 三、布置课后作业	教师: 教师使用手语体语言丰富,表情和肢体语言丰富,在讲"斑鸠"时使用汉语口语,讲词汇的书面语书写在黑板上。讲理重点词汇时将口语切换到书面语后,再使用手语和口语进行讲解。教师授课时手语同步使用,并伴随恰当的表情肢体语言,吸引学生注意和激发兴趣,有较为积极的师生互动。

302

续表

序号	教学内容	学校与年级	教师情况	学生情况	教学过程	教学语言使用状况
11	藏文课《动物过冬》	那曲特殊教育学校五年级	健听人，女，藏族	男生4名，女生5名，共9名。无多重障碍学生。	一、课前指导学生预习，教师针对学生不会的手语词汇进行个别指导。 二、新课讲解 1. 词汇学习：课件上呈现词汇，教师带领学生用手语和嘴型发音学习，指导学生的手语动作。	学生： 大部分学生口语能力较薄弱，主要使用手语和模仿老师的嘴型发音，手语能力较好。大部分学生注意力集中时间长，学习积极性较高。
12	藏文课《卖猪肉》	昌都特殊教育学校四年级	聋人，女，藏族	男生3名，女生4名，共7名。无多重障碍学生。	1. 呈现猪的图片，在黑板上画出猪的局部图（尾股）标注"肉"。 2. 教师带领两名学生用手语读课文，并将重点词用藏文写在黑板上。 3. 情景表演：挑选两名学生表演文中卖猪肉的情节，在学生未能准确表现出故事情节时，老师亲自示范，有部分环节由全班学生参与表演。	教师： 教师为聋人教师，主要使用手语和口型引导学生发音，部分词汇大口型句子用藏语口语结合手语，大部分时候仅使用手语。注重使用面部表情和肢体语言来吸引学生的注意。教师授课时手语非常流利，并伴随恰当的表情和激发兴趣，有较为积极的师生互动。

303

续表

序号	教学内容	学校与年级	教师情况	学生情况	教学过程	教学语言使用状况
12	藏文课《卖猪肉》	昌都特殊教育学校四年级	聋人，女，藏族	男生3名，女生4名，共7名。无多重障碍学生。		学生：学生口语能力较薄弱，大部分学生只能模仿老师的口型模糊发音，课堂注意力较集中，积极性较高，在参与情景表演时，用肢体语言给各手语进行演示。
13	美术《吹墨点画》	拉萨特殊教育学校二年级	聋人，男，藏族	男生2名，女生5名，共7名。无多重障碍学生。	一、新课介绍：老师介绍本节课的主题《吹墨点画》。 二、情景引入：展示各种梅花的图片，让学生观察梅花的特点，介绍吹墨点画的方法。 三、授课 1.从颜色、花型、枝干三个方面介绍梅花的特点。 2.介绍《吹墨点画》的方法，用图片展示。 3.展示《吹墨点画》的作品。 4.介绍《吹墨点画》需要的绘画工具：白纸、墨水、红色颜料。 5.讲解步骤《吹墨点画》的步骤：白板上呈现步骤文字，教师再用手语讲解和示范具体步骤的操作方法。	教师：教师为聋人教师，无口语。要使用手语和书面语及课件图片引导学生发音，面部表情和肢体语言丰富，注重使用面部表情和肢体语言来吸引学生的注意，并伴随恰当的表情手语非常流利，有较为积极的师生互动。 学生：学生口语能力较薄弱，大部分学生只能模糊发音，课堂注意力较为集中，积极性较高。

续表

序号	教学内容	学校与年级	教师情况	学生情况	教学过程	教学语言使用状况
13	美术《吹墨点画》	拉萨特殊教育学校二年级	聋人，男，藏族	男生2名，女生5名，共7名。无多重障碍学生。	6. 学生自己按步骤进行尝试练习，一个步骤一个步骤地讲解和练习，教师进行个别指导。 7. 针对学生的练习作品，教师进行点评和示范正确方法。 四、作品展示 学生上前展示作品，老师进行点评，同学们来点评和讨论指出其中的问题，教师总结。 五、总结吹画要求，呈现在课件上，教师用手语进行讲解和强调重要步骤。	
14	语文课《生日卡片》	山南特殊教育学校二年级	聋人，女，藏族	男生11名，女生4名，共15名。无多重障碍学生。	一、复习导入 复习句子：自己的事情自己做。教师矫正句子的手语的顺序，补充完整句子。 唱《生日快乐》歌？哪位同学能自己唱一唱。请学生上台唱一唱。 二、授新 1. 记一记，说一说每位同学的生日。呈现每位同学的照片以及生日日期，边打边记。	教师： 教师授课时口手同步，边打边说，并伴有自然的表情与肢体语言，授课过程中会根据需要进行口语与书面语中会面语的转换，比如：老师在讲解课文时，对重点字词边打边读的同时会挑选出对学生较难打的字词进行板书；对于个别教难打出的

305

续表

序号	教学内容	学校与年级	教师情况	学生情况	教学过程	教学语言使用状况
14	语文课《生日卡片》	山南特殊教育学校二年级	聋人，女，藏族	男生11名，女生4名，共15名。无多重障碍学生。	2. 从问题"你知道爸爸妈妈的生日吗？"引入《生日卡片》。 （1）初读课文，了解内容。教师示范边打边读，请学生认真看。 （2）学习生字，边学边练。 卡、送、忘、句、您、谢。从部首、结构、组词三方面学习生字。 （3）学习词语，边学边练。 生日、卡片、送、忘、属兔、您、谢谢、祝福。 （4）学习多音字，边学边练。 长、干。 （5）利用"话、忘、谢谢"说句子。 送：妈妈送我去上学。 忘：我忘了告诉老师。 谢谢：老师谢谢您！ 三、回顾总结 谈一谈本节课都学到了什么？	字词（如：忘、属兔），老师会反复目动作幅度加大。教师手语较为流利，整个课堂气氛活跃，师生互动良好，没有长时间的沉默。 学生： 学生在课堂活动中，有手势汉语转换为手语的情况，比如：在复习句子"自己的事情自己做"时，老师纠正学生将"自己做"打成了"做自己"的问题。也有手语、口语转换成书面语的情况，比如：上台写出自己的事情自己做。

306

续表

序号	教学内容	学校与年级	教师情况	学生情况	教学过程	教学语言使用状况
15	数学课《有余数的除法》	山南特殊教育学校二年级	聋人，女，藏族	男生8名，女生6名，共14名。无多重障碍学生。	一、正课开始前，两位学生上黑板书写两道数学复习题，其他同学来纠正错误的地方。 二、授新 1. 呈现6张图片，带领学生一起用手语打一遍题目，再引出整数除法。 2. 呈现7张图片，引出有余数的除法，抽学生回答如何列算式。 3. 讲解新课，呈现图片，7÷2=⋯，用手语解释题目和做法。 三、巩固练习 1. 呈现题目，学生上讲台做题。 2. 讲解后学生在座位上做题，教师到座位上对学生进行个别指导。 3. 对学生的答题进行评讲，指出问题并指导。 4. 呈现题目，选取学生上黑板做题检验学习效果。 四、布置作业	教师： 教师在课前复习阶段选取两位学生上黑板做题，中间用手语与座位上的学生就台上答题的情况进行交流讨论，带领学生用手语打出做题过程。在新课阶段，带领学生逐字打手语，在学习数学运算时充分使用手语与学生进行互动。在复习阶段和新课阶段，老师先用手语+口语念一遍题目，对题目进行讲解。在练习阶段，教师会到座位上对学生用手语进行个别指导。在课前复习时，用书面语讲解，用手语讲解题目。教师授课时手语非常流利，伴随恰当的表情和肢体语言来吸引学生注意和激发兴趣，有较为积极的师生互动。

续表

序号	教学内容	学校与年级	教师情况	学生情况	教学过程	教学语言使用状况
15	数学课《有余数的除法》	山南特殊教育学校二年级	聋人、女、藏族	男生8名，女生6名，共14名。无多重障碍学生。		学生：学生在教师念题目阶段，会跟着教师用手语和口语（发音或口型）把题目念一遍，有部分学生口语发音较为清晰，大部分学生口语能力较弱。学生注意力集中。
16	数学课《除数是一位数的除法》口算除法	日喀则特殊教育学校二年级	聋人、女、藏族	男生3名，女生6名，共9名。无多重障碍学生。	一、复习导入复习乘法：三位数、两位数乘一位数。二、介绍本节课学习目标学生了解本节课内容后，更利于把握内容进度。三、问题提出呈现一位数、两位数除一位数的算式，引出问题：一串香蕉有10根，共6串，想将香蕉分给3只猴子，如何分？四、分组讨论边讨论边写一写，教师对小组进行帮助指导。讨论结束进行分享。	教师：教师授课时口手同步，边打边说，授课过程中会根据需要进行口语与书面语的转换，比如：在分组讨论问题时，教师帮助学生书写促进学生理解问题，解决问题；在引导学生发现规律时，除了预设的例子，教师也举出其他的例子帮助学生发现规律，举一反三。教师手语较为流利，整个课堂活动中有较为积极的师生互动，没有长时间沉默。

续表

序号	教学内容	学校与年级	教师情况	学生情况	教学过程	教学语言使用状况
16	数学课《除数是一位数的除法》口算除法	日喀则特殊教育学校二年级	鲁人，女，藏族	男生3名，女生6名，共9名。无多重障碍学生。	五、发现规律 6÷2=3 2×3=6 3×2=6 引导学生发现除法与乘法的关联之处（被除数与除数，商之间的关系；因数与积之间的关系）——被除数除以商等于除数，被除数除以除数等于商。 60÷3=20 600÷3=200 6000÷3=2000 引导学生发现规律：除数不变，被除数大多少倍，商就扩大多少倍。 5×5=25 5÷5=1 3÷3=1 引导学生发现规律：任何数除以它本身都等于1。	学生： 在计算环节，学生兴趣盎然，边打边说参与课堂活动，比如：在复习计算一位数除以一位数的算式时，学生将数除一位数的算式计算出的结果举得高高的，边计算边说。另外，在探究发现规律的环节，也积极计算。另外，在探究发现规律的环节，也有口语、手语转换为书面语的情况，比如：老师在检验一位数乘一位数、两位数乘一位数上台演示计算能力时，学生上台列竖式计算。在分组讨论解决问题时，在纸上写下自己的想法，列式计算除法算式。在巩固练习环节，巩固算一位数的除法算式，巩固是一位数除法新知。

续表

序号	教学内容	学校与年级	教师情况	学生情况	教学过程	教学语言使用状况
16	数学课《除数是一位数的除法》口算除法	日喀则特殊教育学校二年级	聋人，女，藏族	男生3名，女生6名，共9名。无多重障碍学生。	六、巩固练习 1. 做一做，列式计算并说一说是怎样想的？ 28÷2= 36÷3= 55÷5= 2. 比一比。 40÷4= 39÷3= 500÷5=	
17	语文课《打招呼》	日喀则特殊教育学校一年级	聋人，女，藏族	男生3名，女生5名，共8名。无多重障碍学生。	一、复习导入 复习词语拼音，教师引导学生复习词语手语。 二、授新 1. 教师指导学生找到圈出文中的这些词语，对个别学生进行帮助，再次复习词语手语。 2. 讲解课文 (1) 早晨，李思见到老师，说："老师，您好。"教师强调重点词语的手语，示范打出句子手语，请学生角色扮演老师与李思进行场景对话练习。	教师： 教师授课时口手同步，边打边说，并伴有恰当的面部表情与肢体语言，授课过程中会根据需要进行口语与书面语的转换。另外，由于学生打句子的手语时会颠倒顺序，教师在纠正学生时，会将手语动作幅度变大作强调。 教师手语较为流利，整个课堂活动中有较为积极的师生互动，没有长时间沉默，教师选用角色扮演的教学方法，充分激发了学生的学习兴趣。

310

续表

序号	教学内容	学校与年级	教师情况	学生情况	教学过程	教学语言使用状况
17	语文课《打招呼》	日喀则特殊教育学校一年级	聋人,女,藏族	男生3名,女生5名,共8名。无多重障碍学生。	(2)大哥哥帮助我们拖地板,我们说:"谢谢。"教师打出句子词语的手语,教师强调重点词语的手语,示范打出句子词语的手语,示范大哥哥角色扮演与场景对话练习。 (3)放学了,王桐对老师说:"老师再见!"教师打出句子词语的手语,示范打出句子词语的手语,调老师重点词语的手语,请学生王桐进行场景对话练习。 (4)放学回到家,万土明见妈妈说:"妈妈,我回家啦!"示范打出句子词语的手语,教师强调重点词语的手语,示范妈妈与万土明角色扮演,请学生角色扮演妈妈与万土明进行场景对话练习。 三、布置作业 尝试默写课文《打招呼》。	学生: 学生在复习词语"您好"时,将"您好"与"你好"未区分开来。另外,学生在跟读词语时有的带口语,有的不带。

附录四　访谈逐字稿（节选部分）

社会聋人访谈逐字稿（受访者 1=DA01，受访者 2=DA07）

受访者 1=DA01

访谈者：您是什么时候、因为什么原因失聪的？听不见，导致你的生活中有哪些不便？

DA01：我 8 岁时因为打针、吃药导致失聪；听不见导致我办事不方便，比如他人说的话我听不懂，自己的语句有时又不通顺、说话说得不怎么好，导致跟他人沟通困难。

访谈者：您是什么时候、怎么学会手语的？

DA01：我小时候不会打手语，邻居教我打的都是藏族自然手语，比如教"招手""赶牛"之类简单的手语。我的手语是到 ×× 特殊教育学校让老师教的。

访谈者：您的父母是做什么的？您小时候帮他们干过活吗？

DA01：我的爸爸妈妈都是农民。小时候我会帮爸爸妈妈干一些家务活，比如放牛、割麦、洗碗，洗衣服，做饭等。

访谈者：您之前是在哪所学校上学？您还记得当时的情况吗？您喜欢那所学校吗？

DA01：我 8 岁的时候在 ×× 特殊教育学校读书，读到了九年级。之后到上海读高中，读了 4 年。后来考上了南京特殊教育师范学院。小时候在 ×× 特殊教育学校生活得非常开心，但到了上海后，由于西藏教学和上海教学的差距而开始感到有压力，那时候手语有点不通，而且经常补课，有许多作业。到了南京读大学就觉得比较轻松了。

访谈者：您现在从事什么工作？每天的工作的具体内容是什么？当时怎么找到这份工作的？您对这份工作满意吗？这份工作的工作报酬和健听人同事是一样的吗？

DA01：大学毕业后我参加了公务员考试，考试顺利通过后到了×××当老师，教一年级到三年级的数学；我喜欢这边；工资差不多，主要是看学历。刚参加工作的时候包括我有4个新进老师。有一个同事他的学历是本科，而我是大专，所以他工资比我高一些。

访谈者：您用什么方式跟健听家人（父母、配偶、子女、亲戚）沟通？他们对您的态度怎么样？

DA01：我家人的听力都是正常的，我会说一点藏族话，家人会跟我打些简单的手语，我能看懂；他们对我的态度好。

访谈者：您是否曾经感受到歧视？能举几个例子说明吗？

DA01：有，比如我去买东西的时候，我问老板"这个多少钱"，老板刚开始不知道我是聋人，说个不停，在我还是不理解的情况下我就跟老板说："我是聋人。"他首先惊讶了一下，然后对我上下打量，之后直接让我出去，表示不卖东西给我。好像老板就觉得我们聋人没有钱，买不起东西一样，每次遇到这种情况心里就很失望。

访谈者：您觉得汉族手语和藏族手语有区别吗？您这两种手语分别掌握了多少？

DA01：有区别的。汉族手语是一字一字打的，而藏族手语不一样，因为它是自然手语，所以它会很形象；我在××特殊教育学校的时候，每星期六由××老师带队的聋人协会工作人员会到我们学校来，教在校的聋人学生藏族手语。星期一至星期五老师会教我们汉族手语。我每种手语掌握得一样多。

访谈者：您觉得西藏自治区聋人应该学习藏族手语吗？您愿意学习藏族手语吗？

DA01：应该。愿意。

访谈者：您的手语会随着交际场合和交际对象的变化而变化吗？试举几个例子。

DA01：会，比如说我在拉萨跟这边的聋人聊天时会用藏族手语和汉族手语。到了内地，因为汉族聋人不会藏族手语，我就会跟着他们打汉族手语；跟年轻聋人聊天时手语速度会快一些，但跟年龄大的聋人聊天时手语速度需要慢一些，并且要加上口型和肢体动作；有些老师不懂手语，我们就需要慢慢地打并且重复几次，直到他弄懂。

访谈者：您的老家在哪里？那边有什么特产和节日风俗吗？

DA01：我老家在拉萨附近的墨竹贡嘎县。这边有温泉。绿色食品有荨麻，但皮肤触碰到荨麻叶后有点痛，还很痒。其他我不知道。我老家服装是这样的（比划式样），这是墨竹贡嘎服装。

访谈者：您会做西藏著名的小吃吗？可以描述一下做法吗？

DA01：会。我会做糌粑，先倒酥油茶，再放白砂糖，之后把糌粑放在一起用手搅拌，就可以了；做甜茶，先把黑茶叶放到水里，煮一段时间，再放奶粉、牛奶、白砂糖，把它们放在一起搅拌、煮、再继续搅拌，就可以喝了；酥油茶是不一样的，要先煮开水，把水倒进酥油茶机里，再加茶汤，放盐巴放酥油，然后就可以喝了。

访谈者：您信佛吗？

DA01：我信佛。藏族普遍都信佛，认为不能杀太多的牛，要做好人，不做坏事；动物和人是一样的，我们要爱护动物们。要尊重长辈，听父母的话，不喝酒，节日时可以喝点小酒，不打架。

访谈者：请讲讲您的转经／转山／朝圣的经历。

DA01：我没有特殊的转山经历，没去过很远的地方转山、朝圣，平时只在家附近转转。我在家的时候，每到藏历 15 号就会跟家人一起去我家附近转山。

访谈者：请介绍一个西藏著名的景点（比如布达拉宫、色拉寺、纳木错湖等）。

DA01：让我想想。（停顿思考）我介绍布达拉宫吧，布达拉宫是藏王松赞干布建立的，本来是为文成公主而建的，但是后来发生了一些事，文成公主搬到大昭寺。其实我也不是很了解。布达拉宫对我们藏族人是免费的，进藏旅游的人门票好像是 100 块。

受访者 2=DA07

访谈者：您是什么时候、因为什么原因失聪的？听不见，导致您的生活中有哪些不便？

DA07：我 8 岁时因为发烧、打针失去听力；生活中会遇到很多困难，最困难的是做事情没有人翻译。第一，和别人沟通有困难；第二，会受到邻居小朋友的欺负；第三，不能去上学，而且上学也会遇到种种困难。

访谈者：您是什么时候、怎么学会手语的？

DA07：2001 年 8 月我就读于 ×× 特殊教育学校并开始学习手语。

访谈者：您的父母是做什么的？您小时候帮他们干过活吗？

DA07：小时候我爸爸是村里的干部，妈妈是农民；我小时候会跟爸爸妈妈一起去田里干农活，而且能帮的我都会帮。

访谈者：您之前是在哪所学校上学？您还记得当时的情况吗？您喜欢那所学校吗？

DA07：我去过普通学校和 ×× 特殊教育学校读书。在普通学校因为没有人会手语，沟通交流很困难。但是在××特殊教育学校老师和同学之间都是使用手语进行沟通的，而且在××特殊教育学校不管是学习还是生活都觉得很舒服。所以我更喜欢××特殊教育学校。

访谈者：您现在从事什么工作？每天的工作的具体内容是什么？当时怎么找到这份工作的？您对这份工作满意吗？这份工作的工作报酬和健听人同事是一样的吗？

DA07：我在聋人协会工作，职位是协会秘书；这份工作是协会某主席帮我找的；我很喜欢这份工作，工资还可以，工作比较放松；工作报酬没有差距。

访谈者：您是用什么方式跟健听家人（父母、配偶、子女、亲戚）沟通？他们对您的态度怎么样？

DA07：有时会用自然手语，有时用老家话（本地手语），简单的沟通是没问题的；家人对我的态度还可以。

访谈者：您是否曾经感受到歧视？能举几个例子说明吗？

DA07：有。都说聋人干不了大事。

访谈者：您觉得汉族手语和藏族手语有区别吗？您这两种手语分别掌握了多少？

DA07：有，但区别不大。藏族手语主要是自然手语，而汉族手语要用拼音还有字字打。每种手语掌握的一样多。

访谈者：您觉得西藏自治区聋人应该学习藏族手语吗？您愿意学习藏族手语吗？

DA07：藏族手语是很有必要的，因为用藏族手语进行表达，比较容易理解。我愿意继续学习我们藏族的手语。

访谈者：您的手语会随着交际场合和交际对象的变化而变化吗？试举几个例子。

DA07：有变化。比如对方打什么手语我就会跟着打什么手语。手语的变化要根据对方的需求。

访谈者：您的老家在哪里？那边有什么特产和节日风俗吗？

DA07：我的老家是日喀则。老家的特产有"朋必"（一种用豌豆面制作而成的小吃）和青稞酒。

访谈者：您会做西藏著名的小吃吗？可以描述一下做法吗？

DA07：会做。糌粑要先把青稞磨成面粉。甜茶是牛奶加入白砂糖。藏面需要把牛肉骨头煮成骨头汤，并且要压面吃。

访谈者：您信佛吗？

DA07：我是藏族的，我信佛。要多帮助身边的人，多做好事，这样会给自己来世带来好的运气。

访谈者：请讲讲您的转经／转山／朝圣的经历。

DA07：藏历星期三、星期六，每个月的 8 日、15 日都是朝圣、转山的时间，我们一般会在这个时间去转山、朝圣和转经。并且要在自己家的佛堂里供水，把水摆在佛像前面。

访谈者：请介绍一个西藏著名的景点（比如布达拉宫、色拉寺、纳木错湖等）。

DA07：这些景区我介绍不了，因为我自己也不是很了解。

手语翻译访谈逐字稿（访谈者 =SI01）

访谈者：非常高兴可以访谈您。然后我想问一下，老师您是从什么时候开始做手语翻译工作的呢？是因为什么缘故让您做手语翻译工作的呢？

SI01：你好，郑老师非常高兴认识你。2015 年朋友介绍我去聋人协会做手翻，开始不会手语，入职培训现学。

访谈者：您原来是做什么工作的？

SI01：原来我是做艾滋病（防护知识）宣传的。

访谈者：是在公益组织里面做吗？

SI01：是，拉萨有个项目。我们没有固定的工作在那边，那个项目完了以后我一直在家里，然后我一个朋友说聋人协会在招一个手语翻译。我喜欢这个工作，心里面非常高兴，我的梦想成真了，但是我不会手语怎么办？我怎么去帮助他们？最后他说他们（协会）会教的，我从2015年开始学的，一直努力到现在。

访谈者：一直到现在都还是在以这个形式来工作是吧？

SI01：那时候我在聋人协会那边上班，后来因为我家庭有点事，我就从聋人协会里面退出来了。家里面有很多事，每天拿工资每天请假不方便，人要算良心是吧？我就请假了。从他们协会里面退出来，辞职以后，但是我一直在帮他们，虽然我出来了，但是我有空就一直去帮他们。是这样子的。

访谈者：辞职是在哪一年？

SI01：好像是2018年。

访谈者：也就是说工作全职做了有3年的时间。

SI01：手语翻译工作做了接近3年。

访谈者：那去帮他们主要是帮他们处理哪些事情？可不可以说一些具体的，比如说帮他们买东西、去医院、去打官司这些。

SI01：打官司没有，大部分都是去医院。然后开会的时候，他们还有给聋人找工作。

访谈者：招聘会，面试？

SI01：招聘会经常有。当时我去翻译，招聘单位来电话，我把我的电话留给他们。他们给我打电话，然后我就通知聋人协会的负责人，他把那些聋人都聚集在一起，然后我们一起去。

访谈者：有没有一些遇到突发事件，比如说聋人车祸了或者东西被偷了，一些比较急的事情，临时喊去帮忙？

SI01：这种现象没遇到过。

访谈者：去医院的时候，有没有比较急的突发的疾病，去陪同做翻译？

SI01：这种到现在还没有。但是我经常跟他们联系，我说随时联系，我随时到。我就这样给他们解释。

访谈者：您在学手语的时候碰到哪些困难？

SI01：我现在最困难的就是，每天学新手语的时候，老师们打一个新手语，我说什么意思？我使劲地问，我在家里面记，自己一个人在家里面学。因为手语语言每年都会出现新的手语，新的词，我继续还是在努力在学，我希望我能活多久，我就能去帮他们多久。

访谈者：当时您 2015 年到他们那去工作的时候，他们是怎么样教您手语的呢？

SI01：××教我，因为我识字（这样）方便，不识字的话不方便。比如说我想跟他沟通，想说什么我写下来，他识字就能教我。我自己准备学习的内容，因为我有兴趣，选择认为最需要的去学，然后我就写下来。

访谈者：当时有没有一个计划，比如说我们今天学什么，明天学什么这样。

SI01：一般没有，但是我第一次学的时候，我们有个这么厚一本书。

访谈者：《藏族手语词词典》是吧？

SI01：看了那个书，我一个人使劲地看，然后上面没有视频，都是图，非常难。我自己看懂的就自己看看，不懂的就找人教我。

然后大部分都是通过词典，实际交流的非常少，然后我自己把学到的内容写下来。

访谈者：有没有一个大概的估计，当时每天学多少个句子？

SI01：好像是20个左右。

访谈者：有没有先学单词，后面再到句子？

SI01：先学单词，后面再句子。大部分学自然手语，自然手语懂得一点，学手语的时候直接教句子的话好像困难一点。先学单词，然后自己要动脑筋，单词那些都加起来作为一个句子。自己动脑子想的话就好一点。

访谈者：当时他们有没有教你一些表情？就是说打手语他一定是要有表情的。

SI01：教了。比如说不愉快的时候把脸拉下来，高兴的有笑容，他们说表情也是非常重要的，手语表情加起来效果就出来了，所以我也非常重视表情。

访谈者：平时联系您让您帮忙翻译的人多吗？大概是一个什么样的频率？比如说大概几天会去帮忙翻译一次？

SI01：有的时候一个星期两次，有的时候一个星期里面三四次，有的时候一个星期一次都没有，但是有的时候他们聋人也非常客气，认为没有报酬叫我的话非常的不好意思。他们经常跟我说我没有报酬，叫我不方便，（会觉得）害羞什么的。我说没关系，反正有时间我肯定会来的，不要在报酬上面计较。我现在也还是继续在学习新的手语。

访谈者：您在做翻译的过程当中，您觉得最大的困难是什么？

SI01：最大的困难就是那种在手语里面没有的词。没有的词和没有学过的，最困难的就是在会议上面，他们会用很专业的词。

访谈者：专业术语不知道怎么打出来？

SI01：对，那个是最困难的，这是一个。第二个的话，自己没遇到过这个词，没遇到这个词就没有学过，这两个是最大的困难。

访谈者：有没有感觉就是出去翻译的时候，特别是在一些活动上面翻译的时候没有人替换，就总是您在那翻译，会觉得很累吗？

SI01：对我来说没有。

访谈者：您翻译的最长的一次是几个小时？

SI01：两个小时吧。

访谈者：还想再问一下您对翻译是怎么看的？比如说您是不是觉得人家说什么我们都要百分之百翻译给聋人？还是说可以省略一点点，或者有些不翻也没关系。

SI01：我觉得正常人（指健听人）的话，一个一个排成一队说得很清楚，但是对我来说没有，我也不是专业的翻译，但是我的经验是看他们说的主要的内容，把主要的内容翻译出来是最好的，主要的内容不要落下就可以了。比如说了很多，最后完了说"谢谢"就可以了，我觉得是这样子的。

访谈者：如果聋人打手语，您可以把他的手语翻译成口语吗？

SI01：可以。

访谈者：如果他的手语里面有一些内容不太好直接翻出来让健听人知道，比如说聋人和健听人沟通的时候，他讲的话，健听人听了可能会不高兴，这个时候您作为翻译是会直接翻给健听人听，还是说会帮他改变一下意思？

SI01：对我来说我会改的。

访谈者：会改的。

SI01：因为谁都不想听不好听的话是吧？我就会想到，他（聋人）是不知道才这样子说的，所以我会马上改的。正常人（指健听人）如果说不好什么的，我也不会直接翻译，不让他伤心，我就翻译内容好的，然后他说的内容不好的话，我翻成好的，然后我会慢慢地让他知道比如说有错误，我不会自己说"你这样做的话不行"，要改，他就不会看到对方有意见，我照这个方式来做。但是这样做对不对？我也不知道。

特殊教育教师访谈逐字稿（受访者1=HT01，受访者2=HT03）

受访者1=HT01

访谈者：您觉得自己的藏语、藏文怎么样？
HT01：藏语、藏文水平不行，有的汉族老师会一点。我会简单的，但听不懂，学不会。汉语、汉文水平好。

访谈者：平常用的手语是什么手语？
HT01：使用《中国手语》，但用得很少，因为是语言训练，平时都是听、说，注重看口型，偶尔打手语。

访谈者：您能否自己评估一下，自己的手语水平大概怎么样？
HT01：我们学校每学期有手语考核，总共4次，我考了3次，每次都可以通过，但是平时不用。生活中常用的词语会，专业方面的词语不会。

访谈者：课上还好，如果课下，同学们在交流，他们的手语能看懂多少？
HT01：基本上都能看懂。

访谈者：他们打的手语是藏语手语吗？
HT01：我不懂藏语，我不知道打的是什么手语，但是打的基本能看懂，个别看不懂的词汇连起来可以看懂。

访谈者：本科学的言语听觉专业，有没有学过手语？
HT01：没有，我们这个专业忌讳学手语，我们训练的学生都是有残余听力的，基本上都戴有助听器或人工耳蜗，一点点手语都不用，注重训练听、说。上海是从两三岁开始，最大的也就7岁，他们训练的效果好；这里学生入学时已经七八岁，过了训练最佳时期。

访谈者：语训课上，学生用手语多不多？

HT01：学前班的学生不会太多的手语。我不提倡（用手语），我的课很少用手语，主要是看口型，能听就听，练习。

访谈者：您对他们刚入学，一、二、三年级手语发展水平了解吗？（包括）发展情况什么的。

HT01：入学后，他们的手语慢慢变得特别好。

访谈者：他们跟谁学的？

HT01：除了语训课，其他课都是手语，一些有口语的学生用口语，但是养成习惯后就不说了，喜欢用手语代替口语。

访谈者：语训课还好，基本上不需要手语？

HT01：语训课不想让他们打手语，有些他们不懂的，我简单打一点手语。学生在生活里半天说不出话，着急时会打手语。

访谈者：跟学生沟通，用什么手语呢？

HT01：现在考试都是用《中国手语》，（沟通）基本上都是用《中国手语》，自然手势少。

访谈者：跟聋人老师怎么沟通的？

HT01：他们都是藏族，我很少接触，一般工作上交流几句，平时没有交流。他们说话都是藏语，听不懂，很少参与聊天。

访谈者：您是教语训的，有些孩子有残余听力，他们说的是汉语还是藏语？

HT01：我昨天上课，问他们"这是什么"，我认为他们说的是藏语，他们不知道汉语，我教他们说汉语。

访谈者：教他们汉语的时候，您感觉他们学哪个语言更快一点？

HT01：他们本身就会藏语，汉语本来教会了，提问的时候就忘了。感觉他们记忆力不好。

访谈者：聋生在学前有语训课，小学中学还有吗？

HT01：聋生三年级以下有语训课，三年级以上的学生年龄大了，矫正不过来。

访谈者：三年级以下大概有多少语训课，频率是多少？一个星期有几节课？

HT01：学生太少了，挑一些可以进步的、有残余听力的学生，每周2—3节。学生要个训，也要集训。个训课每节1—2个，集训课是学前、一、二年级每周3节，3年级2节。

受访者2=HT03

访谈者：您觉得自己藏语、藏文水平怎么样？

HT03：藏文学得很好，但是语言表达能力不是很好。经常说云南藏语（方言），反而不常说拉萨话。基本的拉萨话可以，深层次的能听懂，但说不好。

访谈者：您的汉语、汉文水平还不错吧？

HT03：还不错。

访谈者：您的手语水平怎么样？

HT03：手语还行，和学生交流没有多大问题。

访谈者：课外和学生交流怎么样？

HT03：还行，如果他们不懂，一个眼神就够了，可以多说几次。

访谈者：学生课外聊天能看懂多少？

HT03：能看懂80%—90%。

访谈者：什么时候开始学习手语的？

HT03：大学时候学的是上海手语，在这里不能用，2010年在这里真正地开始学习手语，学了《中国手语》、地方手语、藏文字母和常用语，实习的时候在这里教了半年，基本没有忘记。

访谈者：之前上海手语是怎么学的？

HT03：上海手语是××学校老师教的，基本是单词，学的不实用，只是教，却没有跟学生交流的机会。上海他们更国际化，和这里不一样，到这里之后需要重新学。

访谈者：您是否会自然手语？

HT03：一般，跟学生交流是自然手语，实在表达不出来的时候使用《中国手语》，他们看懂后教我自然手语，慢慢学。我做九年级班主任，和学生接触得比较多，跟聋生交流也多，所以觉得还行。

访谈者：上课的时候怎么处理自然手语和手势汉语的关系？

HT03：课文读一遍，需要用手势汉语的时候，把《中国手语》打出来，更多解释用自然手语和肢体语言告诉他们怎么去理解。我如果发现手语书里的手语不实用，会在上课时创一个（新的手语打法），学生如果觉得形象，上课就用创的手语。

访谈者：自己创的这个手语以后会不会留下继续使用？

HT03：有些实用的手语，我们之间会继续用，但不知道其他学生有没有，如果不适用的话，中途基本上就停了，而且基本上是专业词汇的手语，生活中用不到的，指语必须打《中国手语》。学生在生活中喜欢用简单的方式交流，除非重新复习的时候会记得之前用过的，然后又重新用。

访谈者：上课的时候与藏文化有关的，如果有藏文化，您怎么解释？

HT03：汉语、藏语一起，不能算是很好地表达，但习惯的打法自然就打出来了，看学生如何理解，如果不能理解就再换方式。我们班把8个学生分为2组，有2个学生的确不愿意动脑筋，跟不上，就想着（把他们）带起来，等到八年级就没办法了。所以现在先抓着，能带就带，打算带到五年级，等到六年级分4组，分的时候都是学习好＋一般＋差＋较差，不是好的一组、比较好一组，这样不行，因为上课讲完就不讲了，一个学生懂了，（就让这个学生）用自己的语言先给我讲一次，理解确实没有问题，请他负责用自己的语言讲给其他学生，让同学们都理解。组长告诉我谁掌握谁不掌握，不懂再问，这节课难点重点就讲完了，要不然一个人在上面一直讲，如果学生都不懂，那没用。之前做了一个实验，发现我讲的内容，很多老师都不懂，我表达得不对。我想用心讲课，学生到底明不明白，一直在想，我这段时间会不停地换方式，想办法让他们明白。

访谈者：刚入学的新生，手语情况怎么样？

HT03：基本不懂。他们打的都是跟家人交流的手势，除非家人跟我们讲这个手势什么意思，我们就知道了。有些家人不会说，只能一个一个教，都是这样教他们如何去表达。问他们我们说的懂不懂，不懂就给我们反馈。

访谈者：手语进步得快吗？

HT03：快。因为如果你不表达就没有人理你，只能自己强硬地去融入。不融入的话，学生之间的交流都不能实现，所以需要慢慢地、主动地去学习，向学生学习，或请老师教，更多的时候是他们自己互相学习。这是我自己的经验，别的老师我不知道。很多元老级别的老师教出来的学生，口语都特别好，我们现在教的学生，口语都跟不上。跟老一辈比，我们不行，他们的学生已经有收成了,××等(同学)都特别棒,我们带的毕业生就不行,付出与回报不成正比。

访谈者: 您刚刚说的家庭手势有哪些? 可以举例说说吗?

HT03:吃饭、拉粑粑、糌粑、喝牛奶。(展示手势动作)

访谈者: 您对语训的看法?

HT03:对于有听力的学生,尽可能地把他带上去。刚开始带高年级的时候自己做不到位,等到自己有感觉的时候他们已经毕业了,这样就耽误孩子了。现在趁着他们年纪尚小,开始抓,我们能想到的都做了。

访谈者: 您对藏族手语了解多少?

HT03:平时基本都在打自然手语,说的藏文。藏族手语基本上都能够打出来,但很少接触专业的藏族手语词典,因为我们学校都是学习《中国手语》、自然手语。对藏文手语接触比较少。如果去残疾人联合会,他们藏文手语接触得多,如果拿过来我们老师会看不明白,就像电视上的新闻,都看不懂,何况学生。那是专业性的。靠近生活的都是藏族手语,但更多的是自然手语,因为自然手语表达清晰明了,学生能秒懂。《中国手语》词汇量少,学生得很久才能想出来。

访谈者: 学生对于藏语还是汉语的兴趣大?

HT03:都还可以,更多的是讲《中国手语》,汉语和藏语课都教得好,有几个老师藏文课讲得特别好,形象生动,使人身临其境。

访谈者: 你觉得学生有必要学习藏族手语吗?

HT03:有必要学习藏族手语。学生回家跟父母交流都是藏语,毕竟在西藏自治区,以方言为主,很多父母不懂汉语,现在小孩学的手语和很多家长交流不了。他们说的是地道藏语,小孩学的固体、形态类的事物打法，交流上没问题，换其他的都不明白。有些学了汉语，学得很快，以前都是藏语翻译成汉语，再打成手语，现在直接藏语打成手语，用藏语连成一段话。口语是藏语，手语是自然手语。

访谈者： 藏语和藏族手语语序一样吗？

HT03：不一样。藏口语：我吃饭先去，但手语是汉手语；所以小孩反应快，转换得很快。藏口语＋汉手语。

听障学生访谈逐字稿（受访者1=DS17，受访者2=DS21）

受访者1=DS17

访谈者： 你是什么时候、什么原因导致的失聪？

DS17：三岁的时候因为爬楼梯不小心被别人推倒，之后头受了伤流了血，导致的失聪。

访谈者： 你有没有佩戴过助听器？戴了多长时间？你是否习惯佩戴着助听器？你是否会定期对助听器进行调试？你觉得助听器的效果怎么样？

DS17：从来没有戴过助听器。

访谈者： 你有没有进行过语言康复训练？是从什么时候开始训练的？训练的方式是怎么样的？你喜欢这种训练的方式吗？

DS17：有。老师通过使用口型示范、让我们模仿的方法来教我们读音。

访谈者： 你与家人的关系怎么样？你使用什么方式跟家人沟通？

DS17：我爸爸看不懂手语，但是妈妈看得懂。

访谈者： 除了家庭成员，你在家的时候有其他的玩伴吗？你又是使用什么方式跟他们沟通的？

DS17：我有健听人朋友，我们会使用手语进行沟通。

访谈者：到了学校后，你想家吗？

DS17：会想家。我星期一到星期五在学校上课，等星期六、星期天放假的时候我就可以回家看父母了。

访谈者：你跟同学、舍友的关系怎么样？你最好的朋友是谁？为什么他是你最好的朋友？

DS17：一个宿舍一共住了8个学生，我们有时候会争吵。我偶尔会跟她们聊聊天，但是我没有喜欢的朋友。

访谈者：最喜欢哪个老师？

DS17：我喜欢××老师。

访谈者：在职业课中学习到了什么技能？你喜欢职业课吗？谈谈你的感受。

DS17：现在还没有学习到什么技能。我们要学习的课程有藏语、汉语、数学和美术，我对美术课很感兴趣，所以每次学习美术的时候都很开心。

访谈者：在学校里最喜欢做什么游戏？

DS17：打篮球。

访谈者：谈谈重大节日的时候你都做些什么。

DS17：过年的时候父母会给我们穿新衣服；家里还会来客人，能跟他们一起吃喝玩乐，还可以跟兄弟姐妹、朋友们一起玩儿。

访谈者：请你谈谈你印象深刻的一次外出游玩的经历。

DS17：我会到处去玩，我喜欢去拉萨。放假的时候爸妈带我去了拉萨三次，去拜佛。我爸爸还带我去过一次上海。

受访者2=DS21

访谈者：你是什么时候、什么原因导致失聪？

DS21：3岁的时候，耳朵没有任何原因突然失聪。
访谈者：你有没有佩戴过助听器？戴了多长时间？你是否习惯佩戴着助听器？你是否会定期对助听器进行调试？你觉得助听器的效果怎么样？
DS21：我从12岁开始戴助听器。其中左耳戴了助听器，右耳因为耳朵痒不能戴助听器。
访谈者：你有没有进行过语言康复训练？是从什么时候开始训练的？训练的方式是怎么样的？你喜欢这种训练的方式吗？
DS21：有，只有戴了助听器才能进行语言训练。
访谈者：你与家人的关系怎么样？你使用什么方式跟家人沟通？
DS21：我跟家人的沟通没有问题。因为我老家只有我一个聋人，所以我跟父母是通过语言进行沟通的。
访谈者：除了家庭成员，你在家的时候有其他的玩伴吗？你又是使用什么方式跟他们沟通的？
DS21：有，我用口语跟他们沟通。
访谈者：到了学校后，你想家吗？
DS21：不想家，在学校开心快乐，有钱花，有饭吃。
访谈者：你跟同学、舍友的关系怎么样？你最好的朋友是谁？为什么他是你最好的朋友？
DS21：我跟他们的关系好；他们会陪着我一起学习，而且我们喜欢在晚上偷偷地聊天。
访谈者：最喜欢哪个老师？为什么最喜欢这位老师？
DS21：我喜欢××老师，因为她心地善良，经常教导我，让我做出了许多改变。
访谈者：在职业课中学习到了什么技能？你喜欢职业课吗？谈谈你的感受。

DS21：我的职业课是学习编织地毯，这个活很难干，也很累。

访谈者：在学校里最喜欢做什么游戏？

DS21：我喜欢跳舞。

访谈者：谈谈重大节日的时候你都做些什么。

DS21：我的老家在林芝，过年的时候我觉得很开心很快乐。

访谈者：请你谈谈你印象深刻的一次外出游玩的经历。

DS21：印象最深的是在罗布林卡，那里很好玩，有猴子等各种动物，而且风景很优美，很多人喜欢在这里拍照。

访谈者：你喜欢打手语吗？你觉得汉族人打手语和藏族人打手语有区别吗？

DS21：两种手语我都喜欢，我觉得它们有点不一样。

附录五 藏文手指字母和汉语拼音手指字母对比

ཀ་མེད་ཡུམ་ཆུ་ལོགས་ཀྱི་བོད་ཡིག་མག་བརྡའི་རི་མོ།
藏语手语字母
Tibetan Sign Language Alphabet

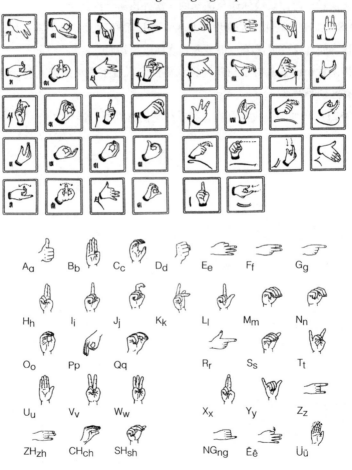

附录六　藏族文化特色词的手势变体

人文地理

词目	手势变体		理据解说	语料来源
西藏	打法一		制作糌粑的动作+平坦地貌的动作 此打法也被收录在通用手语中。	DA02 DA03 DA11 DA13
	打法二		制作糌粑的动作。	DA06 DA04 DA07 DA10 DA08 DA09 DA12
	打法三		汉字"西"的字形+"藏（cáng）起来"的手势	DA14
拉萨	打法一		拜佛的动作+模仿宫殿的外形	DA05 DA12 DA15 DA01 DA14

续表

词目	手势变体		理据解说	语料来源
拉萨	打法二		制作捏糌粑的动作+拜佛的动作	DA02 DA03 DA06 DA04 DA07 DA10 DA08 DA09 DA11 DA13
山南	打法一		以山南特有的服饰式样代表山南。	DA02 DA03 DA06 DA04 DA07 DA10 DA08 DA09 DA11 DA14 DA13
	打法二		山+南 此为手势汉语打法。	DA05 DA12 DA15 DA01

续表

词目	手势变体			理据解说	语料来源
林芝	打法一			以林芝地区头饰的独特样貌代表林芝。	DA02 DA03 DA05 DA06 DA04 DA07 DA10 DA08 DA09 DA11 DA14 DA13
	打法二			八一镇是林芝市人民政府所在地，因此用"八"加上"一"来代表林芝。	DA15 DA01 DA12
日喀则	打法一			以模拟日喀则地区头饰外形来表示日喀则。	DA02 DA03 DA05 DA06 DA04 DA07 DA10 DA08 DA09 DA11 DA14 DA12 DA13 DA15 DA01

续表

词目	手势变体		理据解说	语料来源
那曲	打法一		以那曲地区典型的舞蹈动作来表示那曲。	DA02 DA03 DA05 DA06 DA04 DA07 DA10 DA08 DA09 DA11 DA14 DA12 DA13 DA15 DA01
昌都	打法一		以昌都地区的头饰外形代表昌都。	DA02 DA03 DA05 DA04 DA08 DA09 DA11 DA14 DA12 DA13 DA15 DA01
	打法二		以昌都地区的头饰加上肩带上的细节代表昌都。	DA06 DA07 DA10

续表

词目	手势变体	理据解说	语料来源
阿里	打法一	以阿里地区当地女性佩戴的头饰和颈饰来代表阿里。	DA13 DA03 DA02 DA06 DA04 DA07 DA10 DA08 DA09 DA14
	打法二	A+里 此为手势汉语打法。	DA05 DA11 DA12 DA15 DA01
藏族人	打法一	制作糌粑的动作+"人"（藏族打法）	DA03 DA02 DA06 DA04 DA07 DA10 DA08 DA09 DA11 DA14 DA13
	打法二	Z/族/人 此为手势汉语打法。	DA05 DA15 DA01

续表

词目	手势变体		理据解说	语料来源
藏族人	打法三		制作糌粑的动作+"人"	DA12
汉族人	打法一		军帽+"人"（藏族手势）以解放西藏时解放军的形象代表汉族人。	DA03 DA02 DA06 DA04 DA07 DA10 DA08 DA09 DA11 DA14 DA12 DA13
	打法二		H+族+人 此为手势汉语打法。	DA05 DA12 DA15 DA01

续表

词目	手势变体		理据解说	语料来源
外国人	打法一		模拟外国人显著的五官特征，即大鼻子。	DA03 DA02 DA06 DA04 DA07 DA10 DA08 DA09 DA11 DA14 DA12 DA13
	打法二		外+G+人 此为手势汉语打法。	DA05 DA12 DA15 DA01
尼泊尔	打法一		使用尼泊尔标志性建筑物的外形代表尼泊尔。	DA02 DA03 DA05 DA06 DA04 DA07 DA10 DA08 DA09 DA11 DA14 DA13 DA15 DA01

续表

词目	手势变体	理据解说	语料来源
尼泊尔	打法二	模仿尼泊尔服饰外形+白（借"泊"的部分字形）	DA12
印度	打法一	模仿印度已婚女子的鼻环。	DA02 DA03 DA05 DA04 DA07 DA08 DA09 DA11 DA14 DA12 DA13 DA01
	打法二	模仿印度人额头眉心的红点。此为国外聋人手语打法，也收录在通用手语中。	DA06 DA10 DA13 DA15

食物

词目	手势变体	理据解说	语料来源
糌粑	打法一	捏糌粑的动作+粉	DA02 DA03 DA07 DA10
	打法二	捏糌粑的动作	DA05 DA11 DA14 DA15 DA01 DA12
	打法三	捏糌粑的动作+吃	DA06 DA04 DA08 DA09 DA12 DA13
藏面	打法一	藏族+吃面条的动作	DA02 DA03 DA06 DA04 DA07 DA10 DA08 DA09 DA11 DA14 DA13

续表

词目	手势变体	理据解说	语料来源
藏面	打法二	Z+族+吃面条 此为手势汉语	DA05 DA15 DA01
人参果米饭	打法一	模仿人参果的外形+米饭	DA02 DA03 DA07 DA10 DA08 DA09 DA13
	打法二	米饭+吃	DA05 DA11 DA15 DA01

续表

词目	手势变体	理据解说	语料来源
人参果米饭	打法三	比划米饭的外形。	DA06 DA04 DA11 DA14 DA12
	打法四	米饭+端碗吃	DA12
包子	打法一	模仿包子的外形+捏包子的动作	DA03 DA02 DA05 DA06 DA04 DA07 DA10 DA08 DA09 DA11 DA14 DA15 DA01 DA12 DA13

续表

词目	手势变体		理据解说	语料来源
面包	打法一		模仿面包松软的样子，和内地手语打法一致。	DA02 DA05 DA06 DA04 DA08 DA09 DA15 DA01 DA13
	打法二		打出指拼"M"，手心朝向自己并晃动手腕。	DA03 DA11 DA14
	打法三		和包子一样。	DA11 DA14
	打法四		反复揉面的动作+吃	DA12

续表

词目	手势变体		理据解说	语料来源
饼子	打法一		拍饼子的动作+饼的形状	DA02 DA03 DA05 DA06 DA04 DA07 DA10 DA08 DA09 DA11 DA14 DA15 DA01 DA13
	打法二		饼的外形和吃饼的动作。	DA12
酥油茶	打法一		制作酥油茶的动作+茶碗	DA03 DA02 DA06 DA04 DA07 DA10 DA08 DA09 DA11 DA14 DA15 DA01 DA12 DA13

续表

词目	手势变体	理据解说	语料来源
酥油茶	打法二	制作酥油茶的动作+嘴唇	DA05
甜茶	打法一	模仿尝到甜味的动作。	DA02 DA03 DA05 DA06 DA04 DA07 DA10 DA11 DA14 DA15 DA12
	打法二	茶碗+喝茶的动作	DA08 DA09
	打法三	T+喝茶的动作	DA01

续表

词目	手势变体	理据解说	语料来源
青稞酒	打法一	沾酒洒向外面的动作+喝酒	DA03 DA02 DA05 DA06 DA04 DA07 DA10 DA08 DA09 DA11 DA14 DA15 DA01 DA12 DA13
奶条	打法一	甜+奶酪条的外形	DA02 DA03 DA05 DA11 DA14
	打法二	同"糖果"	DA06 DA04 DA07 DA10 DA08 DA09 DA12

续表

词目	手势变体	理据解说	语料来源
奶条	打法三	磨奶酪的动作。	DA15 DA01
	打法四	甜+牛+奶	DA13
干奶酪	打法一	干（仿字）+甜	DA02 DA03 DA05 DA11 DA14 DA12 DA13
	打法二	同"糖果"	DA06 DA04 DA07 DA10

续表

词目	手势变体	理据解说	语料来源
干奶酪	打法三	干（仿字）+磨奶酪	DA15 DA01
牛肉	打法一	牛+肉 此为内地手语打法。	DA02 DA03 DA11 DA14
牛肉	打法二	肉（汉族打法）+肉（藏族打法）	DA06 DA07 DA10 DA13
牛肉	打法三	牛+肉（藏族打法）	DA08 DA09 DA11 DA14

词目	手势变体	理据解说	语料来源
风干牛肉	打法一	模仿风干牛肉挂晒的样子。	DA03 DA02 DA07 DA10
	打法二	干/肉 此为手势汉语打法。	DA05 DA15 DA01
	打法三	肉+模仿风干牛肉挂晒的样子。	DA08 DA09 DA13

续表

词目	手势变体	理据解说	语料来源
风干牛肉	打法四	牛+肉+干（仿字）	DA11 DA14
	打法五	牛肉+挂+太阳晒+变+干	DA12
石锅鸡	打法一	鸡+锅+煮	DA03 DA06 DA04 DA08 DA09 DA11 DA14 DA12

词目	手势变体	理据解说	语料来源
石锅鸡	打法二	鸡+石+锅+煮	DA02 DA07 DA10 DA15 DA13
	打法三	模仿炖鸡肉时候锅里沸腾的样子。	DA05
	打法四	鸡+肉 此为手势汉语打法。	DA01

附录七 西藏与内地手语的词序对比

	原 句	汉族聋人手语转写	藏族聋人手语转写	备 注
1	你好!	你好!	你好!	藏族文化中忌讳以手直接指人,此处的"你"代之以手掌平摊的手势。
2	早上好!	早上好!	早上好!	
3	中午好!	中午好!	中午好!	
4	下午好!	下午好!	下午好!	
5	好好休息。	好好休息。	休息好。	语序不同。
6	你叫什么名字?	你名字什么?	你名字/什么?	
7	我的名字是……,手语名字是……。	我/名字/……,手语/名字/……。	我手语名/名字/……。	藏文名字较难逐字赋予手势,因此他们直接说"手语名字"为何。
8	很高兴认识你,这是我的名片。	认识你你高兴,指(名片)/我的名片。	你认识我高兴有,这我名字卡片是。	"认识你"的语序不同。藏族聋人将"有"置于句末。
9	好久不见,你还好吗?	时间长/见没有,你好?	时间长/见有没有,你好不好?	
10	我很好,谢谢你的关心。	我好,你关心(对方→自身)/谢谢。	我好,你我心/感谢。	
11	我非常想念你。	我想念你很。	我你想念有。	藏族聋人将"有"置于句末。

续表

	原　句	汉族聋人手语转写	藏族聋人手语转写	备　注
12	你今天看起来特别漂亮。	今天/你看/特别漂亮。	今天/你看/漂亮。	
13	你现在在哪里工作?	你工作/现在/在哪里?	你现在工作/哪里/有?	藏族聋人将"有"置于句末。
14	我来自西藏，欢迎来我的家乡玩。	我来自西藏，来（对方→自身）/我家乡玩欢迎。	我西藏/地方/来/是，你/我的/家乡/玩/来/欢迎。	"来自西藏"的语序不同。藏族聋人将"是"置于句末。
15	你在哪里上学?	你读书哪里?	你读书/哪里?	
16	听说你病了，现在身体怎么样?	听说你/生病，现在/身体怎么样?	听说你/生病，现在/身体/怎么样?	
17	你有什么心事吗?	你有什么心事?	你心事/什么?	
18	希望您早日康复!	希望您/早日康复!	希望/你/时间/快/康复!	
19	希望早日见到您!	希望/快/见面!	希望/你/时间/快/见面!	
20	时间过得真快，现在我该走了。	时间/过快，我现在走。	时间/快/过完，我现在走。	
21	再见，路上注意安全。	再见，路上注意/安全。	再见，路上/注意。	
22	希望以后还能见面。	希望以后再/见面。	希望/以后/见面。	
23	我不知道他的意思。	他意思我不知道。	他意思/什么/我/知道/没有。	

续表

	原 句	汉族聋人手语转写	藏族聋人手语转写	备 注
24	这个水杯是你的吗?	指(水杯)/你的?	水杯/你/是?	
25	那件事是谁告诉你的?	事/谁/告诉(自身→对方)?	事/那件/告诉(自身→对方)?	
26	抓紧时间,越快越好!	时间抓紧,越快越好。	时间抓紧,快好。	
27	不好意思,我不太清楚。	不好意思,我不知道。	不好意思,我清楚知道/不是。	
28	下一步你有什么打算?	以后你打算/什么?	以后/你打算/什么?	
29	今天辛苦你了,早点休息。	今天你辛苦,快/休息。	今天/你/辛苦,休息/安。	
30	非常抱歉,原谅我好吗?	抱歉,原谅我好?	抱歉,原谅(对方→自身)/我好/不好?	
31	没关系,不要放在心上。	没关系,心/放不。	没关系,心/放/不要。	
32	我自己能够处理,请放心。	我自己/处理可以,请/放心。	我自己/做可以,你放心。	

355

续表

	原　句	汉族聋人手语转写	藏族聋人手语转写	备　注
33	恐怕那不是好主意。	怕/那不是好主意。	可能那个主意好/不。	
34	我别无选择，只能这么做。	我/选择其他没有，这/做了。	我/选择没有，这/做可以。	
35	我随便，由你来决定吧。	我随便，你/决定。	我随便，你决定。	
36	我真的明白了。	我真明白。	我真的明白。	
37	加油！你能做到最好的。	加油！你能做最好可以。	加油！你做可以。	
38	我尽力而为帮助你。	我尽力帮助（自身→对方）/会。	我尽力/你/帮助。	"帮助你"的处理方式不同。
39	好的，没问题。	OK，没问题。	好，OK。	
40	原来如此。	原来如此。	原来如此。	
41	我想起来了！	（仰头张嘴）我记得。	我想了。	
42	我得走了，待会儿见。	我走，等见。	我走，一会儿见。	
43	咱们保持联系。	我们联系保持。	我们保持联系。	

续表

	原 句	汉族聋人手语转写	藏族聋人手语转写	备 注
44	到时候再说吧。	到时候再说。	以后讨论/可以。	
45	天凉了，注意保暖，多喝热水。	天冷，保暖注意，热水多喝。	天冷，穿注意，水/热多喝。	
46	外面下雨，别忘了带雨伞。	外面下雨，带雨伞/忘不得。	外面/下雨，雨伞/带记得。	
47	我们可以加微信或者QQ好友吗？	微信或者QQ我们/加/可以？	我们微信加/朋友/可以？	
48	是个很好的机会，我们要珍惜。	这机会好，我们珍惜要。	机会好，我们珍惜要。	
49	不要着急！	着急不！	着急不要！	
50	刚才那个男人是谁？	刚才那男人是谁？	刚才说借（男人）/谁？	
51	他怎么啦？	他怎么？	他/什么？	
52	今天您有时间吗？我想教您一些手语。	你今天时间有？我想教你手语。	你/今天时间/有？我/你手语教/想/一些。	
53	我只会一点手语。	我会手语一点。	我手语少/知道有。	
54	请问有什么事吗？	问有事/什么？	请问/你/做事/什么/有？	
55	可以借用一下你的手机吗？	你手机借（对方→自身）/可以？	你手机我/借/可以？	藏族聋人将"有"置于句末。

357

续表

	原句	汉族聋人手语转写	藏族聋人手语转写	备注
56	我手机没电了，你带充电器了吗？	我手机电没有，你充电器带有？	我手机电没有，充电器带有？	
57	救命！快叫警察。	救命！快叫警察。	救命！快警察叫。	
58	请帮我拨打120。	帮（对方→自身）打电话/120。	你我帮/电话/120/拨打。	
59	我的钱包不见了，能帮我找找吗？	我钱包没有（摊手），帮助（对方→自身）找我/找可以？	我钱包看没有，你帮我找可以？	
60	不要紧，我帮您找。	着急不，我帮助（自身→对方）找。	紧急不要，我帮找。	
61	我不知道能否帮得上忙，但我可以试试。	我帮助能？不知道，但是我帮试试可以。	我帮/知道没有，但是我看/尝试试可以。	
62	非常感谢您对我的帮助！您真善良。	你帮助（对方→自身）/感谢！你善良好。	你我/帮助/感谢，你心/善良。	
63	不用客气，互相帮助是应该的。	不客气，互相帮助应该。	没关系，帮助/互相一样是。	藏族聋人将"有"置于句末。藏族聋人将"是"置于句末。
64	祝您好运！	祝您好运！	您运气好！	

续表

	原 句	汉族聋人手语转写	藏族聋人手语转写	备 注
65	节日快乐!	节日/快乐!	节日/快乐!	
66	生日快乐!	生日/快乐!	生日/快乐!	
67	希望你梦想成真!	希望/你/梦想/变真!	希望/你/梦想/成真!	
68	您早点儿结婚生孩子吧。	您/快/结婚/生孩子。	您/时间/快/结婚/生孩子/出生。	
69	新年快乐,扎西德勒(吉祥如意)!	新年/快乐,吉祥/如意!	年/新年/快乐,吉祥/如意!	
70	一路顺风,旅途愉快。	路/帆船/顺利,旅游/愉快。	一路/顺风,旅行/愉快。	
71	祝你考个好成绩!	祝/考试/成绩/好。	你/写/考试/成绩/好。	
72	愿你身体健康,工作顺利,家庭幸福。	希望/你/健康,工作/顺利,家庭/幸福。	你/身体/健康,工作/顺利,家庭/人/幸福。	
73	你家有几口人?	你/家/人/多少?	你/家庭/人/多少?	
74	我家有5口人:爸爸、妈妈、爷爷、姐姐和我。	我家/人/5:爸爸、妈妈、爷爷、姐姐/我。	我家庭/人/5/有:爸爸(1)、妈妈(2)、爷爷(3)、姐姐(4)、我(5)。	
75	我有1个姐姐和1个弟弟。	我/姐姐/1/弟弟/1/有。	我/姐姐/1/弟弟/1/有。	
76	我姐姐3年前已经结婚了,现在有2个孩子。	我姐姐/3年/前/已经/结婚/了,现在/生孩子/2/有。	我/姐姐/年/3/前/结婚/完/了,现在/孩子/2个/有。	藏族聋人将"有"置于句末。

续表

	原　句	汉族聋人手语转写	藏族聋人手语转写	备　注
77	你的新车真漂亮！什么时候考的驾照？	你车/新/漂亮？驾照/考试/什么时候？	你车/新/漂亮/有！驾照/什么时候/考试/是？	藏族聋人将"有""是"置于句末。
78	妈妈做的饭特别好吃。	妈妈/烹饪/品尝好。	妈妈/切/炒/吃/好/有。	藏族聋人将"有"置于句末。
79	我喜欢你的这张餐桌，是在哪里买的？	你/指（餐桌）/我/喜欢，买/在哪里？	我/餐桌/喜欢/有，哪里/买？	藏族聋人将"有"置于句末。
80	这些家具是我在藏族木匠那里定做的。	指（家具）/我/在那/藏族/木匠/定做。	家具/这些/我/藏族木匠那里/定做/是。	藏族聋人将"是"置于句末。
81	我屋里有1张床、2个书架、1张书桌。	我屋里有/床/1，书架/2，书桌/1。	我房间/里面床/1、书架/2、书桌/1/有。	
82	自从买了电脑，弟弟经常上网玩游戏。	电脑/买完了，弟弟/常常/上网玩游戏。	电脑/买，弟弟/经常/游戏。	
83	藏式家具的特点是什么？	藏族/家具/特点/什么？	藏族/木匠/家具/特点/什么/是？	藏族聋人将"是"置于句末。
84	供佛架是西藏家庭中最重要的家具。	供佛架/西藏/家具/最重要是。	供佛架/西藏/家具/里面/重要/是。	藏族聋人将"是"置于句末。
85	我喜欢坐在沙发上看书。	我/沙发/坐（类标记）/看书/喜欢。	我/沙发/坐/书/看/喜欢/有。	藏族聋人将"有"置于句末。

续表

	原　句	汉族聋人手语转写	藏族聋人手语转写	备　注
86	妈妈把晾干的衣服都收进了衣柜。	衣服/晾干/完了，妈妈/收/放衣柜。	妈妈/衣服/挂柜子/放/有。	藏族聋人将"有"置于句末。
87	洗衣机放在外面阳台上。	洗衣机/放/外/阳台(阳台)。	洗衣机/外面阳台/放/有。	藏族聋人将"有"置于句末。
88	爸爸每天晚上7点钟准时收看《新闻联播》。	爸爸/每天晚上/7点/看/准时/收看《新闻联播》。	爸爸/每天晚上/时间/7/准时/新闻/屏幕/看。	
89	我们家里有1个小花园。	我们/家/有/小花园。	我家/里面/花园/小/小/有。	
90	明年我们打算全家搬到拉萨去。	明年/我们/家/打算/全搬/到/拉萨。	年后/我/这些/家人/全部/拉萨/搬/有。	藏族聋人将"有"置于句末。
91	奶奶织着毛衣，在椅子上睡着了。	奶奶/织着/毛衣，椅子/坐/织毛衣/睡。	奶奶/衣服/织，椅子/睡/有。	藏族聋人将"有"置于句末。
92	请问理发需要多长时间？	问/理发/时间/多少？	请问/理发/何时/有？	藏族聋人将"有"置于句末。
93	我的邻居家养了1只猫和2只狗。	我/邻居家/养/猫1/狗2。	我家/邻居/猫1/狗2/养/有。	藏族聋人将"有"置于句末。
94	妈妈在院子里种了一些菜，每天早上都要浇水。	院子/妈妈/种菜，每天早上/浇水要。	妈妈/院子/菜/种，每天/水/倒/有。	藏族聋人将"有"置于句末。

续表

	原 句	汉族聋人手语转写	藏族聋人手语转写	备 注
95	你必须早点出发，因为你有个重要的工作。	你必须快去，为什么？工作有重要。	你时间/早点/出发，你工作重要有。	藏族聋人将"有"置于句末。
96	每周末我都会帮妈妈打扫房间。	每周末妈妈房间打扫，我会帮。	每周末时间我妈妈帮房间/打扫/有。	
97	为了节约用电，白天我家很少开灯。	为了节约，我家白天开灯少。	电灯/节约，我家/白天灯/没有。	
98	下班后丈夫接孩子回家，妻子去买菜做饭。	工作完了丈夫接孩子回家，妻子买菜煮饪。	工作完夫夫接孩子/带回去，妻子来买/切炒。	
99	这附近有超市、银行、医院等应有尽有，很方便。	这附近超市/银行/医院各种各样有，方便。	这附近方便超市、银行、医院/各种各样/有。	
100	我手机的流量快用完了，下次聊。	我手机流量越来越少，下次聊。	我手机流量钱快完，以后聊。	

附录八 西藏与内地的手语类标记对比

类标记手形图	手形名称	语料截图	类标记结构释义	语料来源
图1：一匹斑马骑着摩托车，后面一只狮子在奋力追赶。				
1	19号		狮子追赶斑马。	DS20 DS04 DS07 DS13 DS15 DS16 DS20 DS09 DS22 DA03 DA02 DA10 DA12
2	9号		狮子追赶斑马。	DA04 DS01 DS11 DS18 DA05 DA07 DA16 DA01
图2：一名骑手骑在马背上展开双臂，另一名骑手跨坐在他的肩头。				
1	32号 49号		一个人骑在马背上。	DS14 DS04 DS11 DS18 DS05 DS20 DS09 DS01 DS22 DA07 DA10 DA08 DA15

续表

	类标记 手形图	手形 名称	语料截图	类标记 结构释义	语料 来源
2		57号		一个人跨坐在另一个人肩头。	DS06 DA15 DS16 DA09 DA12 DS08 DS12
3		32号		一个人跨坐在另一个人肩头。	DS15 DA02 DA16 DA12 DA01
4		19号		一个人跨坐在另一个人肩头。	DA07 DA10 DA16 DA01

图3：骑摩托车的男子正在接听手机，他身后一个挨一个挤着坐了四个人。

	类标记 手形图	手形 名称	语料截图	类标记 结构释义	语料 来源
1		19号		一个人身后坐了四个人。	DS14 DA03 DS06 DA15 DA10 DA15 DA01

续表

	类标记 手形图	手形 名称	语料截图	类标记 结构释义	语料 来源
2		32号 9号		一个人身后坐了四个人。	DS15 DS16 DS19 DS05 DA02 DA07
3		44号 46号		一个人身后坐了四个人。	DA04
4		19号 61号		一个人身后坐了四个人。	DA08 DA09
5		45号 46号		一个人边骑摩托车边接听手机。	DA16
6		19号 55号		一个人边骑摩托车边接听手机。	DS18 DS11

续表

图4：铁轨上横躺着许多人，邻近的铁轨上一列火车开过。

	类标记 手形图	手形 名称	语料截图	类标记 结构释义	语料 来源
1	 	49号 19号		很多人躺在地上。	DS04 DS17 DS06 DA15 DS22
2	 	32号 19号		铁轨上横躺着许多人。	DS08 DA07 DA16
3	 	16号 32号		铁轨上横躺着许多人。	DS12 DA12
4		32号		铁轨上横躺着许多人。	DS11 DS20 DS01 DA02
5	 	49号 32号		铁轨上横躺着许多人。	DA04 DA06

续表

	类标记 手形图	手形 名称	语料截图	类标记 结构释义	语料 来源
6	 	49号 19号		很多人躺在地上。	DA08 DA09 DA07
7		19号		很多人躺在地上。	DA15
8		19号	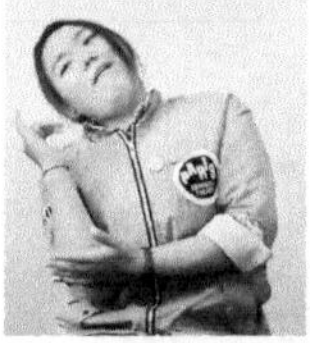	人躺在地上。	DA01

图5：一列破旧的火车前，一头死去的大象仰面朝天躺在铁轨上。

	类标记 手形图	手形 名称	语料截图	类标记 结构释义	语料 来源
1		19号		大象躺在铁轨上。	DS14 DS05 DA12
2	 	49号 19号		大象躺在铁轨上。	DA03 DS20 DA15 DS06

续表

	类标记 手形图	手形 名称	语料截图	类标记 结构释义	语料 来源
3		32号 19号		大象躺在铁轨上。	DS07
4		19号		大象被杀死了，倒下了。	DA03 DS12 DS17 DS01
5		32号 49号		大象躺在铁轨上。	DS11 DA04
6		49号		死（一头死去的大象仰面朝天躺在铁轨上）。	DA06
7		19号 51号		死（一头死去的大象仰面朝天躺在铁轨上）。	DA07 DA10 DA08 DA01 DA15 DS08

续表

	类标记手形图	手形名称	语料截图	类标记结构释义	语料来源
8		56号		大象仰面朝天躺着。	DA16 DA02

图6：一列火车周身密密麻麻爬满了人，连车顶也站着人。

	类标记手形图	手形名称	语料截图	类标记结构释义	语料来源
1	 	19号 45号		火车上都是人。	DS04 DS06 DA15
3	 	19号 49号		火车上都是人。	DS11 DS22 DA10
4	 	19号 32号		火车上都是人。	DA03
5		19号	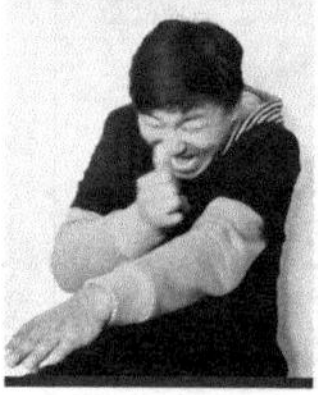	火车上都是人。	DA10 DA07 DA16 DS22

续表

	类标记 手形图	手形 名称	语料截图	类标记 结构释义	语料 来源
6	 	32号 57号		火车上都是人。	DA12 DA02
7		57号		人们挤成一团。	DA01

图7：火车正在开过来，两个男孩子匆匆从铁轨上纵身跳向一边，旁边三个男人在看热闹。

	类标记 手形图	手形 名称	语料截图	类标记 结构释义	语料 来源
1	 	19号 32号		孩子从铁轨上跳开。	DS04 DS07 DS15 DS20 DS09 DS01 DA07 DA12
2		9号		孩子从铁轨上跳开。	DS06 DA15 DA02

续表

	类标记 手形图	手形 名称	语料截图	类标记 结构释义	语料 来源
3	 	33号 32号		孩子从铁轨上跳开。	DS16 DS13 DS19 DS22 DA03 DA05 DA06 DA04 DA10 DA16 DA01
4		58号	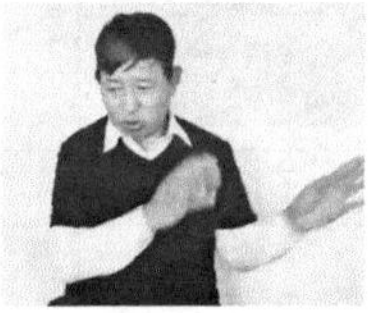	孩子从铁轨上跳开。	DA09 DA15 DS12

图8：一辆小汽车开下了台阶，卡在半途动弹不得。

	类标记 手形图	手形 名称	语料截图	类标记 结构释义	语料 来源
1	 	47号 56号		小汽车卡在台阶上。	DS14 DA03 DS12 DS11 DS15 DS09 DA02 DA05 DA07 DA16 DA12
2	 	19号 56号		小汽车卡在台阶上。	DS13 DA15 DS06 DS07

续表

	类标记 手形图	手形 名称	语料截图	类标记 结构释义	语料 来源
4		49		小汽车卡在台阶上。	DS16
5	 	9号 49号		小汽车卡在台阶上。	DS05

图9：一辆大卡车从高处掉下，砸到了低处的一辆小汽车车顶。

	类标记 手形图	手形 名称	语料截图	类标记 结构释义	语料 来源
1		47号		大卡车砸到了小汽车车顶。	DA15 DA01 DA12 DA16 DA08 DA09 DA05 DA03 DA02 DS07 DS11 DS18 DS16 DS20 DS09
2		55号		大卡车砸到了小汽车车顶。	DA07 DA06 DA04 DS17 DS06

续表

	类标记 手形图	手形 名称	语料截图	类标记 结构释义	语料 来源
3	 	19号 47号	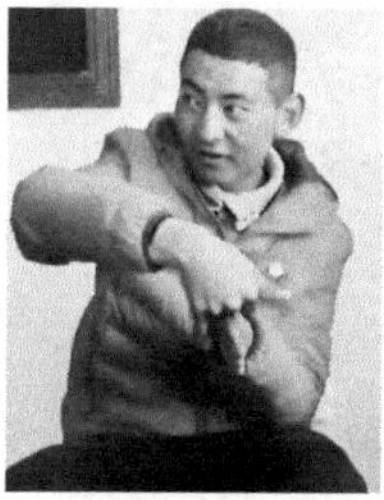	大卡车砸到了小汽车车顶。	DS04 DS03 DS15
4		49号		小汽车车顶被砸到了。	DS19

图10：一艘轮船在大海的惊涛骇浪中航行。

	类标记 手形图	手形 名称	语料截图	类标记 结构释义	语料 来源
1		49号		船在波浪中航行。	DA02 DA03 DA05 DA04 DA08 DA16 DA15 DA01 DS03 DS04 DS08 DS12 DS11 DS18 DS15 DS01 DS16

续表

	类标记 手形图	手形 名称	语料截图	类标记 结构释义	语料 来源
2		49号 56号		浪花拍击船身。	DA12 DS04 DS05
3		49号 56号		浪花拍击船身。	DA16 DS14 DS06 DA15 DS15 DS16

附录九 语言活力与语言濒危评估工具（手语适用）

第一部分：相关社区内的语言活力与语言濒危

		信度指数： 3（ ） 2（ ） 1（ ）	评价
1a. 整体语力/濒危程度得分	5分（ ）该语言是安全的。 4分（ ）不安全脆弱。 3分（ ）的确濒危。 2分（ ）严重濒危。 1分（ ）极度濒危。 0分（ ）灭绝。		

注意：在本问卷的最后，您将被要求详细说明您在这里分配一个特定分数的原因。

		信度指数： 3（ ） 2（ ） 1（ ）	评价
1b. 对手语最严重的威胁的（标记全部适用的内容）	（ ）增加人工耳蜗植入。 （ ）外国手语的影响。 （ ）来自大多数人的消极态度。 （ ）政府的冷漠。 （ ）年轻人缺乏兴趣。 （ ）由于通信技术（如移动设备、互联网），聋人社区的碎片化日益加剧。 （ ）主流手语代码的使用。 （ ）人造手势代码的使用。 （ ）其他（具体原因）。 （ ）未知因素。 （ ）不适用。		

续表

项目	内容	信度指数	评价
2. 使用手语的人数	请在此提供以下数字： a) 此相关社区中的手语用户数量。 b) 这种手语用户的绝对数量。	信度指数： 3 ( ) 2 ( ) 1 ( )	评价
	注意：在许多情况下，这两个数字将是相同的。但是，如果讨论一种手语的几个相关社区它们可能会有所不同。		
3. 在相关社区中手语用户的比例	5分 ( )：几乎所有人都使用手语（>90%）。 4分 ( )：绝大多数人使用手语（70%—90%）。 3分 ( )：大多数人使用手语（50%—70%）。 2分 ( )：少数人使用手语（30%—50%）。 1分 ( )：非常少的人使用手语（<30%）。 0分 ( )：没有人使用手语（即该语言不存在）。	信度指数： 3 ( ) 2 ( ) 1 ( )	评价
	注：请参考上述相关社区的定义。		
4a. 语言的代际或年龄组使用	5分 ( )：所有世代/年龄组，包括大多数儿童，都能熟练地使用这种语言。 4分 ( )：大多数成年人和一些儿童都能熟练地使用这种语言。 3分 ( )：儿童手语者很少，而父母一代/年龄组的许多人由于与其他手语/口语语音的接触而受到相当大的干扰。 2分 ( )：只有一些父母一代/年龄组的人能够使用这种语言。 1分 ( )：只有祖父母和老一辈/年龄组才能熟练地使用这种语言。 0分 ( )：没有人再使用这种语言了。	信度指数： 3 ( ) 2 ( ) 1 ( )	评价

续表

		信度指数：3 ( ) 2 ( ) 1 ( ) 评价
4b. 代际语言使用（新兴手语）	5分（）：从最年长的手语者的一代到最年轻的一代，所有的世代都能熟练地使用这种语言。年龄最大的手语者可能属于任何年龄组，也可能由于该语言最近出现，没有比该年龄组更大的手语者。 4分（）：从最年长的手语者"向下"开始的大量年龄部分熟练地使用手语，但年龄组中一些年龄组开始消失，例如最年轻的人。 3分（）：从最年长的手语者"向下"开始的一个小部分可以使用手语，语言已经在几个年龄组中消失了。 2分（）：在这个年龄组中，只有一些签名者从最年长的手语者"向下"离开，而且大多数已经转向了其他语言。 1分（）：只有少数人仍然使用手语，而其他人口已经转向了其他语言。 0分（）：无人再使用这种语言。	
5. 语言使用的领域	5分（）：目标手语用于所有一个或几个赏人参与交流的领域。 4分（）：多语言和/或口语对等：在大多数社会功能和大多数领域中都使用两种或两种以上的语言（手语和/或口语），在官方行政领域（如政府、商业、行政、正规教育、宗人学校宿舍、社区聚会等）中，目标手语的使用通常很少见。但在社区的公共领域（例如，宗人学校宿舍、社区聚会等）中却非常存在。以及非正式领域：目标手语仍然用于非正式领域（例如，在家庭领域），包括家庭和/或口语。 3分（）：日益减少的领域：目标手语越来越多地侵入这些领域。 2分（）：有限的领域：语言使用的领域：目标手语用于有限的社会领域，用于有限的功能。 1分（）：高度有限的领域：目标手语只用于非常有限的领域的功能。 0分（）：不再使用：该语言根本没有在任何领域中使用。	评价

续表

项目	分值	描述	信度指数	评价
6. 新的领域，即新媒体，包括广播媒体和互联网	4分（ ）： 3分（ ）： 2分（ ）： 1分（ ）： 0分（ ）：	手语经常在新的领域中使用。 手语有时在新的领域中使用。 手语很少在新的领域中使用。 手语从不在新领域中使用。 不适用；在相关社区中没有广播媒体和互联网。	3（ ） 2（ ） 1（ ）	
7. 关于语言传播和教育的材料	5分（ ）： 4分（ ）： 3分（ ）： 2分（ ）： 1分（ ）： 0分（ ）：	这种语言被用于行政和教育，并且在广泛的小说，非小说和日常媒体的视频材料很容易获得。 视频材料在社会和教育中存在并得到推广。该语言不用于官方目的（行政、政府、法律）。 存在一些视频材料，孩子们可能在学校接触到这种语言，但手语没有通过大众媒体推广。 视频材料已经存在，但它们可能只对社区中的一些成员有用。手语教育不是学校教育的一部分。 视频有时会由社区中的个人制作。 社区中没有任何视频资料。	3（ ） 2（ ） 1（ ）	
8. 政府和机构对语言的态度，包括官方地位和使用	5分（ ）： 4分（ ）： 3分（ ）： 2分（ ）：	平等地支持所有语言，包括相关社区的自然手语。 差异化支持：自然手语主要作为私有领域的语言受到保护。它可能与人工手语的语码竞争。 被动同化：主导手语和/或口语在公共领域盛行，非主导手语或口语没有明确的政策。 积极同化：政府鼓励转向占主导地位的手语和/或口语。对口语或手语非主导语言没有保护，包括目标手语。	3（ ） 2（ ） 1（ ）	

续表

		评价
9. 目标手语在聋人教育中的应用	1分（）：强迫同化：不鼓励使用口语或手语的非主导语言，包括目标手语；目标手语可能既不被政府承认也不被保护。 0分（）：政府和机构根本不承认手语是自然的人类语言。	
	5分（）：有一项国家区域地方政策，支持使用目标手语作为所有聋校课程的一部分。 4分（）：聋人学校被鼓励使用目标手语，并提供资源，但这只是在一些学校的选择的基础上进行的。 3分（）：聋人学校没有实施特定的语言政策指导，但目标手语以一种特别的方式被广泛使用，而且"在实地"的态度可能是积极的。 2分（）：没有任何政策或资源支持使用目标手语，而且在聋人教育中对手语有负面看法。 1分（）：在聋人教育中，明确不鼓励或禁止使用手语。 0分（）：不适用——目前没有针对聋人儿童的正规教育。	信度指数： 3（） 2（） 1（）

评价：请评论目标手语是否与人造手势代码竞争，还是与更大的多数手语竞争，如果在聋人教育中不支持目标手语，但支持另一种形式的手语，请提及在教育中使用了哪种手语或手语语码。

		评价
10. 相关社区成员对他们自己的手语的态度	5分（）：所有社区成员，重视他们社区的语言，并希望看到它得到推广。 4分（）：大多数成员支持继续使用他们的语言。大多数成员都很重视手语，但最重要的利益相关者却不重视手语。 3分（）：许多成员支持语言维护；有些人漠不关心，甚至可能促进向主导语言的转变。 2分（）：一些成员支持语言维护；许多人漠不关心，甚至可能支持语言转换。 1分（）：只有少数成员支持语言维护，但大多数成员漠不关心，甚至可能支持转向主导语言。 0分（）：没有人关心这个语言是否消失了；所有人都更喜欢使用主导语言。	信度指数： 3（） 2（） 1（）

注意：如果可行且相关，您可以在评论部分包含关于手语社区特定部分的态度的信息。

续表

		评价
11. 文件的类型和质量	5分（）：最高级：有全面的语法和字典，广泛的文本和不断流动的语言材料。存在大量带注释的高质量视频录音。	信度指数： 3（） 2（） 1（）
	4分（）：好：至少有一种好的语法，一些词典，文本，文学和日常媒体；有充分注释的高质量的视频录音。	
	3分（）：相当：可能有足够的语法，一些字典和文本，但没有日常媒体；录像可能存在不同的质量和不同程度的注释。	
	2分（）：支离破碎：有一些语法草图，单词列表可能存在于有限的语言研究中有用，但覆盖面不足。视频记录可能存在于不同的质量和零碎的文本和短词表，有或没有任何注释。	
	1分（）：不足：只有少数的语法草图，或者零碎的文本。视频记录不存在，质量无法使用，或者完全没有注释。	
	0分（）：无文档记录。不存在任何材料。	
12. 语言项目的状态	5分（）：成功：一个定期和成功的项目正在运行，涉及>5%的社区。	信度指数： 3（） 2（） 1（）
	4分（）：好的：一个程序的运行有以下两个特点：定期，成功，涉及>5%的社区。	
	3分（）：相当好：一个项目有以下特点之一：定期，成功，涉及>5%的社区。	
	2分（）：基本：一个项目涉及<5%的社区，但一些社区正在谈论开始一个语言项目。	
	1分（）：有抱负：没有语言项目，但一些社区成员正在谈论启动一个语言程序。	
	0分（）：没有：没有语言程序，也没有兴趣开始的手语活动。	

注：语言项目旨在促进该语言的使用和维护。这可以采取各种形式，如为学生开设的语言暑期学校，为儿童提供语言元素的夏令营，由年长的手语者指导年轻的手语者，向听力正常的人推广手语比赛。语言课程可以在正规学校教育的内部或外部进行。在聋人入学校进行的手语活动也可以在问题10中讨论。

第二部分 语言多样性

在本节中,请描述上述第一节中的相关社区。(如果您没有足够的信息来完成第二部分,请只返回第一部分。)为以下因素(在可能的情况下和相关的地方)打分,以描述相关社区的语言情况和经验:

(a)外部多样性,即语言环境:

13a. 在日常生活中,这个社区中一个典型的聋人会遇到多少种语言?	手语 读/写 说/读唇 5种或更多语言 ( ) ( ) ( ) 4种语言 ( ) ( ) ( ) 3种语言 ( ) ( ) ( ) 2种语言 ( ) ( ) ( ) 1种语言 ( ) ( ) ( ) 0不可能定义一个典型的社区成员	信度指数: 3 ( ) 2 ( ) 1 ( )	评价

注:这可以通过焦点跟踪进行详细确定,也可以根据访谈、个人经验等进行估计。"典型成员"可能被描述为被大多数手语社区接受的人,并被明确识别为该语言的使用者,但可能有一些情况,"典型成员"不能或不应该被定义。

13b. 在日常生活中,这个社区中典型的听力成员会遇到多少种语言?	听 说 读 写 手语 5种或更多语言 ( ) ( ) ( ) ( ) ( ) 4种语言 ( ) ( ) ( ) ( ) ( ) 3种语言 ( ) ( ) ( ) ( ) ( ) 2种语言 ( ) ( ) ( ) ( ) ( ) 1种语言 ( ) ( ) ( ) ( ) ( ) 0不可能定义一个典型的社区成员	信度指数: 3 ( ) 2 ( ) 1 ( )	评价
14a. 这个社区的典型聋人有多少种语言是至少部分流利的[①]?	( ) 5种或更多语言 ( ) 4种语言 ( ) 3种语言 ( ) 2种语言 ( ) 1种语言 ( ) 0不可能定义一个典型的社区成员	信度指数: 3 ( ) 2 ( ) 1 ( )	评价

---

① 部分流利的定义为能够参与基本的对话并理解所说的大部分内容。

续表

注意：请在括号内注明每种语言是否有手语或口语/书写，如果该语言的名称尚不清楚。

14b. 这个社区的典型听力成员有多少种语言是至少部分流利的[①]？	( ) 5种或更多语言 ( ) 4种语言 ( ) 3种语言 ( ) 2种语言 ( ) 1种语言 ( ) 0不可能定义一个典型的社区成员	信度指数： 3 ( ) 2 ( ) 1 ( )	评价

哪种/哪些语言是这个社区的典型聋人至少部分流利的？

15. 在有听障儿童就读的当地学校里，有多少种语言？		允许	科目教学	用于指令	信度指数：	评价
	5种或更多语言	( )	( )	( )	3 ( )	
	4种语言	( )	( )	( )	2 ( )	
	3种语言	( )	( )	( )	1 ( )	
	2种语言	( )	( )	( )		
	1种语言	( )	( )	( )		

当地学校具体有哪种/哪些语言？

注：这意味着学校至少有一个聋人参加，包括日常通勤范围内的学校和寄宿学校。"允许"一词意味着在学校不禁止使用这种语言。如果对主流学校和寄宿学校有不同的信息，请在评论中提到这一点。

16a. 当地媒体使用了多少种语言？		电视	收音机	印刷体	互联网	信度指数：	评价
	5种或更多语言	( )	( )	( )	( )	3 ( )	
	4种语言	( )	( )	( )	( )	2 ( )	
	3种语言	( )	( )	( )	( )	1 ( )	
	2种语言	( )	( )	( )	( )		
	1种语言	( )	( )	( )	( )		

哪种/哪些语言被当地媒体使用？

注：地方媒体包括全国性的媒体。

---

① 部分流利的定义为能够参与基本的对话并理解所说的大部分内容。

续表

16b. 电视上如何表达手语？	5分（　）：定期分配广播时间，并不断扩大。 4分（　）：只有一个或几个常规广播，没有扩张的计划。 3分（　）：手语以一种特殊的方式不规则地出现，并可能与人造手势代码竞争。 2分（　）：在电视上推广人造手势代码，不鼓励使用自然手语。 1分（　）：手语从未出现在电视上。 0分（　）：不适用，没有电视供应。 其他内容（请在评论框中进行补充）	信度指数： 3（　） 2（　） 1（　）	评价
16c. 在教育、立法和媒体之外存在目标手语的哪些官方支持和具体资源？	5分（　）：语言委员会或类似机构。 4分（　）：语言委员会或类似机构。 3分（　）：以手语出版作品，如圣经翻译、DVD或在线出版。 2分（　）：互联网电视频道或类似渠道。 1分（　）：在教育、立法和媒体之外没有任何官方支持。 0分（　）：不适用。 其他内容（请在评论框中进行补充）	信度指数： 3（　） 2（　） 1（　）	评价

（b）语言中的内在多样性：

17. 你愿意描述这种语言为高度的语言多样性还是个人方言多样性？	5分（　）：非常高度的语言多样性/个人方言多样性。 4分（　）：高度的语言多样性/个人方言多样性。 3分（　）：适度的语言多样性/个人方言多样性。 2分（　）：一些语言多样性/个人方言多样性。 1分（　）：几乎没有。	信度指数： 3（　） 2（　） 1（　）	评价

注意：如果有一些可用的信息，您可以评论使相关语言社区将其手语作为一种独立语言的可能因素。

18. 有多少种手语方言是这个相关社区的典型成员所完全或部分流利的？	（　）2种以上的方言。 （　）2种方言。 （　）1种方言。 （　）不可能定义一个典型的社区成员。	信度指数： 3（　） 2（　） 1（　）	评价

续表

哪种/哪些是相关社区内典型成员完全或部分流利的?				
19. 这些方言的用户数量有多相等?	5分（ ）：	每种方言都有相同的数字。	信度指数： 3（ ） 2（ ） 1（ ）	评价
	4分（ ）：	有几种方言有相当数量的用户。		
	3分（ ）：	两种方言占优势。		
	2分（ ）：	一种方言占优势，但其他的方言也有大量用户。		
	1分（ ）：	超过三分之二的用户使用一种方言。		
	0分（ ）：	几乎所有的用户都使用一种方言。		

哪种/哪些语言用户数量相等?				
20. 这两种方言在象征地位和声望上有多平等?	5分（ ）：	方言在地位/声望上是完全平等的。	信度指数： 3（ ） 2（ ） 1（ ）	评价
	4分（ ）：	有几种方言在地位/声望上是完全平等的。		
	3分（ ）：	两种方言比其他方言具有更高的地位/声望。		
	2分（ ）：	一种方言比所有其他的方言有更高的地位/威望。		
	1分（ ）：	一种方言的地位/声望低于所有其他的方言。		

哪个/哪些方言在象征地位和声望上是平等的?				
本问卷的目标手语方言的地位和声望是什么?				
21. 你是否认为这种手语具有高度的风格多样性，即在交互中通常使用各种不同的载体和风格?	5分（ ）：	有非常高的风格多样性，经常遇到。	信度指数： 3（ ） 2（ ） 1（ ）	评价
	4分（ ）：	有很高的风格多样性，经常遇到。		
	3分（ ）：	有适度的风格多样性，经常遇到。		
	2分（ ）：	有一些风格多样性，偶尔会遇到。		
	1分（ ）：	很少有风格上的多样性，很少遇到。		
	0分（ ）：	几乎没有风格的多样性。		

图书在版编目(CIP)数据

西藏自治区手语使用状况/郑璇著.--上海：复旦大学出版社,2025.1.-- ISBN 978-7-309-17599-8
Ⅰ.H026.3
中国国家版本馆CIP数据核字第2024RS6518号

西藏自治区手语使用状况
郑　璇　著
责任编辑/张雪莉

复旦大学出版社有限公司出版发行
上海市国权路579号　邮编：200433
网址：fupnet@fudanpress.com　　http://www.fudanpress.com
门市零售：86-21-65102580　　团体订购：86-21-65104505
出版部电话：86-21-65642845
苏州市古得堡数码印刷有限公司

开本850毫米×1168毫米　1/32　印张12.75　字数297千字
2025年1月第1版
2025年1月第1版第1次印刷

ISBN 978-7-309-17599-8/H·3453
定价：88.00元

如有印装质量问题，请向复旦大学出版社有限公司出版部调换。
版权所有　　侵权必究